GEOFFREY T. MARTIN

AUF DER SUCHE NACH DEM VERLORENEN GRAB

KULTURGESCHICHTE
DER ANTIKEN WELT

BAND 60

VERLAG PHILIPP VON ZABERN · GEGRÜNDET 1785 · MAINZ

GEOFFREY T. MARTIN

AUF DER SUCHE NACH DEM VERLORENEN GRAB

Neue Ausgrabungen verschollener und unbekannter Grabanlagen aus der Zeit des Tutanchamun und Ramses II. in Memphis

Übersetzt von
UTE WINTER

VERLAG PHILIPP VON ZABERN · MAINZ AM RHEIN

283 Seiten mit 128 Abbildungen, 16 Tafeln mit 27 Farbabbildungen

Umschlag: Blick auf die Nekropole des Neuen Reiches; im Hintergrund die Stufenpyramide des Djoser
Frontispiz: Haremheb am königlichen Hof, über und über behängt mit goldenen Ehrenkragen. Ausschnitt von Abb. 46

Die Deutsche Bibliothek – CIP-Einheitsaufnahme

Martin, Geoffrey T.:
Auf der Suche nach dem verlorenen Grab : neue Ausgrabungen verschollener und unbekannter Grabanlagen aus der Zeit des Tutanchamun und Ramses II. in Memphis / Geoffrey T. Martin. Übers. von: Ute Winter. Mainz am Rhein : von Zabern, 1994
(Kulturgeschichte der antiken Welt ; Bd. 60)
Einheitssacht. : The hidden tombs of Memphis <dt.>
ISBN 3-8053-1615-1
NE: GT

ISBN 3-8053-1615-1

Satz: primustype R. Hurler GmbH, Notzingen
Printed in Germany by Philipp von Zabern
Printed on fade resistant and archival quality paper (PH 7 neutral)

FÜR
JEAN-PHILIPPE LAUER

Inhaltsverzeichnis

Teil III: Epilog

Geleitwort des Herausgebers

»Mein Gott, es ist Maja«, drang der Aufschrei empor, als die Inschrift in der reich ausgemalten Grabkammer zu erkennen gab, daß der Bestattungsort dieses ranghohen Adeligen endlich wieder aufgefunden war. Im vorliegenden Buch erzählt Geoffrey Martin die Geschichte der Suche nach Maja und all der aufregenden Erkenntnisse, die diese Arbeit für die altägyptische Hauptstadt Memphis und ihre ausgedehnten Friedhofsanlagen in Saqqara erbracht hat.

Die praktische archäologische Feldforschung in Ägypten hat ihre ganz spezifischen Charakteristika: Zunächst existiert natürlich eine Spannung, welche unerwarteten Funde gemacht werden könnten – etwa das seit langem verloren geglaubte Grab eines hohen Beamten des pharaonischen Hofes. Dann ist da die pure Romantik, die sich mit den großen ägyptischen Grabungsorten in der Vorstellung verbindet, ob das nun Theben ist, Karnak und das Tal der Könige in Oberägypten oder Giza mit seinen Pyramiden, oder eben auch Memphis mit seiner ausgedehnten Nekropole Saqqara – für die der Begriff ›Totenstadt‹ nun wahrlich einmal keine Übertreibung ist – und mitten darin einem der frühesten ägyptischen Großbauwerke, der Stufenpyramide des Königs Djoser. Vielleicht aber besteht der faszi- *Abb. 1* nierendste Aspekt der ägyptologischen Archäologie doch darin, daß sie nicht nur verlorengegangene Städte und wundervolle Kunstwerke zutage zu fördern, sondern uns die Begegnung mit namentlich bekannten Individuen zu vermitteln vermag. Wir treten wirklichen Personen von Angesicht zu Angesicht gegenüber, die fast 4000 Jahre vergessen waren, die aber jetzt dank sorgfältiger Untersuchungen und systematischer Ausgrabungen wieder in unseren Blick kommen.

Professor Martin erzählt uns nicht nur von der Suche nach dem Grab des Maja, das im neunzehnten Jahrhundert von dem deutschen Ägyptologen Carl Richard Lepsius in einer Pionierleistung dokumentiert worden ist, dann aber unter den Dünen der Wüste von Saqqara wieder verschwand. Er läßt auch das Leben am Hofe des Kind-Königs Tutanchamun vor unseren Augen erstehen, der die Nachfolge des 1334 v. Chr. verstorbenen merkwürdigen und bis heute rätselhaft gebliebenen Pharaos Echnaton angetreten hat. Tutanchamun kam im Alter von neun Jahren auf den ägyptischen Thron, er starb mit achtzehn Jahren und wurde, wie so viele ägyptische Pharaonen, im Tal der Könige bei Theben beigesetzt. An seinem Hof wirkten eine Reihe bemerkenswerter Persönlichkeiten, deren Namen uns von der Ägyptologie erschlossen worden sind. Eine von ihnen war Maja, Vorsteher des Schatzhauses und damit vermutlich jener Mann, der weitgehend für den nach dem Tod Echnatons erfolgten Wiederaufbau der Tempel und anderer öffentlicher Bauten verantwortlich gewesen ist.

Die Expedition, die in diesem Buch vor uns erneut aufgerollt wird, begann mit der Suche nach dem Grab des Maja, sie brachte aber ganz unerwartete und überraschende Ergebnisse. Als Folge einer winzigen Ungenauigkeit in der vom Ausgrabungsteam als Leitfaden benutzten Karte von Lepsius wurde ein anderes seit langer Zeit verloren geglaubtes Grab gefunden: dasjenige eines der berühmtesten Männer Ägyptens, des Generals und späteren Pharaos Haremheb. Man hatte den Lageplan dieses Grabes verloren, es wieder orten zu können bedeutete für die Wissenschaft ein Großereignis. Wie fast alle heutzutage aufgefundenen Gräber war auch dieses Jahrhunderte früher ausgeplündert worden. Aber von seinen Oberbauten hatte sich doch sehr viel erhalten. Professor Martin führt den Leser durch die Höfe und Kapellen, entlang an den in feinstem Detail gearbeiteten Reliefs, weiter unter die Erdoberfläche und durch die Labyrinthe der Kammern, die einmal dazu bestimmt gewesen sind, dem General und seiner Familie als Grab zu dienen.

In Wirklichkeit ist Haremheb allerdings nie dort beigesetzt worden. Denn Tutanchamun, dem letzten Sproß der königlichen Familie der Achtzehnten Dynastie, folgte zunächst ein schon recht betagter Hofmann namens Eje und dann der bedeutende General Haremheb selbst. Darum wurde dieser, wie die meisten Pharaonen der Achtzehnten und Neunzehnten Dynastie, im Tal der Könige in Theben beigesetzt.

Funde dieser Art ermöglichen es, die Geschichte Ägyptens stückweise zusammenzutragen. Die Namen der hohen Adligen erscheinen auf Inschriften, in einigen Fällen schon in Amarna, der Hauptstadt des ›Ketzer‹-Königs Echnaton. Andere finden sich in Theben und Memphis. Dies gestattet es Professor Martin, einige der Titel Haremhebs anzuführen, der zunächst als an der Regierung Beteiligter, dann als Herrscher in die Geschicke Ägyptens von vor 3300 Jahren eingriff:

Erbprinz; Einziger Freund; Wedelträger zur Rechten des Königs; Hüter der Palastgeheimnisse; Generalissimus; Rekrutenschreiber; Vorstand der Vorsteher aller Schreiber des Königs; Siegelbewahrer des Königs von Unterägypten; Mund, der Zufriedenheit herstellt im ganzen Land; Vorsteher der Arbeiten in den Steinbrüchen; Regent im ganzen Land …

Entdeckungen dieser Art verhelfen uns zu einem wachsenden Verständnis der merkwürdigen hierarchischen und bürokratischen Welt des antiken Ägypten. Eine glückliche Begleiterscheinung ist, daß sich vor uns viele herrliche Kunstwerke enthüllen. Die Reliefszenen dieser Epoche gehören zu dem Schönsten, was Ägypten hervorgebracht hat. Sie vermitteln ein hervorragend anschauliches Bild des täglichen Lebens eines der bedeutendsten Adeligen am Königshof.

Abb. 1 Saqqara: Blick aus der Nekropole des Neuen Reichs auf die Stufenpyramide des Djoser.

Seine eigenen Forschungen in Memphis und Saqqara erlauben es Professor Martin, mit einer ins einzelne gehenden Behandlung der Gräber von Maja und Haremheb und weiterer von ihm selbst ausgegrabener Grabanlagen viele Aspekte der Gesellschaft und des Alltags in helles Licht zu rücken, die das Rückgrat des Neuen Reichs zu einer Zeit bildeten, als Ägypten sich auf der Höhe seiner Macht befand.

Colin Renfrew

Vorwort

Mit Saqqara bezeichnet man einen Teil der ausgedehntesten Totenstadt der antiken Welt, einer Friedhofsanlage, die bei Abu Roasch, gerade nördlich des Pyramidenplateaus von Giza, beginnt und von dort, praktisch so weit das Auge blickt, bis zu der Pyramide von Meidum im Süden reicht, nicht weit vom Eingang zur Oase Fajjum. Von der Spitze der großen Cheops-Pyramide kann der Beobachter an einem kristallklaren Tag ein unvergleichliches Panorama der gesamten Nekropole und dazu noch weiter Wüstenlandstriche im Osten und Westen auf sich wirken lassen. In der Ferne nimmt man die gestuften Umrisse der Pyramide des Djoser wahr. Die Einwohner der antiken Hauptstadt Memphis wurden in den Friedhofsanlagen von Saqqara begraben; daher kann man dort Gräber aus fast allen Perioden der ägyptischen Geschichte sehen, auch wenn die Mehrzahl aus der archaischen Zeit und dem Pyramidenzeitalter (ca. 3150–2181 v. Chr.) stammt. Merkwürdigerweise konnte man bis in jüngste Zeit fast nichts aus dem Neuen Reich (ca. 1570–1070 v. Chr.), dem Höhepunkt ägyptischer Machtentfaltung und Einflußnahme, in Augenschein nehmen. Eine Vielzahl von Hinweisen aus Inschriften und dokumentarischen Quellen bezeugt aber, daß Memphis in der Achtzehnten, Neunzehnten und Zwanzigsten Dynastie (das entspricht dem Neuen Reich) eine weit herausragende Rolle gespielt hat. Daraus ergab sich eine hohe Wahrscheinlichkeit, daß viele der hochrangigen Regierungsbeamten dieser Periode, Würdenträger bei Hofe ebensogut wie andere Leute, ihre Gräber in der memphitischen Nekropole, nämlich Saqqara, bezogen haben mußten. Das Problem war nur: Wo befanden sich diese Monumente?

Zahlreiche reliefierte Blöcke und anderes Material aus der Zeit des Neuen Reichs, das eindeutig aus Saqqara stammt, kamen in das Museum von Kairo und, besonders in den zwanziger und dreißiger Jahren des 19. Jahrhunderts, in die europäischen Sammlungen. Kaum irgendeines dieser Stücke verfügt über eine präzise Provenienzangabe oder eine ordnungsgemäße Dokumentation. Gerade diese diffusen Materialien lockten den Schreiber dieses Buches auf die Spurensuche nach den Gräbern, aus denen sie stammen.

Dieses Buch beschreibt die Hauptziele des Autors und die Art seines Vorgehens. Es behandelt vorwiegend die Ergebnisse aus dreizehn Grabungskampagnen, die in einer gemeinsamen Expedition der Egypt Exploration Society (London) und des

Rijksmuseum van Oudheden (Leiden, Niederlande) Jahr für Jahr ausgerichtet wurden und deren Leitung der Verfasser seit ihren Anfängen 1975 innehatte. Drei große Grabanlagen und eine Anzahl kleinerer Grabkapellen werden detailliert beschrieben. Es wird weiteres Material, besonders Grabreliefs aus Museumssammlungen, hinzugezogen. Diese sind uns eine äußerst wichtige Informationsquelle für die Menschen, die im Memphis des Neuen Reichs – jener Periode, mit der wir uns befassen – lebten und arbeiteten. Im Gesamtverlauf unserer Arbeit galt unsere besondere Aufmerksamkeit konkret jenen Informationen, die uns die Monumente zum Alltagsleben, zu den administrativen Zuständigkeiten und dem religiösen Glaubensbewußtsein der Einwohner eines beschränkten Teilbereichs des Niltals, nämlich seiner Hauptstadt samt Umgebung, liefern konnten. Wir weisen von Fall zu Fall darauf hin, welch und ein wie großes Potential an Aussagekraft der von uns erschlossene Grabungsbereich besitzt.

Man kann dies ohne Scheu eine Detektivgeschichte nennen, eine Suche nach Indizien, die die verlorengegangene Geschichte der Stadt Memphis in der Zeit des Tutanchamun und seiner fünf unmittelbaren Nachfolger wieder aufdecken. In der vorliegenden Ausgabe habe ich die Gelegenheit wahrgenommen, einige Verbesserungen und kleinere Korrekturen vorzunehmen sowie die Auswahlbibliographie auf den neuesten Stand zu bringen. Im übrigen ist die deutsche Ausgabe gegenüber der englischen Originalfassung um zahlreiche Farbtafeln erweitert worden.

Einführung

Ich werde oft gefragt, ob es denn überhaupt noch etwas im Land Ägypten zu entdekken gibt. Meine Antwort lautet dann ganz uneingeschränkt *›ja‹*, obgleich das natürlich davon abhängt, was man eigentlich finden will. Es gibt Bereiche, die, zumindest in neuerer Zeit, vom Standpunkt der Archäologie aus gesehen, so gut wie unberührt sind. Nehmen wir etwa das große Friedhofsgelände von Saqqara, dem unser Interesse im vorliegenden Band gelten wird. In seiner Gesamtheit ist es in der Antike ausgeplündert und durchkämmt worden – das gilt für Pyramiden und Tempel ebenso wie für die Privatgräber –, aber ausgedehnte Bezirke bedürfen noch immer einer systematischen Untersuchung und Dokumentation von seiten der Archäologen. Der Ägyptologe wird bedrängt von dem Gedanken an Königsgräber und der Verlockung, intakte Grabstätten aufzuspüren, gelten solche Funde doch, zumindest in der populären Vorstellung, als die einzigen Monumente, deren Ausgrabung sich lohnen würde. Die Chance, ein unausgeraubtes königliches Grab, ja selbst ein ungestörtes Privatgrab von auch nur einiger Bedeutung zu finden, ist minimal, obgleich man die Möglichkeit einer solchen Entdeckung nicht vollständig ausschließen kann.

Die meisten in Ägypten arbeitenden Expeditionen haben engumrissene wissenschaftliche Aufgaben auszuführen oder sollen den Versuch unternehmen, bestimmte Problemstellungen, seien diese nun historischer, architektonischer, epigraphischer oder anthropologischer Natur, einer Lösung zuzuführen. Darin liegt die fortdauernde Faszination der Ägyptologie. Die vielfältige Thematik präsentiert sich nicht gebrauchsfertig zugeschnitten, selbst heute nicht, nach einhundertfünfzig Jahren gelehrter Tätigkeit. Zahllose Fragen müssen noch gestellt werden, viele Probleme, besonders solche, die sich auf das tägliche Leben, die Wirtschafts- und Sozialgeschichte beziehen, bedürfen noch einer Klärung oder überhaupt einer Lösung. Auch die verschiedenen Stadien der antiken Sprache stellen dem Philologen noch heute Probleme. Die meisten Texte kann man relativ einfach lesen, besonders jene aus der Zeit, die das vorliegende Buch abdeckt, aber Texte aus den Anfängen der überlieferten ägyptischen Geschichte (der Ersten und Zweiten Dynastie) sowie Dokumente in stark kursiver Schrift, die als Demotisch bezeichnet wird und in der große Textmengen aus der späten Pharaonenzeit überliefert sind, stellen noch eine gewaltige Herausforderung dar. Wegen der Verschiedenartigkeit und

Fülle der bis heute erhalten gebliebenen Zeugnisse Ägyptens, die mit relativer Sicherheit in einen chronologischen Rahmen eingefügt sind, hat die Ägyptologie Auswirkungen auf alle anderen Zweige der Forschung zur antiken Welt des Vorderen Orients, einschließlich des ägäischen Raums, ja selbst bis in den Bereich der klassischen Antike.

Feldarchäologen – nicht nur die, die im Niltal arbeiten – werden bisweilen gedrängt, alle Ausgrabungen anzuhalten, um das bisher schon an unzähligen Plätzen ausgegrabene Material in seiner Fülle gegeneinander abzugleichen und zunächst den Rückstand in der Interpretation eines beträchtlichen publizierten und unpublizierten Materials aufzuarbeiten. Ich habe viel Verständnis für diese Ansicht, glaube aber doch, daß der Zufluß neuerer Erkenntnisse für jede wissenschaftliche Disziplin lebensnotwendig ist. Ein wiederholtes Durchdenken bekannten Materials ist oft genug sehr lohnend, aber wenn kein neues Material mehr bereitgestellt wird, gerät ein Fach in Gefahr abzusterben. Die menschliche Natur ist nun einmal dergestalt, daß, selbst wenn alle Ausgrabungen gestoppt würden, dennoch keinerlei Garantie bestünde, daß der Rückstand an unpublizierten Arbeiten sorgfältig und systematisch in Angriff genommen würde.

Antike Stätten und Monumente, nicht zum wenigsten diejenigen, die noch unter der Erde verborgen sind, sind in vielen Teilen der Welt äußerst gefährdet. Manchmal geht es darum zu retten, was noch übriggeblieben ist, nachdem wirtschaftliche und anderweitige Ausbeutung, Neugier und Unwissenheit unserer Vorfahren ebenso wie der Zeitgenossen sich ihren Anteil geholt haben. In Ägypten sind manche Denkmäler, die, zumindest nach den Berichten früher Reisender zu urteilen, noch im frühen neunzehnten Jahrhundert in ihrem ursprünglichen Erhaltungszustand existierten, heute zusammengefallene Ruinen. Diese dem Vandalismus anheimgefallenen Bauten bewahren trotzdem noch wichtige Informationen über das Leben und die Vorstellungen der alten Ägypter. Die bis ins einzelne gehende Dokumentation solcher Monumente muß Hand in Hand gehen mit neuen Ausgrabungen.

In mancher Hinsicht bekommt die Archäologie des Niltales ein merkwürdiges ›Medien-Echo‹. Nach populärer Vorstellung beschäftigen Ägyptologen Hundertschaften von Leuten, und die Arbeit vollzieht sich in epischem Maßstab. Diese Ansicht kontrastiert deutlich mit den allermeisten Projekten, die derzeit in Ägypten als archäologische Feldarbeit durchgeführt werden. Denn da liegt die Betonung auf einer peinlich gewissenhaften Dokumentation und sorgfältiger Interpretation, besonders bei den Siedlungsgrabungen, an denen derzeit gearbeitet wird. Wir selbst haben selten mehr als fünfzig Arbeiter unter Kontrakt, die aus den unserer Grabung nächstgelegenen Dörfern von Saqqara und Abusir stammen, und die meisten von ihnen werden benötigt, um die beängstigenden und einschüchternden Ansammlungen von windverwehtem Sand und Schutt wegzuräumen, die die unausgegrabenen Monumente dieser Wüstenfriedhöfe bedecken. Sobald das geschehen ist, wird die Arbeit von einer kleineren Gruppe trainierter Arbeiter übernommen, die im allgemeinen eine bemerkenswerte Feinfühligkeit beim Gebrauch scheinbar grober Grabungswerkzeuge beweisen – jener Metallhacken, die unter dem Namen *turriahs* in der ägyptischen Landwirtschaft und bei anderen Arbeiten seit unvordenklichen Zeiten Verwendung gefunden haben.

Ich habe erläutert, daß große Bereiche Ägyptens in wissenschaftlicher Hinsicht als noch ziemlich unerforscht gelten müssen. Das trifft sicher für die Wüsten zu, in denen die antiken Friedhöfe in der Mehrzahl angelegt worden sind. Die fruchtbare Ebene war zu kostbar, als daß sie für Gräber hätte verschwendet werden dürfen, selbst im Altertum, als die Bevölkerungszahl noch viel geringer war. Das bedeutete aber, daß wer in Stadt und Dorf, mitten im kultivierten Land, verstarb, manchmal ein gutes Stück über Land – oder, während der jährlichen Nilüberschwemmung, in Booten – zu den Begräbnisstätten seiner Vorfahren transportiert werden mußte. Bis in jüngste Zeit ist kaum je eine archäologische Ausgrabung in den Siedlungsräumen des eigentlichen Tales erfolgt. Dort lebten die meisten Einwohner in Dörfern und Weilern, deren antike Überreste, wenn es davon überhaupt noch etwas gibt, ganz oder teilweise unterhalb der modernen Siedlungen liegen. Wir werden uns im folgenden Bericht hauptsächlich mit den Gräbern der Beamten beschäftigen, die in Memphis gelebt und gewirkt haben, der wichtigsten ägyptischen Stadt seit ihrer Gründung am Beginn der geschichtlichen Überlieferung (ca. 3150 v. Chr.) bis zum Ende der dynastischen Zeit. Diese Verwaltungsbeamten und ihre Familien wurden in den angrenzenden Friedhöfen begraben, die wir unter dem Kollektivbegriff Saqqara zusammenfassen.

Wichtige Entdeckungen sind selten reine Zufallsprodukte, auch wenn Glück natürlich mitspielt. Häufiger sind sie das Ergebnis von vorausblickender Planung. Das Paradebeispiel einer solchen war Howard Carters Entdeckung des Grabes von Tutanchamun, die nicht einfach eine Sache von unglaublichstem, sagenhaftem Glück gewesen ist, sondern die Frucht von Jahren mühsamster und oft genug ergebnisloser Spurensuche im Tal der Könige. Sorgfältige Detektivarbeit, ständiger Vergleich mit den Ergebnissen früherer Grabungen, publizierter und unpublizierter, und die Suche nach Indizien im Gelände sind selten total vergeblich und bringen dann doch Ergebnisse, wie ich auf den folgenden Seiten darlegen zu können hoffe.

Unser eigenes primäres Expeditionsziel war es gewesen, neue Informationen über die Geschichte des memphitischen Bezirks im Neuen Reich aufzuspüren,

Abb. 2 Karte Ägyptens und des Alten Vorderen Orients mit Angabe der im Text erwähnten Orte.

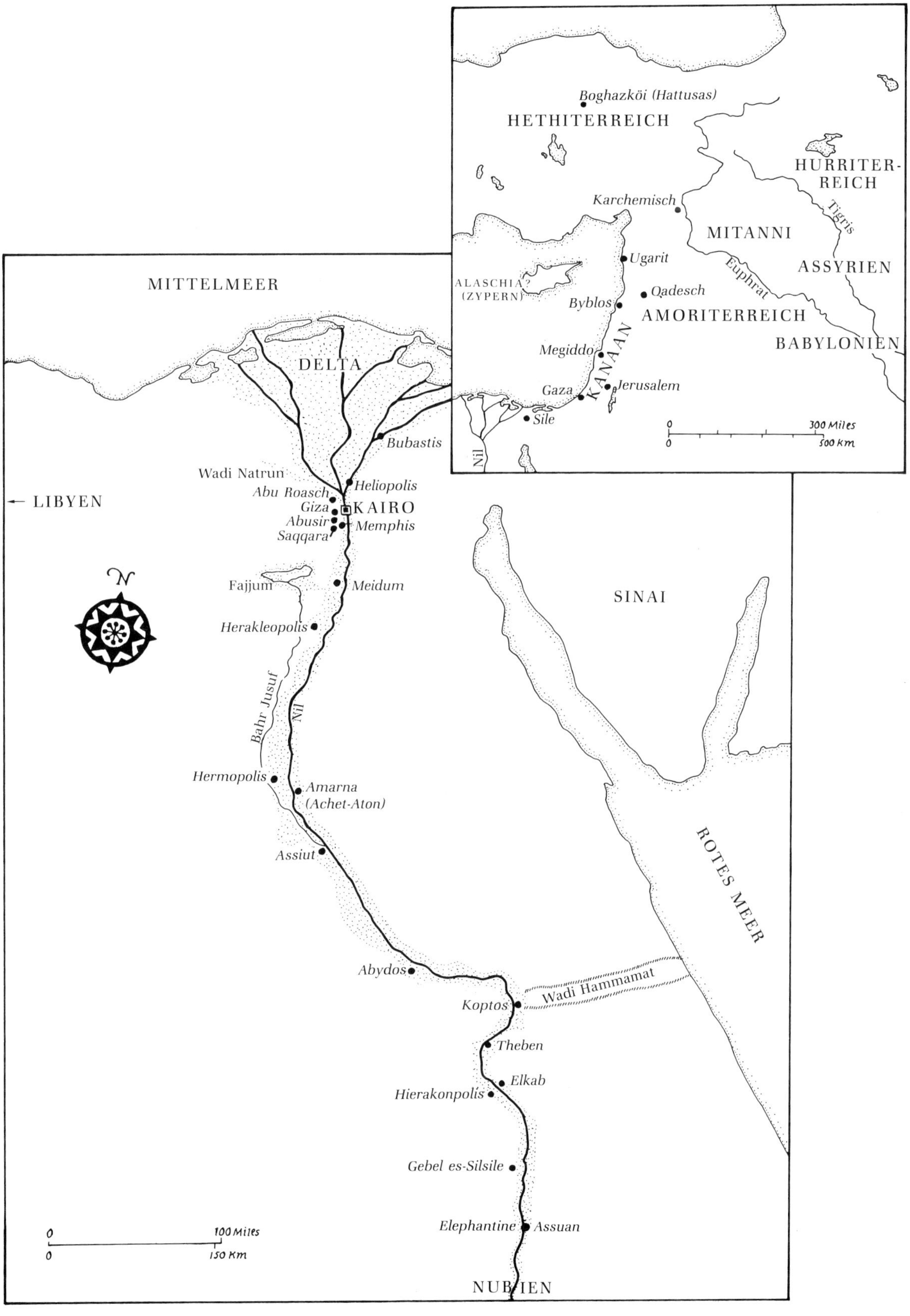
Boghazköi (Hattusas)
HETHITERREICH
HURRITER-
REICH
Karchemisch
Tigris
MITANNI
Ugarit
Euphrat
ASSYRIEN
ALASCHIA?
(ZYPERN)
Qadesch
Byblos
AMORITERREICH
KANAAN
Megiddo
BABYLONIEN
Gaza
Jerusalem
Sile
Nil
0 300 Miles
0 500 Km
MITTELMEER
DELTA
Bubastis
Wadi Natrun
Heliopolis
Abu Roasch
LIBYEN
Giza
KAIRO
Abusir
Memphis
Saqqara
Fajjum
Meidum
SINAI
Herakleopolis
Bahr Jusuf
Nil
Hermopolis
Amarna
(Achet-Aton)
Assiut
ROTES MEER
Abydos
Wadi Hammamat
Koptos
Theben
Elkab
Hierakonpolis
Gebel es-Silsile
Elephantine
Assuan
0 100 Miles
0 150 Km
NUBIEN

besonders für die Zeit (ca. 1334–1212 v. Chr.) der Regierung von Tutanchamun, Eje, Haremheb, Ramses I., Sethos I. und Ramses II. Ägypten war in dieser Periode die vorrangige Macht des Nahen Ostens, unendlich wohlhabend und militärisch und kulturell führend in der gesamten Region. Das Land war weitestgehend autark, besonders hinsichtlich seiner Agrarproduktion. Es mußte aber Syrien–Palästina und das Gebiet südlich des Ersten Katarakts bei Assuan unter seine Kontrolle bringen, und zwar sowohl aus strategischen Gründen als auch um Zugang zu erhalten zu den wenigen Produkten, die im Niltal selbst sowie den angrenzenden Wüsten nicht zur Verfügung standen. Importe nach Ägypten, etwa an hochstämmigem Bauholz, den Mineralen Silber, Eisen und Lapislazuli, kostbaren Salben und Ölen, wurden im Neuen Reich getätigt, allerdings – zumindest soweit es die Metalle betrifft – nie in großen Mengen. Gold, das Ägypten in beträchtlicher Quantität aus seinen östlichen Wüsten und aus dem Süden bezog, war der höchstbewertete Exportartikel dieser Zeit, und es diente für den diplomatischen Geschenke-Austausch, den die ägyptischen Pharaonen samt ihrer Regierung im Neuen Reich mit den großen Mächten des Nahen Ostens sowie der Ägäis und dem Netzwerk kleinerer Stadtstaaten der Levante unterhielten. Erlesene Gegenstände aus den ägyptischen Werkstätten waren in ›Übersee‹ gesucht, und selbst Kleinstobjekte wie Skarabäen und Amulette führten zu einer weit über die Lande gestreuten Verbreitung von Spuren ägyptischer Kultur.

Abb. 2

Gerne stelle ich mir vor, was für einen Eindruck der Abgesandte eines der kleinen Satellitenstaaten der Zeit, etwa Byblos, gewonnen haben mag, wenn er (sagen wir einmal: zur Zeit des Tutanchamun) durch das Delta nach Memphis und dann stromaufwärts nach Theben gereist ist. Ein solcher Gesandter muß zwangsläufig in heilige Scheu versetzt worden sein angesichts der Größe und überquellenden Fruchtbarkeit des Landes. Er muß die überwältigenden Monumente mit Staunen erblickt haben – Paläste, Tempel, Pyramiden, Grabanlagen, sein Auge traf überall auf sie, und manche von ihnen waren ja auch zu seiner Zeit bereits altehrwürdig. So ist es schon seltsam, daß die Geschichte von Memphis, der Hauptstadt dieses Herrschers Tutanchamun und seiner Nachfolger, für uns noch weitgehend einem verschlossenen Buch gleicht. Theben hingegen, das religiöse Zentrum, im Süden gelegen, ist für den größten Teil seiner Geschichte gut dokumentiert, zumindest in bezug auf seine Tempel, seine Königsgräber und die privaten Friedhöfe. Über seine Siedlungen weiß man nicht viel, abgesehen von Deir-el-Medine, dem Dorf der Arbeiter an der königlichen Nekropole und der großen Palastanlage, die im westlichen Theben mit dem Namen Malkata bezeichnet wird. Diese letztere war für eine kurze Zeit am Ende der Achtzehnten Dynastie bewohnt. Die Mehrzahl unserer Nachrichten über das Neue Reich stammt aus Theben, aus Oberägypten und aus Nubien sowie aus der kurzlebigen mittelägyptischen Hauptstadt Echnatons und Nofretetes – der unmittelbaren Vorgänger von Tutanchamun – im mittelägyptischen Amarna. Vergleichsweise wenig kommt aus dem Delta oder Memphis, das am Scheitel- oder

Knotenpunkt von Ober- und Unterägypten gelegen ist, etwas südlich der modernen Hauptstadt Kairo. So ergibt sich ein bemerkenswertes Ungleichgewicht hinsichtlich der Menge des Quellenmaterials, das uns für diese entscheidende Epoche ägyptischer Geschichte zur Verfügung steht, besonders wenn man bedenkt, daß Memphis die Verwaltungshauptstadt und der kulturelle Mittelpunkt des Neuen Reichs gewesen ist.

Die zahlreichen und eindrucksvoll dastehenden, oft genug gut erhaltenen Monumente Thebens sind seit den Pioniertagen der Ägyptologie am Beginn des letzten Jahrhunderts genauestens studiert worden. Memphis verlor hingegen rasch seine Identität und Bedeutung, nachdem einmal im Jahr 969 n. Chr. die Stadt Kairo gegründet worden war. Seine Monumente, die sich ohne Zweifel einmal an Anzahl und Größe mit denen Thebens messen konnten, wurden als Baumaterial abgerissen. In absehbarer Zeit war das gesamte Gelände zum Ruinenfeld geworden. Heute kann man in Memphis nicht mehr viel sehen, abgesehen von einigen Fragmenten ehemaliger steinerner Tempel, die romantisch aus den Teichen, Sümpfen und Palmenhainen hervorlugen. Hie und da liefern uns Fragmente von Lehmschlammziegelwänden bisweilen gewaltigen Ausmaßes Hinweise zur Lage wichtiger öffentlicher Bauten. Der verständige Besucher wird sich aber mit Hilfe einer Planskizze eine Vorstellung von der großen Stadt zur Zeit ihrer Blüte insbesondere in der Achtzehnten und Neunzehnten Dynastie machen.

Die antike Siedlung besaß eine einschüchternde Größe. Das hat eine von der Egypt Exploration Society ausgerüstete Expedition nicht davon abgeschreckt, das Gelände genau zu vermessen. Erstmals steht damit den Gelehrten eine umfassende Karte der Überreste einer größeren altägyptischen Stadt zur Verfügung. Ein wichtiger Bestandteil dieser Arbeit war die systematische Dokumentation aller mit Inschriften oder Dekorationen versehenen Steinfragmente gewesen, die über das Gelände verstreut liegen. *Abb. 3* Viele davon geben sich recht bescheiden, vermitteln aber dennoch wichtige chronologische Aufschlüsse, sofern sie Königsnamen tragen. Damit helfen sie, Monumente zu orten, die sozusagen verschwunden sind, obgleich sie uns durch literarische und andere Quellen bekannt sind. Probegrabungen seitens der Egypt Exploration Society, mit finanzieller und anderweitiger Unterstützung der Staatsuniversität von Memphis, USA, finden derzeit statt. Man hat die Arbeit im südwestlichen Quadranten des Stadtplans begonnen, in einem Gewerbe- und Wohngebiet, nicht weit vom großen Tempel des Ptah, eines der großen ägyptischen Schöpfungsgötter. Dieser liegt nahe dem Einbalsamierungsplatz für die Apis-Stiere, die als Manifestation oder ›lebende Seele‹ des Ptah gegolten haben. Dabei zeigt sich, daß das Gebiet zur Ramessidenzeit bewohnt gewesen ist. In einem glücklichen Zusammentreffen der Umstände ist die Gemeinschaftsexpedition unter der Leitung des Verfassers dieses Buches gegenwärtig damit beschäftigt, Gräber aus ebendieser Epoche sowie der direkt davorliegenden Zeit in den memphitischen Nekropolen von Saqqara freizulegen. Diese Grabanlagen waren von Beamten und

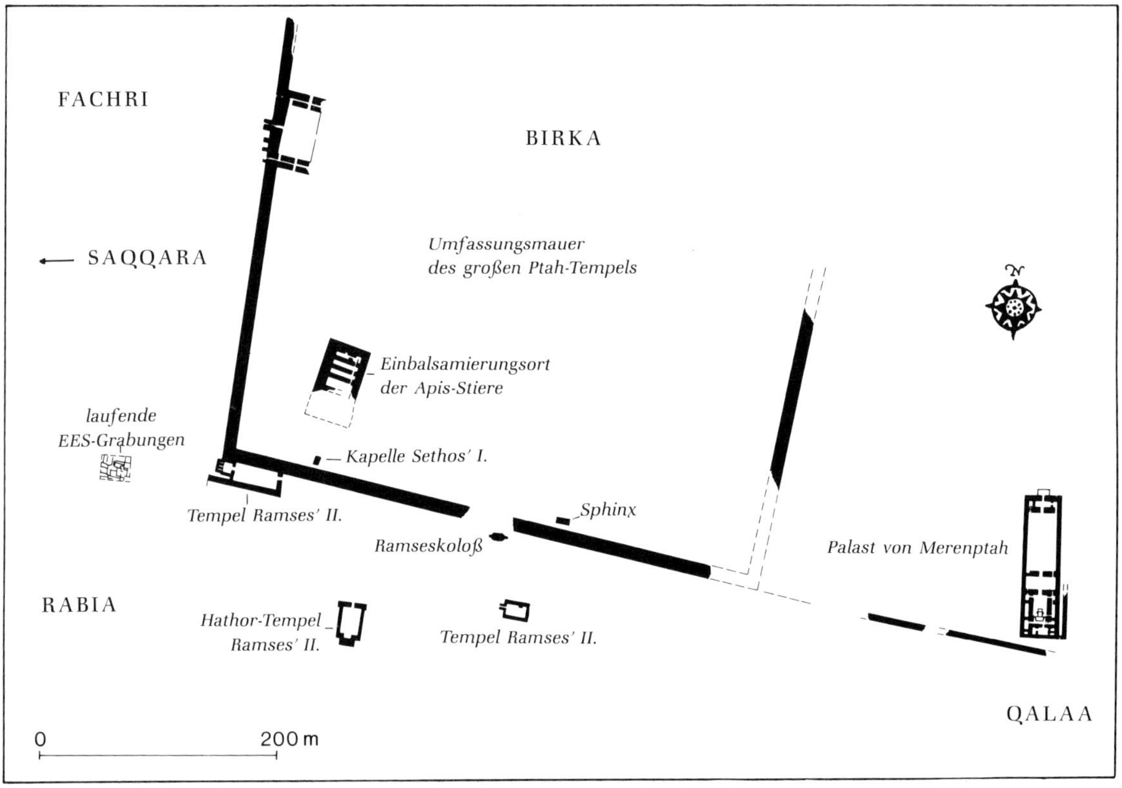

Abb. 3 Karte der wichtigsten in Memphis ausgegrabenen Monumente. Die Namen Birka, Fachri, Rabia und Qalaa bezeichnen heutige Siedlungen im antiken Ruinenfeld.

anderen Personen erbaut worden, die in den Königspalästen, Tempeln, Verwaltungsräumen und Regierungswerkstätten, Arsenalen und Hafenanlagen der Hauptstadt arbeiteten.

Teil I

Die Suche

Bildung eines Expeditionsteams

Schon in der Mitte der sechziger Jahre war mein Interesse an jenem Wüstenabschnitt erwacht, der sich südlich des Aufwegs zur Pyramide des Unas in Saqqara erstreckt. Damals war ich Mitglied des Ausgrabungsteams des inzwischen verstorbenen Professors W. B. Emery, das etwas weiter nördlich im Bereich der Nekropole der Heiligen Tiere arbeitete, wo Unmengen von Ibissen, Falken, Pavianen und sogar die Mutterkühe der heiligen Apis-Stiere bestattet waren. Man hatte damals nicht viel Freizeit zur Verfügung: Fast jeden Tag kamen Funde in großer Anzahl ans Tageslicht – Registrieren, Zeichnen, Kopieren, die Arbeit hielt uns in Atem. Dennoch gelang es mir, die Wüstengebiete im Süden zwischen dem Jeremias-Kloster und dem Pyramidenkomplex des Königs Sechemchet der Dritten Dynastie zu erkunden. Es gab zwar nicht gerade viel zu erkennen, abgesehen von verstreuten Tonscherben der christlichen Epoche, die offensichtlich aus dem Kloster stammten. Hier und dort konnte man aber Fragmente unbeschrifteter Kalksteinblöcke – stark verwittert, da sie so lange Zeit den Oberflächenbedingungen der Wüste ausgesetzt gewesen waren – sowie bearbeitete Stücke aus anderem Material wie Granit oder Quarzit entdecken. Vergeblich hielt ich Ausschau nach anstehenden Bauresten. Etwas allerdings fiel mir sofort an dem Areal auf, das ich da erforschte: Es gab dort großflächige Eintiefungen im Sand, manchmal in nahezu rechteckiger Form. Diese Senken suggerierten sofort den Gedanken, daß tief unter dem Sand Gräber vom Typus des Neuen Reichs mit offenen Vorhöfen – sehr nach Art von Miniatur-Tempeln – verborgen sein könnten. Gräber dieser Art waren zu Anfang des Jahrhunderts in der Nekropole von Abydos in Oberägypten ausgegraben worden.

Nachforschungen in der Standardbibliographie zur altägyptischen Topographie ergaben, daß der große preußische Gelehrte Carl Richard Lepsius 1843 während seiner Expedition zur Erfassung der erhaltenen antiken Baureste von Ägypten und Nubien auch das Gebiet südlich des Aufwegs zur Unas-Pyramide besucht hatte. Bei Saqqara vermerkte er Spuren einiger Gräber des Neuen Reichs, die zu seiner Zeit größtenteils mit Sand bedeckt waren. Zu den Denkmälern des Neuen Reichs, die er im Areal der Unas-Pyramide gesehen hatte, gehörten die Gräber eines Generals namens Iurchi, eines Aufsehers der Königlichen Haremsgemächer von Memphis mit Namen Raja und eines Beamten gleichen Titels namens Harmin. Alle diese Funktionäre lebten in der Neunzehnten Dynastie. Lepsius konnte auch Reliefs absoluter Spitzenqualität aus der unmittelbar vorangehenden Zeit verzeichnen, die sich noch am ursprünglichen Aufstellungsort im Hof des Grabes von Maja befanden, des Vorstehers des Schatzhauses, eines der einflußreichsten Männer in der Regierung des Tutanchamun. Ein solcher Beamter hatte die Kontrolle über den ungeheuren Reichtum, der dem pharaonischen Staatshaushalt aus landwirtschaftlichen Produkten, Mineralien und anderen Sachgütern zufloß. Aus ihm wurden dann die weitläufige Beamtenhierarchie, die das Reich verwaltete, und die Priesterschaft mitsamt dem übrigen Tempelpersonal unterhalten.

Lepsius vermerkte die Position dieser Gräber auf einer von seinem Landvermesser gezeichneten Karte dieses Areals. *Abb. 4* Mir stellte sich die Frage: Existierten diese Gräber noch? In dem Wüstenstück südlich des Aufwegs war keine Spur davon zu sehen. Einige der bei Lepsius erwähnten Blöcke fanden ihren Weg in Museumssammlungen; trotzdem hat erstaunlicherweise niemand versucht, jene verlorenen Gräber wieder zu orten, in denen diese Reliefs vor hundert Jahren zum letzten Mal gesehen worden waren. Mir schien es, daß eine einzigartige Chance bestand, unser Wissen vom Ägypten des Neuen Reichs erheblich zu erweitern, wenn nicht gar deutlich zu revolutionieren, falls es gelänge, die Begräbnisbauten der Stadtbewohner von Memphis wiederaufzurichten. Sie waren in der Totenstadt begraben worden, welche mit Gewißheit unter dem Wüstensand von Saqqara liegen mußte. Wir müssen auch bedenken, daß Lepsius nur *Teile* der von ihm registrierten Denkmäler gesehen hat. Selbst zu seiner Zeit waren die Oberbauten der Monumente weitestgehend versandet. Mir schwebte vor, daß ganze Straßenzüge solcher Grabanlagen einer Ausgrabung harrten, keineswegs nur die wenigen Grablegen, die man im letzten Jahrhundert gesehen hat. Natürlich wären diese Grablegen nicht unberührt, die meisten waren vermutlich schon im Altertum teilweise abgerissen worden (denn die alten Ägypter hatten herzlich wenig Respekt vor den Gräbern ihrer Vorfahren) oder auch in jüngerer Zeit. Die Tatsache, daß Dutzende loser Blöcke, eindeutig aus memphitischen Gräbern des Neuen Reichs stammend, sich in Museumssammlungen befinden, belegt dies zur Genüge. Solche Reliefs haben einheimische Bewohner der Gegend im 19. Jahrhundert gefunden, lange bevor es zur Gründung einer Ägyptischen Altertümerverwaltung gekommen ist, die heute die antiken Anlagen kontrolliert und überwacht. 1975, als meine Verantwortlichkeit als Grabungsleiter der Ausgrabungen der Tier-Nekropole beendet war, kam es zur Bildung einer gemeinsamen Expedition der Egypt Exploration Society und des Leidener Museums mit dem Ziel, das Gebiet, das ich inzwischen zuversichtlich als Friedhof des Neuen Reichs in Saqqara bezeichnete, zu bearbeiten.

Die Frage stellte sich: Wie sollten wir vorgehen? Praktisch überall im ausgewählten Gebiet mußte man auf Ergebnisse stoßen, aber besonders sinnvoll war offensichtlich ein Zugang über einen Fixpunkt innerhalb der Nekropole, wenn man eines der von Lepsius gesichteten Denkmäler erneut orten könnte. Mit der großzügig erteilten Genehmigung der Ägyptischen Altertümerverwaltung entschied ich

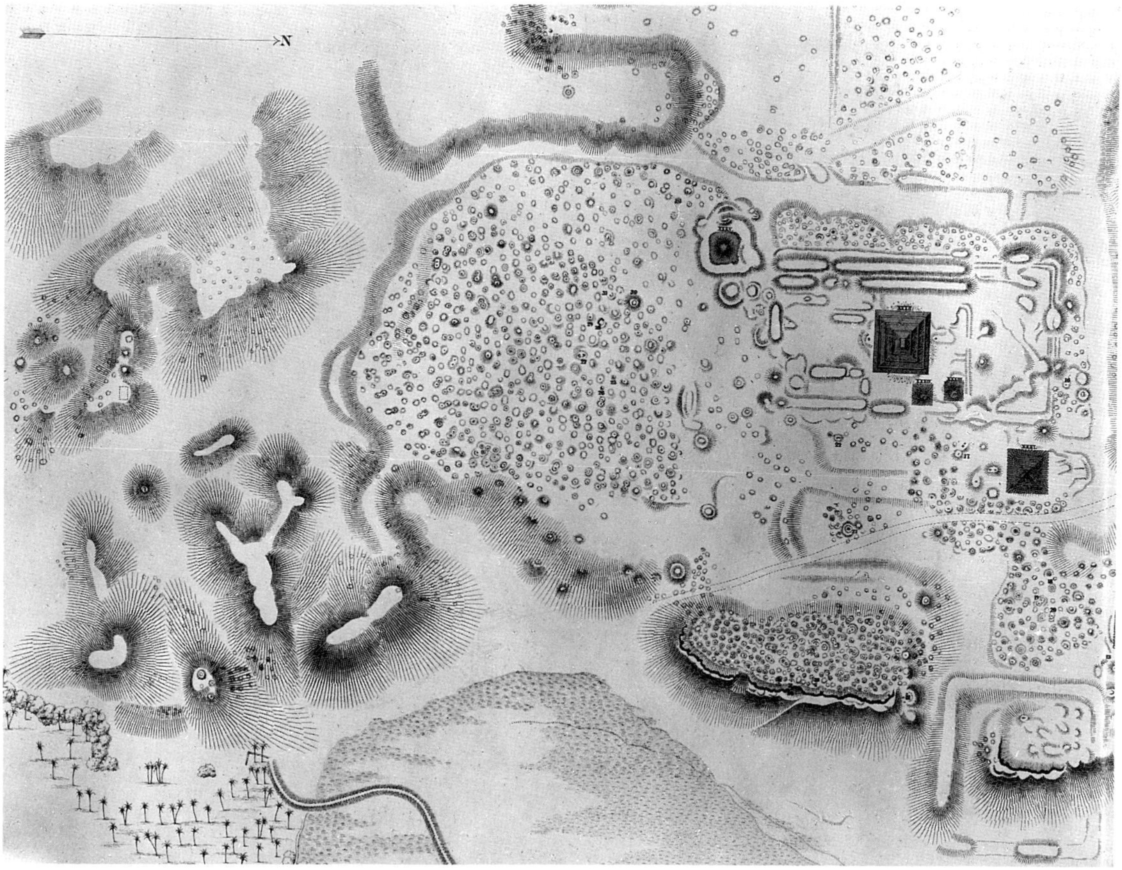

Abb. 4 Die Nekropole südlich des Aufwegs der Unas-Pyramide. Nr. 27 in der Bildmitte ist das Grab des Maja. Karte von Lepsius.

mich, das Grab des Maja abzustecken, auszugraben und archäologisch aufzunehmen. Gerade jenes Grab des Schatzmeisters von Tutanchamun mußte in mehrfacher Hinsicht auf großes Interesse stoßen. Den einzigen Hinweis auf seine Lage hatten wir durch die Karte von Lepsius, deren Genauigkeit bisher nie auf die Probe gestellt worden war. Unser Landvermesser war vermittels dieser Karte in der Lage, die Lokalisierung des Grabes innerhalb eines sehr eng begrenzten Dreiecks in diesem Wüstenareal festzulegen. Tatsächlich verfehlten wir 1975 dieses Grabmal nur um wenige Meter – wie wir heute wissen; statt dessen befanden wir uns in einem anderen Grab, über dessen Existenz seit der Anfangszeit der Ägyptologie spekuliert worden war. Es handelt sich um die seit langem verlorengegangene Grabanlage eines Standesgenossen des Maja, des Generals Haremheb, der für den unmündigen Tutanchamun die Regentschaft geführt hat. Wir werden dieses herrliche Grab weiter unten noch detailliert behandeln, aber zunächst gilt es, das Szenario abzustekken, indem wir die Geschichte der Nekropole von Saqqara skizzieren und die Beschaffenheit des Geländes beschreiben.

Memphis und seine Nekropole Saqqara

Die altägyptische Tradition schreibt Menes, dem ersten König Ägyptens, die Gründung der Hauptstadt Memphis zu. Das ereignete sich etwa um 3150 v. Chr. Man hat bisher noch keine Spuren dieser Stadt des Menes und seiner unmittelbaren Nachfolger gefunden, obgleich es sicher Überreste von ihr in der viele Meter tief reichenden, vom Nil abgelagerten Schlammschicht geben muß, die heute die antike Siedlung überdeckt. Die meisten erhaltenen Gebäude von Memphis sind dem Neuen Reich oder einer späteren Epoche zuzuordnen. Sie befinden sich in einer beachtlichen Entfernung westlich des heutigen Nilverlaufs. Bis hin zur jüngst erfolgten Bestandsaufnahme des Ruinenfeldes von Memphis war diese Tatsache etwas rätselhaft; nach den Gesetzen der Logik mußte man die Hauptstadt an den Ufern des Nils erwarten. Heute wissen wir jedoch, daß der Nil seit dem Altertum ganz allmählich seinen Lauf ostwärts verlagert hat; man muß sich also vorstellen, daß Menes seine Siedlung am Flußufer angelegt hat, als der Nil sein Bett wesentlich weiter westlich hatte als heute. Meiner Vorstellung nach war die sehr rudimentäre Stadt irgendwo auf dem Gebiet der heutigen Ruinen des großen Ptah-Tempels gelegen. Dabei gehe ich von der Annahme aus, daß man den Tempel des Neuen Reichs über der ursprünglichen Kultstätte errichtet hat und daß diese den Mittelpunkt der frühen Siedlungsanlage gebildet hat. Zu diesem Zeitpunkt war die ›Stadt‹ zweifellos kaum mehr als ein kleines Dorf. Nach der Überlieferung hat Menes sie mit einer weißen Mauer umgeben, sicher eine weißverputzte Schlammziegel-Konstruktion, die auch den Tempel und den königlichen Palast umschloß. In späterer Zeit waren ›die weiße Mauer‹ oder ›die Mauern‹ zwei der zahlreichen Namen für Memphis geworden, die man auf Inschriften und in Dokumenten antrifft. Der Ortsname ›Memphis‹ ist griechisch, man nimmt aber an, daß er sich vom altägyptischen ›Mennefer‹ herleitet, der Bezeichnung für den Pyramidenkomplex von Pepi I., einem König der Sechsten Dynastie. Diese Pyramide befindet sich in Süd-Saqqara am Wüstenrand gegenüber der Stadt Memphis. Warum ausgerechnet dieser Name von den Griechen ausgewählt wurde – Pepi I. ist nicht gerade als einer der besonders bedeutenden Herrscher Ägyptens bekannt –, ist eher schleierhaft.

Gräber aus der Gründungsperiode der Stadt kann man heute noch auf den benachbarten Friedhöfen von Saqqara sehen. Der ägyptische Archäologe Rizkallah Macramallah hat eine Gruppe von Schachtgräbern einfachen Typs in der Nähe des

Serapeums, der späteren Grabanlage für die Apis-Stiere, ausgegraben. Andere Ägyptologen, wie etwa J. E. Quibell, C. M. Firth und W. B. Emery, haben eine Reihe mächtiger Grabanlagen von Mitgliedern der königlichen Familie und ihrem Hofstaat am Rande des Wüstenabbruchs der Nekropole, mit einem eindrucksvollen Blick nach Osten auf die eben gegründete Hauptstadt, freigelegt. Ob es sich bei manchen dieser gewaltigen Gräber um solche von Königen der Ersten Dynastie handelt oder ob man sie als Bestattungsmonumente von Privatleuten klassifizieren muß, darüber wird heftigst gestritten. Immerhin dürften nur wenige Gelehrte leugnen, daß manche dieser Gräber einen wahrhaft ›königlichen‹ Zuschnitt zeigen, und es ist auch nicht unwahrscheinlich, daß in dieser frühen Periode ägyptischer Geschichte die Führungspositionen von den männlichen Mitgliedern der engeren Königsfamilie eingenommen wurden.

Seit dieser Zeit war Saqqara der Hauptfriedhof der Einwohner von Memphis. In der Pyramidenzeit des Alten Reichs, es umschließt die Dritte bis Sechste Dynastie (ca. 2686–2181 v. Chr.), waren die Plateaus von Saqqara und Giza die bevorzugten *Abb. 5, 6* Gegenden für die weitläufigen Grabstätten der Könige. Rund um die Pyramiden entstanden ausgedehnte Friedhofsanlagen von ›Mastaben‹, bankartigen Gräbern der Königsfamilie, des Adels und der Verwaltung. Man wollte dem vergöttlichten Monarchen im Jenseits so nahe sein wie im Leben. Im Altertum hat die Grabanlage des *Abb. 1* Königs Djoser aus der Dritten Dynastie den Blick auf Saqqara ebenso beherrscht wie heute. Auf einem gewaltigen Streifen offener Wüste etwas westlich des Wüstenabhangs errichtete dieser Monarch die erste echte Pyramide der ägyptischen Geschichte, auch wenn ihre vier Seiten nicht glatt waren, sondern die Form gigantischer Stufen, sechs an der Zahl, hatten. Djosers Architekt Imhotep war einer der kreativsten Menschen der antiken Welt; ein halbes Jahrhundert geduldiger und einfühlsam auswählender Restaurierungsarbeit im Bezirk der Stufenpyramide durch jenen Gelehrten, dem dieses Buch gewidmet ist, erlaubt es heutigen Besuchern, den Genius eines Mannes zu würdigen, der selbst seinen eigenen Zeitgenossen als Phänomen gegolten haben muß. Später gestand man ihm von seiten der Priesterschaft einen semi-göttlichen Status zu.

Die Stufenpyramide befindet sich in der Mitte eines gewaltigen, rechteckigen Bezirks, dessen Umfassungsmauer aus feinstem Kalkstein von dem Memphis östlich des Niltals gegenüberliegenden Wüstenrand errichtet worden ist. Zu diesem Bezirk gehören – abgesehen von der eigentlichen Pyramide, dem Grabmal des Djoser und anderer Familienmitglieder – eine Reihe weiterer architektonischer Gebilde. Es gibt beispielsweise eine mit Säulen ausgestattete zeremonielle Eingangshalle, einen großen offenen Hof mit Altären, einen sogenannten *hebsed*-Hof, in dem sich eine Reihe von Scheinkapellen befand, die die archaischen Schreine von Ober- und Unterägypten symbolisch zur Darstellung bringen sollten. Innerhalb des *hebsed*-Bezirkes empfing der König nach dreißig oder mehr Regierungsjahren vermittels eines Rituals eine Erneuerung seiner Macht und seiner physischen Leistungs-

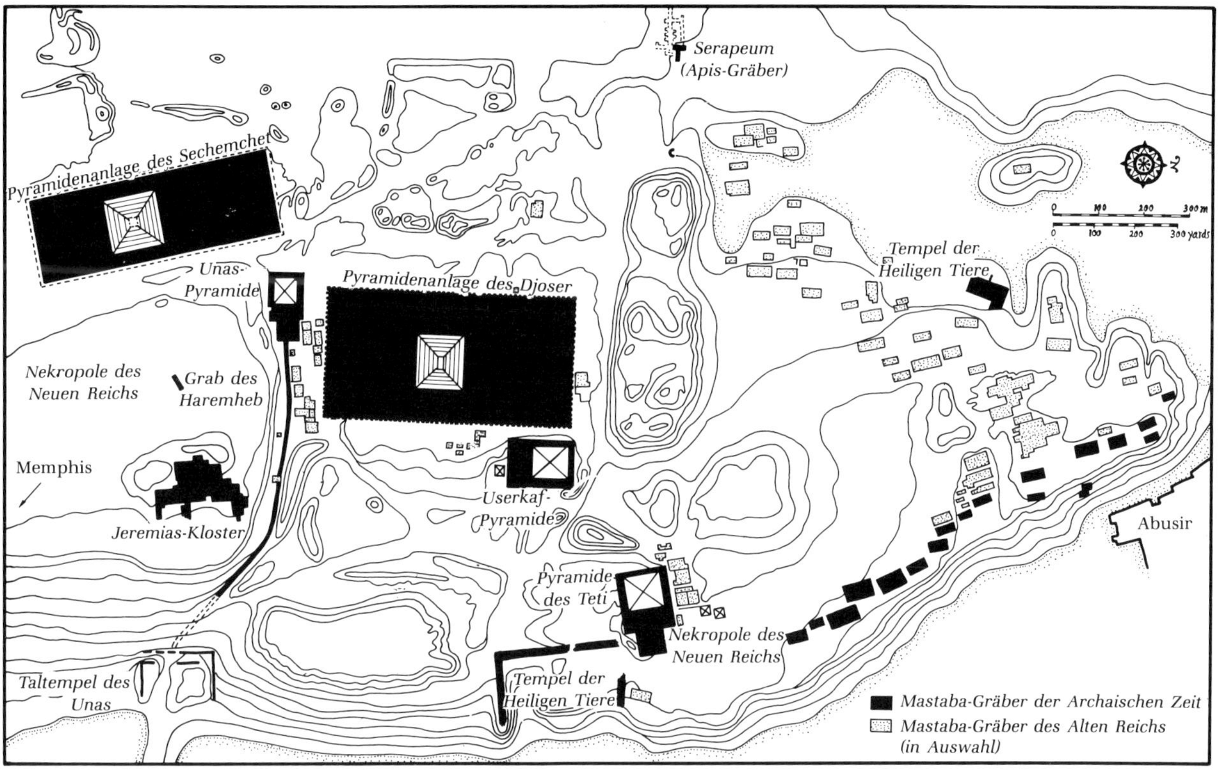

Abb. 5 Plan von Saqqara; eingetragen sind die wichtigsten freigelegten Monumente und die beiden Hauptfriedhöfe des Neuen Reichs.

fähigkeit. Wirklich vollzogen wurde dieses Ritual vermutlich in Memphis, aber das Abbild stand in Saqqara dem toten König für alle Ewigkeit im Jenseits zur Verfügung. Auf der Nordseite der Pyramide ist ein großer Totentempel mit einem angefügten *serdab*, einer verschlossenen Kammer, in der sich eine Statue des Djoser befand, Mittelpunkt aller Opferkulte. Ausgedehnte Vorratsmagazine für Speisen, Getränke und Ausstattung, dazu ein großer Altar im Freien, herausgeschnitten aus dem gewachsenen Fels, vervollständigen die Architekturanlage der Nordseite dieses Komplexes. Innerhalb der Süd-Umwallung befindet sich ein weiteres ›Djoser-Grab‹, meist nach seiner Lage als ›Südgrab‹ bezeichnet. Sein Zweck ist nicht ganz gesichert, aber möglicherweise symbolisierte es die Beisetzung Djosers als König von Oberägypten.

Der ummauerte Bezirk der Stufenpyramide von Saqqara ist die erste monumentale Bauanlage der Menschheitsgeschichte: Hier entstand in Stein in erstaunlicher Weise etwas neu, was als Konstruktion aus Schilfmatten und Lehm geläufig war. Weil sich darauf nur so wenige Inschriften fanden, bleibt eine Reihe von Interpretationsproblemen offen. Dazu gehört die Frage, bis zu welchem Ausmaß die Gebäude innerhalb der Mauer eine Abbildung des Königspalastes der Dritten Dynastie aus der nahe gelegenen Hauptstadt Memphis darstellen. Gewisse Teile der

8
6
2
5
7
1
4
3

Anlage müssen noch vollständig ausgegraben werden und halten sicher noch einige Geheimnisse für uns zur Enthüllung bereit.

Mindestens drei weitere große Umfassungsmauern für Pyramiden sind in Saqqara entweder gebaut oder zumindest teilweise angelegt worden. Die besterhaltene ist diejenige des Sechemchet, teilweise ausgegraben und publiziert durch den ägyptischen Archäologen Zacharia Goneim. Eine Reihe ihrer Bestandteile haben wir bereits im Djoser-Bezirk kennengelernt, wozu auch die Ansätze einer Stufenpyramide, ein ›Südgrab‹ und eine Umfassungsmauer mit Rücksprüngen gehören. Auf der Westseite des Djoser-Bezirks befindet sich eine andere Anlage, die man auf Luftaufnahmen schwach erkennen kann, die aber bisher nicht untersucht ist. Etwas weiter draußen in der Wüste gibt es eine weitere Einfriedung, viel größer als alle bisher erwähnten, auch sie zum allergrößten Teil bislang unerforscht.

Keine der anderen Pyramiden-Anlagen des Reichs in Nord-Saqqara – Unas, Teti und Userkaf – ist vergleichsweise so gut erhalten wie die von Djoser, aber alle haben wertvolle Informationen über die Entwicklung der Königsgräber der Fünften und Sechsten Dynastie sowie die Verästelungen des königlichen Totenkults geliefert. Besonders die Unas-Pyramide, die Besuchern zugänglich ist, stellt eines der besterhaltenen Beispiele einer ausgereiften Pyramiden-Anlage des Alten Reichs dar. Sie weist alle architektonischen, symbolischen und rituellen Elemente auf, die für das Weiterleben des Königs im Jenseits erforderlich waren. Man kann diese in einem Gang von Osten nach Westen folgendermaßen zusammenfassen: Ein Taltempel am Rande des Fruchtlandes, ein überdachter Aufweg, der von dort bis hinauf auf das *Abb. 7* Wüstenplateau führt und damit zur Umfassungsmauer. Letztere umschloß die eigentliche Pyramide (wo der Herrscher bestattet war) und einen Totentempel, in dem sein Kult vollzogen wurde, theoretisch bis in alle Ewigkeit. Der Totentempel enthält zusätzlich eine Reihe von Räumen und Magazine zur Aufbewahrung von für den täglichen Kult erforderlichen Gefäßen, gottesdienstlichen Büchern, Kleidungsstücken und Opfergaben. Kultischer Fluchtpunkt dieses Baues war eine der Ostfront der Pyramide vorgesetzte Stele. Diese bildete den Mittelpunkt des Totenkults für den innerhalb der eigentlichen Pyramide beigesetzten König. Der Eintritt in die Pyramide erfolgt über einen von der Nordseite schräg nach unten führenden Gang. Innerhalb der Umfassungsmauer befindet sich eine Scheinpyramide, die vielleicht das sogenannte ›Südgrab‹ des Monarchen symbolisiert, und in ähnlichen Pyramiden-Anlagen finden wir Neben-Pyramiden für Mitglieder der königlichen Familie.

Abb. 6 Luftaufnahme von Saqqara: (1) Ummauerter Gesamtkomplex der Stufenpyramide. (2) Südlich davon der Hauptfriedhof des Neuen Reichs. Zu erkennen sind auch die Pyramiden von Teti (3), Userkaf (4) und Unas (5), ferner die Pyramidenanlage von Sechemchet (6) und zwei weitere unbekannte ummauerte Bezirke der Dritten Dynastie (7, 8).

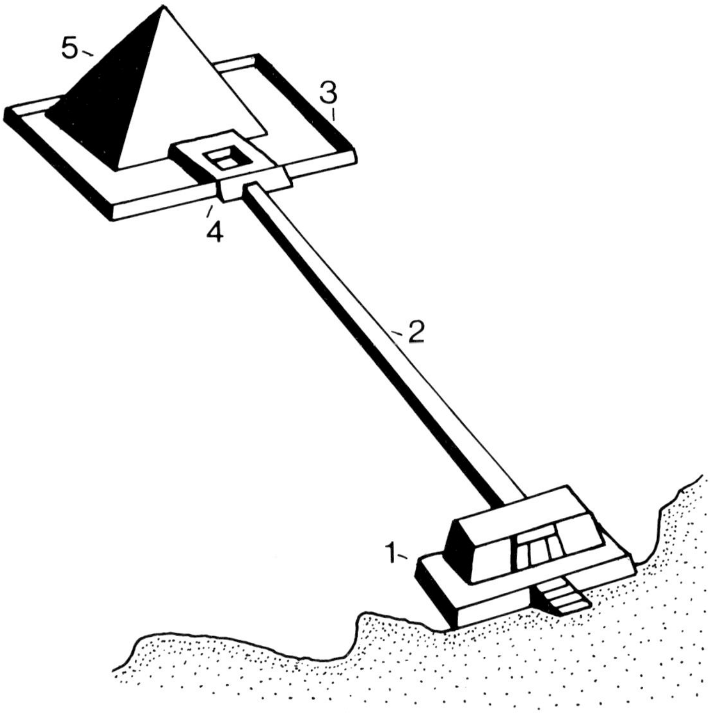

Abb. 7 Voll entwickelte Pyramidenanlage des Alten Reichs mit den wesentlichen architektonischen Bestandteilen eines solchen Bauwerks. (1) Taltempel und Kaianlage am Rande des bebauten Landes. Man nimmt üblicherweise an, daß ein Kanal den Tempel mit Memphis und dem Nil verbunden hat. (2) Gedeckter und dekorierter Aufweg über das Wüstenplateau zum Pyramidentempel. (3) Umfassungsmauer als Begrenzung der wichtigsten Teile der Anlage. (4) Toten- oder Pyramidentempel, Mittelpunkt des Kultes für den verstorbenen und in der dahinterliegenden Pyramide bestatteten Herrscher. (5) Die eigentliche Pyramide.

Die Unas-Pyramide erlangte Berühmtheit durch die früheste bekannte Fassung der sogenannten Pyramidentexte, die auf die Wände der Grabkammer und Vorkammer innerhalb der Pyramide eingemeißelt sind. Die Texte reichen in die ferne Vergangenheit zurück und bilden das früheste Corpus religiöser Literatur der Weltgeschichte. Sie haben Kaskaden von Licht auf die religiösen Vorstellungen einer weit zurückliegenden Epoche geworfen, obgleich viele dieser Texte nicht leicht zu verstehen sind. Östlich der Pyramide befindet sich ein Friedhof für hohe Beamte, die Unas und seinen Nachfolgern gedient haben. Auch einige Mitglieder des Königshauses hatten dort ihre Gräber. Angehörige der königlichen Familie sowie die Beamten der Verwaltung wurden meistens in großen, aus Stein errichteten Mastaba-Gräbern beigesetzt, von denen viele dekoriert und beschriftet sind. Solche

Mastaben, hier wie auch andernorts in Saqqara, ebenso wie in Abusir und Giza, dazu die gleichzeitigen Felsgräber aus den Provinzregionen, haben uns das meiste von dem geliefert, was wir über die militärische, wirtschaftliche und soziale Geschichte des Alten Reichs wissen, und die Szenen, die in ihnen eingemeißelt sind, haben grundlegende Bedeutung in vielerlei Hinsicht, nicht zuletzt für die Kunstgeschichte. Einige der berühmtesten Gräber des Alten Reichs sind jene von Ptahhotep, Ti, Mereruka, Kagemni und Anchmahor. Alle befinden sich in Saqqara und sind für Besucher zugänglich, und es gibt zahllose andere. Ihre Reliefs porträtieren in lebhafter Weise viele Aspekte der Aufgaben und des täglichen Lebens hoher Beamter und Adliger, und sie werfen reiches Licht auf das Leben ihrer Zeit, wie wir es von keiner anderen Quelle her beziehen könnten.

Im Mittleren Reich (der Zwölften und Dreizehnten Dynastie, ca. 2040–1782 v. Chr.) verlagerte sich das Zentrum der Aufmerksamkeit weg von Saqqara zu weiter südlich gelegenen Regionen, wie Dahschur, Lischt und das Fajjum, wo die Könige ihre Pyramiden errichteten und die hohen Hofbeamten ihre Mastaba-Gräber und Totenkulte hatten. Im Gegensatz dazu kommen in Saqqara nur vereinzelt Bestattungen aus dem Mittleren Reich vor, und die Grabeigentümer sind im wesentlichen solche, die mit dem wiederbelebten Kult der Herrscher des Alten Reichs im Zusammenhang stehen. Deren Pyramidentempel waren vermittels rechtlich abgesicherter Stiftungen erhalten, aber dennoch bereits vor der Zwölften Dynastie vernachlässigt worden oder in Verfall geraten. So wurde zum Beispiel der Kult für Unas in dieser Dynastie wiederbelebt, ebenso der des Teti. Die Könige des Mittleren Reichs regierten aus einer neuen Hauptstadt namens Itj-taui. Diese Niederlassung kennen wir aus einer Reihe von Schriftstücken, aber sie muß noch genauer lokalisiert werden; möglicherweise handelt es sich um eine memphitische Vorstadt.

Wenn wir jetzt zum Neuen Reich (ca. 1570–1070 v. Chr.) weiterschreiten, begegnen wir einer merkwürdigen Anomalie. Memphis war während der ganzen Achtzehnten Dynastie, als Ägypten sich auf der Höhe seiner Macht und seines Einflusses befand, von höchster Bedeutung. Dennoch ist unsere Kenntnis über die Anlage dieser Stadt oder unser Detailwissen über ihre Einwohner gerade für diese Zeit minimal. Die meisten Informationen über das Ägypten des Neuen Reichs stammen aus Theben, dem religiösen Zentrum. Dort befand sich der Hauptsitz des Kultes des Amun, des neuen Staatsgottes, und dort lagen die königlichen Gräber und Totentempel. Man kann aber nachweisen, daß im Grunde relativ wenige der hohen Beamten dieser Epoche in den Grabanlagen von Theben, die allen Ägypten-Besuchern bekannt sind, bestattet wurden. Ihre Bezeichnung als ›Gräber der Noblen‹ ist eigentlich irreführend, denn dort wurden vorwiegend jene Beamten beigesetzt, deren primäre Aufgabe die Verwaltung des südlichen Ägypten und Nubiens war, jenes Landstrichs, der südlich von Assuan beginnt, oder jene, die mit dem überaus wichtigen Amuns-Kult und dessen Domänenverwaltung befaßt waren. Diese letzteren Beamten waren dann Priester, Domänenvorsteher, Verwalter und Handwerker.

Im Gegensatz dazu gab es in der memphitischen Nekropole von Saqqara keine bekannten wichtigen Gräber von Beamten des Neuen Reichs bis zur Zeit Amenophis' III. und nur wenige aus der Periode Echnatons und Tutanchamuns am Ende der Achtzehnten Dynastie. Sicherlich hat es frühere Gräber hochgestellter memphitischer Beamter des Neuen Reichs gegeben, und es kann sein, daß sie auf ihre Entdeckung in jenem Abschnitt der Nekropole warten, der derzeit vom Autor für die Egypt Exploration Society und das Rijksmuseum van Oudheden in Leiden ausgegraben wird. Diese Ausgrabungen finden in einem Teil des Wüstenplateaus südlich des Aufwegs der Unas-Pyramide statt. Die dortigen Gräber sind schon in der Antike ausgeraubt worden, nicht nur wegen des wertvollen Inhalts ihrer Grabkammern, sondern auch um des Baumaterials willen: Steine und Schlammziegel. Im 19. Jahrhundert war diese Region ein beliebter Tummelplatz für Sammler, Antiquitätenhändler und andere Agenten. Vor den 1975 begonnenen Ausgrabungen unter der Leitung des Autors war niemals eine wissenschaftliche Untersuchung dieses Geländes vorgenommen worden.

Obgleich es absolut keine Bevölkerungsstatistiken für Memphis im frühen und mittleren Teil der Achtzehnten Dynastie gibt, haben wir keinen Anlaß zu bezweifeln, daß die Stadt groß war. Man würde erwarten, daß sich aus dieser Zeit in den nahe gelegenen Friedhöfen von Saqqara viele Gräber finden lassen. Dennoch datieren, wie ich eben ausführte, die frühesten bekannten Gräber des Neuen Reichs auf dem Wüstenplateau aus der Regierungszeit Amenophis' III. Das ist ein merkwürdiger Sachverhalt. Die Antwort kann darin liegen, daß die Gräber der Beamten und anderer Einwohner von Memphis aus der früheren und mittleren Achtzehnten Dynastie lieber in den Felsabhang hineingehauen worden sind, als daß man sie auf dem Wüstenplateau angelegt hätte. Fast dieser gesamte Wüstenabhang ist vollkommen verborgen unter den tiefen Verwehungen des Flugsandes. Hier und da, wo die Felsoberfläche aus einer Laune der Natur oder einem anderen Grund freiliegt, kann man Felsgräber erkennen, was uns anzeigt, daß der Abhang für Grabdenkmäler genutzt worden ist. Ich bin sicher, daß viele lohnende Entdeckungen dort auf ihre zukünftigen Erforscher warten. So, wie es aussieht, scheint es vielversprechend; jüngst hat die Arbeit eines französischen Archäologen in einem begrenzten Bereich des Gebiets nördlich unserer Ausgrabungen Felsgräber enthüllt. Davon war eines für niemanden Geringeren als Aperia (oder Aper-El), den Wesir oder Ersten Minister von Echnaton für das nördliche Ägypten. Und in der Nähe befinden sich weitere dekorierte und mit Inschriften versehene Felsgräber.

ÄGYPTEN IM NEUEN REICH

Zur besseren Einordnung der im folgenden vorgesehenen Beschreibung der Gräber und der Persönlichkeiten von Memphis in ihre Zeit möchte ich einen kurzen Überblick über die Geschichte Ägyptens im Neuen Reich geben. *Zeittaf. S. 261*

Die reichlich dunkle Epoche, die der Achtzehnten Dynastie vorangegangen war, ist als Zweite Zwischenzeit (ca. 1782–1570 v. Chr.) historisch eingeordnet worden. Während dieser Phase mußte Ägypten die traumatische Erfahrung machen, von fremden Eindringlingen aus Vorderasien erobert zu werden. Wir kennen sie als ›Hyksos‹; die Bezeichnung scheint sich aus dem altägyptischen Wort *heka-chasut* (Herrscher der Fremdländer) herzuleiten. Es gibt keine Anzeichen für den Einfall einer ganzen Horde, vielmehr war es eine Periode, in der Ägypten sich militärisch und psychisch auf einem Tiefpunkt befand, was die Fremden in die Lage versetzte, die wichtigsten Regierungsorgane mit relativer Leichtigkeit zu übernehmen, besonders im Norden. Für die Ägypter war dies einzigartig und eine Erfahrung, die sie zutiefst erschütterte. Ägypten hatte schon einmal eine Schwächeperiode durchgemacht (in der sogenannten Ersten Zwischenzeit ca. 2181–2040 v. Chr.): Das Land war damals innerlich auseinandergefallen, die verschiedenen Verwaltungsbezirke oder Gaue machten sich weitgehend unabhängig von jenen Überbleibseln der alten Staatsstruktur, die in Memphis noch ein Dasein fristeten. Aber trotz all dieser Probleme war das Land Ägypten immerhin noch unter der Herrschaft von Ägyptern geblieben. In der Hyksos-Zeit dagegen hatten viele Herrscher fremde Namen (beispielsweise Chamudi, Apophis, Chajan); diese erschienen fremd und klangen sicher auch fremdländisch für das an der ägyptischen Gedankenwelt geschulte Ohr der Einheimischen.

Die Anwesenheit der Fremden im Niltal ist nicht durch irgendeinen langanhaltenden kulturellen Einfluß fühlbar geworden. Militärisch schreibt man ihnen die Einführung des Pferdestreitwagens in das Arsenal Ägyptens zu. Ohne Zweifel hatte ihre eigene Erfahrung mit diesen schnellen, beweglichen Fahrzeugen eine entscheidende Rolle bei der Eroberung und Beherrschung der Ägypter gespielt. Diese lernten allerdings rasch, die neuerworbene Kunstfertigkeit im Streitwagenkampf zu ihrem eigenen Vorteil anzuwenden. Im Bereich der Technik hinterließen die Hyksos ebenfalls ein Erinnerungszeichen an ihre Anwesenheit, nämlich das *schaduf*, die äußerst primitive Vorrichtung, die einen Feldarbeiter in die Lage versetzt, Wasser vom Nil oder einem Kanal zum Zweck der Bewässerung auf eine höhere Ebene emporzuheben. (Das *schaduf* besteht aus einer Stange, die auf einem Rahmen oder einem Pfeiler balanciert wird, der häufig aus hartgewordenem Schlamm oder Steinen errichtet ist. An einem Ende der Stange ist ein Behälter montiert; dieser wird von dem Arbeiter in das Wasser getaucht, anschließend hebt er den Behälter voll lebenspendendem Wasser vermittels des Gewichtes, das am anderen Stangenende befestigt ist.) Diese Vorrichtung ist eine ständige Erinnerung an die ›Herrscher der Fremdländer‹ in Ägypten, weil ihr Einsatz an den Nilufern heute noch beobachtet werden kann. Man hat aber das Gefühl, daß die altertümlichen Schöpfgeräte nach vier Jahrtausenden jetzt mit fortschreitender Technik sehr bald zum Aussterben verurteilt sein werden.

Die alten Ägypter taten ihr Bestes, die Erinnerung an die verhaßten Hyksos dem Vergessen zu überantworten. Die einheimischen thebanischen Herrscher der Siebzehnten Dynastie (ca. 1663–1570 v. Chr.) organisierten ein Programm des Widerstands und der Konfrontation, besonders unter Sekenenre und Kamose, das unter der Regierung des Bruders des letzteren, Ahmose I. (dem Begründer der Achtzehnten Dynastie), seinen Höhepunkt fand, als man die restlichen noch verbliebenen Hyksos endgültig vertreiben konnte.

Diese Fremdlinge, die, wie wir schon erwähnt haben, von irgendwo aus Vorderasien herstammten, hatten bereits vor, während und auch noch nach ihrer Herrschaftszeit über Ägypten enge Verbindung zu der einheimischen Bevölkerung gehabt. Unter der Regierung von Achmoses Nachfolgern organisierte die Zentralgewalt, die inzwischen wieder sicher in Memphis verankert war, beständig Kriegszüge in den palästinensisch-syrischen Raum, hauptsächlich um ihren Einfluß über dieses Gebiet in strategischer Hinsicht sicherzustellen und um jede Wiederholung einer ›Hyksos‹-Invasion zu unterbinden, aber zumindest teilweise auch um die Kontrolle über die Lieferquellen für gewisse Bedarfsartikel, wie große Baumstämme, Silber und andere Mineralien, zu behalten, die größtenteils innerhalb der Grenzen des Niltales nicht zur Verfügung standen. Von ihrem Standpunkt aus gelang ihnen das hervorragend, wenn wir den langen und ungewöhnlich mitteilsamen, informativen historischen Texten – zumeist Inschriften in den Tempeln – Vertrauen schenken dürfen, die zugegebenermaßen bis zu einem gewissen Grad parteiisch gewesen sein müssen. Abgesehen von seiner Funktion als Verwaltungszentrum hatte Memphis nun eine neue Aufgabe als militärische und bis zu einem gewissen Grad auch Marinebasis, von wo die Expeditionen nach Vorderasien ihren Ausgang nahmen, ebenso wie die nach Nubien. Auch die Kontrolle über dieses unendliche Land war aus strategischen und wirtschaftlichen Gründen erforderlich.

Das Vorhandensein von Grabdenkmälern sowohl hochrangiger Militärs als auch mächtiger Herren der staatlichen Verwaltung in der Nekropole von Saqqara als dem für die Hauptstadt zuständigen Begräbnisgelände kann uns daher nicht überraschen. Vorrangiges Beispiel dafür ist das Grab des Feldmarschalls Haremheb, das wir in Kürze behandeln werden. Es ist zusammen mit der wesentlich kleineren Grabkapelle des Ramose, die auch weiter unten beschrieben wird, das einzige vollständig ausgegrabene Beispiel solcher Soldatengrabmäler. Aber wenn man von Grabreliefs von Militärpersonen rückschließen darf, die sich jetzt in den Museumskollektionen befinden und sicher aus Saqqara stammen, können wir mit Sicherheit weitere solche Entdeckungen in der Nekropole erwarten.

Die Ägypter hatten immer mit ihren Nachbarn in der Levante in Verbindung gestanden, die diesbezüglichen Entfernungen sind nicht bedeutsam. Die ägyptische Zivilisation hat ohne Zweifel die diversen Völker jenes Teils des antiken Nahen Ostens beeinflußt. Im Gegenzug nahm Ägypten künstlerische und vielleicht auch religiöse Einflüsse von den Stadtstaaten Vorderasiens in sich auf. Vielleicht war dies hauptsächlich das Ergebnis des Zustroms einer großen Anzahl Ausländer nach Ägypten im Neuen Reich, besonders während der Achtzehnten Dynastie. Viele von ihnen waren Gefangene; wir verfügen über einige Statistiken aus den historischen Quellen, sofern man ihnen Glauben schenken darf. Die Ausländer brachten ihre Götter mit. Gottheiten wie Reschef, Baal, Astarte, Qadesch und andere wurden im letzten Abschnitt der Achtzehnten Dynastie inkorporiert, und man errichtete für sie Kult-Tempel oder vielleicht eher noch ziemlich kleine Schreine, besonders im Gebiet von Memphis. Es wurde vermutet, allerdings ohne eine Beweisführung dafür erbringen zu können, daß diese fremdländischen Kulte Einfluß auf den königlichen Hof gehabt hätten, besonders seit die Pharaonen begannen, aus diplomatischen Gründen ihre Frauen aus dem Ausland zu nehmen. Es wäre nur natürlich, wenn die Gottheiten der Ehefrauen einen gewissen Einfluß auf ihre Gatten ausgeübt hätten, aber alle uns überlieferte dokumentarische und ikonographische Evidenz zeigt deutlich, daß die Staatskulte, besonders diejenigen von Amun, Ptah und Re-Harachte, ihre Vormachtstellung behielten und daß der Pharao als Hoherpriester aller ägyptischen Gottheiten fungierte. Ob er dabei gleichzeitig auch oberster Priester der ›importierten‹ Fremdgötter gewesen ist, steht zur Diskussion.

In der Regierungszeit Amenophis' III. (ca. 1386–1349 v. Chr.) oder sogar schon etwas früher unter Thutmosis IV. (ca. 1419–1386 v. Chr.) gibt es Anzeichen für das Aufkommen einer neuen Gottheit: Aton. Dieser hatte seit je im ägyptischen Pantheon als eine Sonnengottheit gegolten, aber fast ohne Vorwarnung wurde Aton, die Sonnenscheibe, unter dem Sohn Amenophis' III., Echnaton (zunächst Amenophis IV.), der von 1350–1334 v. Chr. regierte, zur das Pantheon beherrschenden Gottheit erhöht, und zwar derart, daß die meisten alten Götter des Niltals praktisch ausgeschlossen wurden. Etwa vom neunten Regierungsjahr Echnatons an geht daraus ein De-facto-Monotheismus hervor, denn Aton ist der *einzige* Gott, zumindest der königlichen Familie, des Hofes und der Regierung.

Hier ist nicht der Ort, im Detail zu beschreiben, warum und wie diese religiöse ›Revolution‹ stattfand. Wir müssen sogar, wenn wir ehrlich sind, zugeben, daß das meiste, was über die bedeutsamen Augenblicke in der Geschichte der Amarna-Periode in unseren Sekundärquellen geschrieben worden ist, der Spekulation zuzuordnen ist. Die Ereignisse berühren unsere Geschichte insofern, als Echnaton sich entschloß, den alten Regierungssitz Memphis und die religiöse Hauptstadt Theben aufzugeben, um eine neue Stadt in Mittelägypten am Ostufer des Nils zu gründen, auf einem jungfräulichen Gelände, das von keinerlei polytheistischen Assoziationen ›verseucht‹ war. Diese Niederlassung wurde von Echnaton ›der Horizont des Aton‹

(Achet-Aton) genannt; sie heißt bei Petrie und anderen Forschern Tell el-Amarna. Auf Befehl Echnatons legte man zügig eine nach antiken Maßstäben gewaltige Stadt an, und diese Neugründung wurde auf Stelen schriftlich verewigt, die aus dem Fels der die Stadt Achet-Aton im Osten und Westen begrenzenden Hügel herausgemeißelt wurden. In ihr gab es Tempel für Aton, Paläste, Verwaltungsgebäude, Werkstätten und Villen für die Beamten, die dem König in seine neue Hauptstadt nachgefolgt waren. Obgleich wir eine gute Vorstellung davon haben, wer diese Leute waren (wir haben ihre gut erhaltenen Grabkapellen, die in die genau östlich der Stadt gelegenen Felsklippen hineingehauen sind), gibt es uns ein Rätsel auf, daß offensichtlich keiner von ihnen vor dem Umzug irgendeine Verwaltungskarriere in Memphis oder andernorts durchlaufen zu haben scheint. Aber vielleicht ist das doch nicht so erstaunlich: Vermutlich wollte Echnaton ein ›großes Reinemachen‹ hinsichtlich der alten Garde veranstalten, und dann hat er sich folgerichtig zumindest in Amarna selbst mit neuen Leuten umgeben, die von manchen Historikern als Emporkömmlinge bezeichnet wurden. In der Tat kennen wir keinen ihrer Vorfahren. Zu ihnen gehörte fast mit Sicherheit Maja, dem wir später noch begegnen werden, und möglicherweise auch Haremheb, wobei letzterer nach Meinung einiger Forscher in Amarna unter einem anderen Namen, nämlich Paatenemheb, gelebt und gearbeitet hätte. Es müßte faszinierend sein zu erfahren, was mit der alten Bürokratie an ihren Stützpunkten Memphis, Theben und in den anderen Oberzentren geschehen ist. An diesen Orten wurde offensichtlich weitergearbeitet, es gibt sogar Hinweise, daß dort Tempel für Aton errichtet worden sind. Zumindest viele der niederen Funktionäre müssen, so hat man den Eindruck, ihre Posten behalten haben. Zukünftige Ausgrabungen im memphitischen Nekropolenbereich werden ohne Zweifel Gräber von Beamten enthüllen, die unter Echnaton in Memphis gewirkt haben (es gibt vereinzelte Blöcke aus solchen Gräbern in den Museumssammlungen). Es wird dann höchst interessant sein festzustellen, ob die Reliefs und Inschriften dieser Monumente ein Licht auf die religiöse ›Katastrophe‹ und die künstlerischen Neuansätze der widersprüchlichen Amarna-Periode werfen werden. Nicht unerwartet stammt das meiste Belegmaterial für die Regierung Echnatons aus Amarna, der von ihm erbauten Hauptstadt. Es wird mit Sicherheit höchst aufregend sein zu erfahren, was in dem etablierten Verwaltungszentrum von Memphis im Norden und in den Provinzdistrikten vorgegangen ist.

Aufmerksame Reisende im heutigen Ägypten, die zudem über Kenntnis der Hieroglyphenschrift verfügen, werden bemerken, daß sehr häufig der Name Amun aus den Inschriften der Tempel und Gräber herausgemeißelt worden ist. Manchmal wurde der Name nach dem Tod Echnatons wieder eingraviert, häufig genug recht ungeschickt. Das Ausmeißeln des Namens Amun muß auf Befehl Echnatons erfolgt sein, um die Erinnerung an den mächtigsten der alten Götter auszulöschen; wir haben allerdings keine schriftlichen Belege oder Traditionen, um diese Hypothese zu beweisen. Echnatons Bilderstürmer waren sehr gründlich – aber wer waren sie? Wir können uns das Entsetzen auf dem Land, beim einfachen Volk, vorstellen, wenn die Bevollmächtigten des Pharaos auftauchten, um ihres Amtes zu walten, noch schlimmer, wenn diese unwillkommenen Besucher den Befehl erhielten, die Kultbilder zu zerschlagen oder einzuschmelzen, die Tempel zu schließen und deren Einkünfte auf Aton zu übertragen. Ich bin mir sicher bei der Annahme, daß Echnaton bei diesem außergewöhnlichen Vorhaben Rückendeckung durch das Militär gehabt haben muß, einem Vorhaben, das, wie wir uns vorstellen können, unmöglich ausgeführt worden sein kann, ohne auf *irgendeine* Form des Widerstandes zu stoßen. Es ist nicht ausgeschlossen, daß Echnaton sein Programm vom Königspalast in Memphis aus organisiert hat, wo seine Armeeoffiziere stationiert waren. Merkwürdig ist es schon, daß er seine Truppen nicht ins Spiel gebracht hat, um die Aufstände in den ägyptisch dominierten Landstrichen Vorderasiens gründlicher niederzuschlagen und dortigen Intrigen, von denen wir in einem in Amarna aufgefundenen keilschriftlichen Archiv lesen, entschiedener entgegenzutreten. Offensichtlich hat Echnaton keinen entschlossenen Versuch unternommen, seinen kriegerischen Vorfahren Thutmosis III. und Amenophis II. nachzueifern.

Nach dem Tod Echnatons (ca. 1334 v. Chr.) erfolgte die Rückkehr zum rechten Glauben nicht unmittelbar. Sein Nachfolger war ein neunjähriger Knabe, Tutanchaton, der nach einer in Hermopolis, unweit von Amarna, gefundenen Inschrift sein Sohn gewesen sein könnte. Die politische, wirtschaftliche, militärische und zweifellos auch religiöse Handlungsmacht fiel ohne Zweifel in die Hand von Regierungsbeamten unter ihrem Anführer Haremheb. Innerhalb weniger Jahre war Achet-Aton abgerissen und verlassen, und die Aton-Tempel wurden bis auf die Grundmauern nivelliert. Das eben erwähnte Archiv an keilschriftlichen Täfelchen wurde in Achet-Aton im dortigen Staatsarchiv zurückgelassen. Es wurde – in unrechtmäßiger Weise – in den Jahren rund um 1880 ausgehoben, und obgleich einige der Täfelchen sicher bei dieser Gelegenheit verlorengingen oder zerbrachen, hat die Untersuchung der Restbestände uns doch Einblick in eine ganz neue Welt von Intrigen, Treubruch und diplomatischer Aktivität am Ende der Achtzehnten Dynastie gegeben.

Ungefähr im dritten Regierungsjahr des jungen Königs, der nun Tutanchamun (ca. 1334–1325 v. Chr.) genannt wurde, ward der Regierungssitz nach Memphis zurückverlegt, und die alten Tempel wurden wieder geöffnet und neu ausgestattet. Dies scheint hauptsächlich in der Verantwortung des Schatzkanzlers Maja gelegen zu haben, dessen memphitisches Grab später von uns untersucht werden wird. Theben, Stätte des Amuns-Kultes, der Königsgräber und Totentempel, nahm wieder seine angesehene Stellung als religiöses Zentrum ein. Ägypten hatte seine Linie wiedergefunden, mit Wohlstand und Machtausstrahlung auf mehrere Jahrhunderte.

Mit dem Tod Tutanchamuns war die männliche Linie des Königshauses erloschen: Eine Folge von Privatleuten – Eje, Haremheb, Paramessu – hatte den Pharaonenthron inne. Mit Paramessu (Ramses I.) beginnt die Neunzehnte Dynastie, eine

Epoche, die hinsichtlich ihrer Bautätigkeit in Ägyptens Geschichte fast ohne Vergleich dasteht. In der königlichen Nekropole im westlichen Theben wurden die Pharaonengräber noch verschwenderischer und grandioser ausgestattet, und die Grabmäler einiger ihrer Königinnen standen ihnen nur wenig nach. Die Kult-Tempel der Vorväter wurden abgerissen und wieder aufgebaut, oder man fügte dem Vorhandenen Erweiterungsbauten an, manchmal mit Ergebnissen, die nicht immer künstlerisch harmonisch wirken – zumindest von unserem Standpunkt aus –, beispielsweise die Ergänzungen, die Ramses II. an dem Werk Amenophis' III. und Tutanchamuns im Luxor-Tempel vornahm. Die Hauptstadt Memphis blühte in der Ramessidenzeit auf, auch sie erhielt ergänzende Ausstattung mit neuen religiösen Bauten, die heute fast zur Gänze zerstört sind.

Während der ganzen Neunzehnten Dynastie und bis in die Zwanzigste Dynastie hinein unternahm Ägypten Feldzüge besonders nach Vorderasien, wo inzwischen die Macht des Hethiterreichs zur Hauptbedrohung für Ägyptens Vorherrschaft geworden war. Unter Merenptah und später, in der Regierungszeit Ramses' III., bestand eine echte Gefahr, daß Geschichte sich wiederholen könnte: Wieder war das Land von einer Invasion bedroht, diesmal von Scharen von Fremden, von denen eine große Zahl anscheinend aus Europa stammte. Auch die Libyer, die seit langem an Ägyptens Westflanke gesiedelt hatten, waren daran beteiligt. Diese unter dem Namen ›Seevölker‹ bekannt gewordene Massenbewegung konnte von beiden Herrschern zurückgedrängt werden, aber besonders unter Ramses III. muß die Anstrengung ihren Tribut gefordert haben. Die Historiker haben einen stetigen Verfall der ägyptischen Wirtschaftskraft von dieser Zeit an bis zum Ende des Neuen Reichs nachgewiesen. Es gibt für die Zwanzigste Dynastie Belege wirtschaftlicher Belastung und – erstmalig seit es eine Geschichtsdokumentation gibt – für Streiks, und zwar streikten Arbeiter, deren Aufgabe es war, die Königsgräber im Tal der Könige herauszuhauen und zu dekorieren. Wir brauchen aber nicht zu viel in die Tatsache hineinzuinterpretieren, daß die Pharaonen der Zwanzigsten Dynastie nach Ramses III. kaum noch irgendwelche Tempelgroßbauten durchführten. Ihre Vorgängerkönige, besonders Ramses II., hatten bereits für das Nötige gesorgt.

DAS GRAB DES MAJA: SUCHE NACH EINEM VERLORENEN MONUMENT

Mehrfach habe ich jetzt bereits den Schatzhausvorsteher Maja erwähnt. Drei Statuen dieses Mannes und seiner Gemahlin Merit, Rezitatorin oder Sängerin des Gottes Amun, waren bereits in den zwanziger Jahren des vorigen Jahrhunderts in die Sammlungen des Museums von Leiden in den Niederlanden gelangt. Ihr ursprünglicher Standort war ein Raum oder Hof in der Grabanlage ihres Eigentümers innerhalb der Nekropole von Saqqara gewesen. Diese Statuen nehmen einen hohen Platz ein auf der Liste der anerkannten Meisterwerke ägyptischer Kunst des Neuen Reichs, und wunderbarerweise sind sie praktisch unbeschädigt.

Nachdem die Egypt Exploration Society und das Museum Leiden beschlossen hatten, ihre Kräfte zu vereinen, ging mein Plan, wie ich bereits erwähnt habe, sofort dahin, das Grab des Maja wieder aufzuspüren, auszugraben und wissenschaftlich aufzunehmen, da es in vielerlei Hinsicht auf großes Interesse stoßen mußte. Mit Hilfe der Karte, die Lepsius vom Saqqara-Plateau hatte anfertigen lassen, versuchte *Abb. 4* unser Geometer 1975, den auf der Karte markierten Standort des Grabes anzupeilen. Die Karte muß ein kleines bißchen ungenau sein, genügend jedenfalls, um uns etwas aus der Zielgeraden herauszuschieben. Wir ›verfehlten‹ das Grab des Maja und kamen statt dessen in das Gelände der Oberbauten des Grabes des Generalissimus Haremheb (der selbst später Pharao wurde), des Oberbefehlshabers der Armeen Tutanchamuns. Es handelt sich um eine Grabanlage von herausragender Bedeutung für die Geschichte der kurzen Regierungszeit Tutanchamuns und die noch kürzere seines Nachfolgers Eje. Das Grab ist mit Reliefs von einzigartiger Qualität geschmückt. Wir haben aber trotz aller Begeisterung das Grab des Maja nicht vergessen, von dem wir sicher annehmen durften, daß es gewiß ganz in der Nähe sein mußte.

Nachdem wir einmal einen festen Ausgangspunkt in der Nekropole geschaffen hatten, war die Aufgabe für die folgenden Grabungskampagnen, das an Haremhebs Grab angrenzende Gelände zu untersuchen. Denn diese Grabanlage mußte in gewisser Hinsicht bereits im Altertum als das wichtigste Grabdenkmal seiner Zeit innerhalb der Nekropole eingeschätzt worden sein. Unser Ziel war herauszufinden, ob es den Mittelpunkt einer Gruppe von Beamtengräbern ähnlichen Ranges und vergleichbarer Stellung abgegeben hat oder ob sich andere Muster der ›Anordnung‹ herausschälen würden. Selbst uns hat die Fülle der Informationen, die hinsichtlich aller Aspekte des memphitischen Bezirks und seiner Bewohner rapide anschwoll, überrascht. 1980 legten wir die Grabkapellen von Paser und Raja frei. Paser war ›Oberster Baumeister‹ unter Ramses II., und Raja war ›Oberster der Sänger‹ im Tempel des ›Ptah, Herr der Wahrheit‹ in Memphis (Ptah war die Hauptgottheit der antiken Stadt und einer der Schöpfergötter des Niltals) gewesen. 1982, im Jahr des hundertjährigen Bestehens der Egypt Exploration Society, legten wir das Grabmonument von Tia, der Schwester Ramses' II., frei und dazu dasjenige ihres gleichnamigen Gemahls, Tia. Er gehörte zur obersten Verwaltungsebene, und seine Hauptaufgabe war die Vermögensverwaltung des Totentempels seines Schwagers, des Pharaos Ramses II., gewesen. 1985 legten wir den Schacht und die Grabkammern von Iurudef frei, einem Beamten aus dem Gefolge von Tia und Tia. Sein Grab, so stellte sich heraus, enthielt die sterblichen Überreste einiger Familienmitglieder sowie zahlreiche zum Grabkult gehörige Gegenstände, war aber darüber hinaus in der Folgezeit für an die hundert spätere Bestattungen wiederverwendet worden. Aus anthropologischer Sicht hat dieser Fund eine beispiellose Fülle an Material erbracht. Es gibt Fachleuten die Möglichkeit, die realen physischen Überreste einer Einwohnergruppe aus dem antiken Memphis zu untersuchen. Viele der Bestattungen waren in Särgen erfolgt. Auch dieser Fundzusammenhang liefert uns – zumindest hinsichtlich Memphis und Saqqara – ein Studienprojekt ohne Parallele, das seiner Untersuchung harrt. Die Särge sind in gewisser Weise um so interessanter, als sie nicht für hochgestellte Beamte, sondern für gewöhnliche Leute hergestellt worden sind, die am Beginn des ersten Jahrtausends v. Chr. im memphitischen Gau gelebt haben. 1986 deckten wir drei weitere Gräber auf, die von Chai, Goldwäscher des ›Herrn der Beiden Länder‹ (d.i. der Pharao), seines Sohnes Pabes – er war ein Kaufmann oder Händler – und dasjenige eines hochrangigen Offiziers namens Ramose. Alle diese Gräber liegen nahe bei den wichtigeren Gräbern, die wir schon erwähnt haben. Im gleichen Jahr erreichten wir unser ursprüngliches Ziel, als wir durch einen der Grabschächte, die sich im Hof des Ramose befanden, in die Unterbauten des Grabs des Maja, des Vorstehers des Schatzhauses des Tutanchamun, gelangten.

Trotzdem, selbst nach dreizehn Jahren Arbeit hatte unsere Expedition nur ein kleines Segment der Nekropole geöffnet. Ägyptische Kollegen, besonders Professor Sayed Tawfik, der die Leitung einer Grabung für die Universität Kairo hatte, haben in jüngster Zeit auch am Ostrand der Nekropole Ausgrabungen durchgeführt, und zwar in der Nachbarschaft des großen koptischen Jeremias-Klosters. Sie haben reihenweise Bestattungen von ziemlicher Bedeutung aufgedeckt, die der Ramessidenzeit zuzuordnen sind. Dabei datieren einige aus der Zeit Ramses' II., zu denen auch das Grab des Neferrenpet gehört, eines Wesirs oder Premierministers ebendieses Pharaos.

All diese Gräber liefern Nachrichten nicht nur über ihre Eigentümer, sondern über deren unmittelbare Familienangehörigen, ihre Verwandten, ihre Kollegen, Berufsgenossen in der Verwaltung und ihre Diener, die auf den Wänden der Denkmäler abgebildet oder erwähnt sind, oder auf Gegenständen, die in den Grabkammern gefunden wurden. So enthüllt sich im Fortschreiten unserer Arbeit ein detailliertes Bild von den Menschen des antiken Memphis. Einen zusätzlichen Bonus bringt unsere Arbeit dadurch, daß sie den Kontext für zahllose versprengte Reliefblöcke und Tausende Objekte und Dokumente liefert. Diese sind von den Friedhöfen Saqqaras in den Anfangsjahren des letzten Jahrhunderts durch Bewohner der Gegend aufgelesen worden. Man gab sie an Agenten weiter, die im Auftrag der in einer Reihe europäischer Staaten gerade neu gegründeten nationalen Altertums-Museen handelten.

Teil II

Die Entdeckungen

Das Grab des Haremheb, des Regenten für Tutanchamun

Vor Eröffnung unserer Kampagne im Jahr 1975 hatte es gelehrte Spekulationen um die Lage des Haremheb-Grabes gegeben. Die Mehrheit der Fachleute hatte die Meinung vertreten, das Grab sei vollständig zerstört und es gäbe praktisch nichts auszugraben. Nun war das Grab Haremhebs in Memphis sowieso nicht unser Hauptziel, als unser kleines Team hochmotiviert zu einer neuen Unternehmung Anfang Januar 1975 nach Ägypten aufbrach. Die ägyptischen Behörden hatten mir die Genehmigung erteilt, das Grab des Maja, des Vorstehers oder Oberaufsehers über das Schatzhaus des Tutanchamun, wieder zu orten. In meinem Hinterkopf spukte allerdings der Gedanke, daß, da Maja ein Zeitgenosse des Haremheb gewesen war, die Gräber dieser beiden hohen Beamten in der Nekropole von Saqqara eng benachbart liegen könnten. Innerhalb eines kleinen Bereichs, den wir für die Eröffnung unserer Grabung abgesteckt hatten, begannen unsere Arbeiter, den Boden systematisch freizulegen, indem sie dort jegliche Art von Schutt wegräumten. Schon wenige Tage nach Beginn dieser Arbeit tauchte langsam eine Säule mit einer Darstellung des Armeeführers Haremheb und einer Inschrift mit seinem Namen aus dem Sand hervor. In diesem Moment durften wir zu der Überzeugung gelangen, daß wir wunderbarerweise das lange verloren geglaubte Grab eines der berühmtesten Männer Ägyptens, des Generals (und späteren Pharaos) Haremheb, gefunden hatten, dessen Taten den Gelehrten von vielen auf uns überkommenen Denkmälern und anderen Quellen bestens bekannt waren. In der Tat hatten wir mit Arbeitsbeginn unwissentlich unseren *sir*, den großen Tonkrug, aus dem die Grabungsarbeiter ihren Durst in der Hitze und Last des Arbeitstages zu stillen pflegten, oben mitten auf eine Stelle gesetzt, die sich sehr rasch als die Südwand des äußeren Hofs des Grabes erwies. Unser Projekt war ganz offensichtlich unter günstigen Auspizien begonnen worden.

Für die Dauer von vier Grabungskampagnen mußten wir alle Anstrengungen auf die Freilegung dieses Grabes konzentrieren. Doch ehe wir uns seiner Beschreibung zuwenden, scheint ein kurzer Rückblick auf die ägyptische Geschichte zur Zeit des Haremheb und auf dessen eigenen Werdegang notwendig.

ÄGYPTEN NACH TUTANCHAMUN

Fassen wir ganz kurz die Geschichte des Zeitabschnitts nach dem Tod Tutanchamuns 1325 v. Chr. zusammen. Er war nur achtzehn Jahre alt geworden, und mit ihm starb die männliche Linie der Königsfamilie aus. Seine Frau Anchesenamun, dritte Tochter Echnatons und Nofretetes, scheint das einzige überlebende Mitglied des von Ahmose I. 1570 v. Chr. gegründeten Königshauses gewesen zu sein. Mit dieser Herkunft mag die junge Königin durchaus ein legitimes Anrecht auf den Thron als weiblicher Pharao gehabt haben. Ob sie tatsächlich einen solchen Anspruch erhoben hat, kann nicht nachgewiesen werden. Ein faszinierendes Dokument, seinerzeit von Ägypten abgeschickt und in unserer Gegenwart in den Archiven des Königspalastes von Boghazköi, der Hauptstadt der Hethiter, in Kleinasien aufgetaucht, deutet eine solche Möglichkeit zumindest an. Die meisten Forscher stimmen überein, daß darin auf Anchesenamun und nicht auf Nofretete, die Witwe Echnatons, Bezug genommen wird, obgleich der Absender nicht genannt ist. Der Text lautet:

»Mein Gemahl ist verstorben, und ich habe keinen Sohn. Sie sagen über Dich, daß Du viele Söhne hast. Du könntest mir einen Deiner Söhne geben, und er könnte mein Gemahl werden. Ich würde nicht gerne einen meiner Diener nehmen. Es ist mir zuwider, ihn zu meinem Gemahl zu nehmen.«

Der Brief war adressiert an den Hethiter-König Schuppiluliuma, der den dahintersteckenden Motiven offensichtlich mißtraute. Man schickte einen Gesandten an den ägyptischen Hof, der die Sachlage erkunden sollte. Einige Zeit danach kehrte dieser mit einer neuerlichen Botschaft der ägyptischen Königin (die wiederum nicht genannt ist) zurück. Darin beklagt sie sich über das Zögern des Großkönigs: »Ich habe an kein anderes Land geschrieben, nur Dir ... er wird mein Gemahl sein und König im Lande der Ägypter.«

Schließlich wurde ein junger Prinz, Zananza, nach Ägypten als freiwilliger oder unfreiwilliger Prinzgemahl geschickt, um eine diplomatische Allianz zu zementieren. Schon auf dem Hinweg wurde er ermordet. Die Mordknechte sind unbekannt, aber sie waren wahrscheinlich Mitglieder einer Richtung innerhalb Ägyptens, die keinen Fremden auf dem Pharaonenthron akzeptieren wollte, und diese Position hätte Zananza mit Sicherheit eingenommen, wenn er Anchesenamun geehelicht hätte. Nachdem Tutanchamun tot und der Hethiterprinz beseitigt waren, gab es für die ägyptische Regierung ein drängendes Problem: die Wahl eines neuen Pharao, des göttlichen Königs. Sein Vorhandensein war in Ägypten eine absolute Notwen-

Abb. 8 Ausschnitt aus Haremhebs Grab im Tal der Könige: Pharao vor dem Gott Nefertem. Hinter dem Gott ein *tit*-Amulett.

digkeit für das reibungslose Funktionieren des Staatswesens. Außerdem waren Ägyptens nördliche Nachbarn, besonders die Hethiter, zu einer möglichen Bedrohung geworden. Denn der Mord an Prinz Zananza lieferte ihnen einen Vorwand, falls sie so etwas benötigten, einen Angriff auf Ägypten und seine Vasallen, die nordsyrischen Stadtstaaten, vorzubereiten. So ist es nur natürlich, daß die ägyptische Regierung sich dem Militär zuwandte und einen Armeeführer namens Eje zum Pharao beförderte. Merkwürdigerweise war er vor seiner Wahl weder die ranghöchste Person des Reiches noch überhaupt der oberste Befehlshaber der Armee. Den höchsten Rang bekleidete der Feldmarschall Haremheb. Eje muß mit Haremheb irgendein Arrangement bezüglich einer eventuellen Nachfolge geschlossen haben. König Eje starb ohne Erben nach vier Jahren, und das Land wandte sich wiederum einem Militär zu: dem berühmten Haremheb.

GENERAL UND PHARAO

Über die Karriere Haremhebs vor der Regierungszeit Tutanchamuns ist nichts Sicheres bekannt, aber er kann kaum über Nacht als Oberster Armeechef und Regent für den kindlichen König im Scheinwerferlicht der Geschichte aufgetaucht sein. Manche Autoren nehmen an, daß er identisch ist mit Paatenemheb, einem Militärführer, der zu den engsten Anhängern Echnatons, des Vorgängers von Tutanchamun, gehört hat, aber darüber gibt es keine Gewißheit. Die behauptete Identität beruht auf der Ähnlichkeit der Titel Haremhebs mit jenen in Paatenemhebs Grab in Amarna und der Möglichkeit, daß Paatenemheb (›[der Gott] Aton ist im Fest‹) nach der Amarna-Periode zu Haremheb (›[der Gott] Horus ist im Fest‹) umgewandelt worden sein könnte. Echnaton hatte fast alle alten Götter verboten, was vermutlich auch Horus einschloß. Dies hatte nach seinem Tod seine Verfemung seitens der Priesterschaft, besonders jener der Amuns-Priester, hervorgerufen. Im großen und ganzen wurden die Ansichten des Häretikers auf dem Pharaonenthron unter Tutanchamun revidiert.

Haremheb selbst schweigt sich über seine Vorfahren aus. Wie viele Leute selbst heutzutage in Ägypten, die zu hohem Ansehen und Einfluß gelangt sind, könnte er von *fellahin* (Fellachen) abstammen, also Kind einfacher Bauern gewesen sein. Seine Familie kam aus Herakleopolis, einer alten Stadt nahe dem Zugang zum Fajjum. Sie war Heimatstadt des Kults von Herischef oder Harsaphes, einer widderköpfigen Gottheit, aber es gibt keine Belege dafür, daß die Familie bedeutend genug gewesen wäre, um an dem Kult beteiligt gewesen zu sein. Merkwürdigerweise ist kein Monument aus Herakleopolis erhalten, das den großen Befehlshaber nennt, obgleich man doch erwartet hätte, daß man seine Lokalgottheit geehrt hätte, sobald er selbst berühmt geworden war und noch mehr, als er, wie wir sehen werden, Pharao wurde. Es gibt auch keinen Hinweis, daß er einen Grabkult für seine Eltern und Vorfahren in seiner Heimatstadt eingerichtet hätte. Er mag das vielleicht getan haben, aber keiner der auf uns gekommenen Texte oder Reliefs deutet so etwas an.

Wir werden Haremheb in seinem memphitischen Grab (also in Saqqara) auf der Höhe seiner Macht sehen, aber es gibt kein Anzeichen während des Bauabschnitts zur Zeit der Thronbesteigung des Tutanchamun, daß der Grabeigner eines Tages selbst Träger des göttlichen Königtums werden könnte. Eine genaue Studie der Architektur hat nachgewiesen, daß das Grab drei deutlich voneinander abgehobene Bauphasen gehabt hat, wobei das heute sichtbare Bauwerk den Höhepunkt bildete. *Abb. 9* Vermutlich gingen diese Bauphasen Hand in Hand mit Haremhebs Macht- und damit Einflußzuwachs als Folge seiner militärischen Erfolge für seine Regierung im Ausland, der Feldzüge nach Syrien-Palästina und Nubien und eventuell sogar nach Libyen. Kriegsziel war die Wiedererrichtung der ägyptischen Herrschaft über diese Gebiete nach deren Abfall und Revolten während der Regierungszeit Echnatons. Die letzte Bauphase an diesem memphitischen Grab hatte unmittelbar vor dem unerwarteten Tod Tutanchamuns oder möglicherweise während der vierjährigen Regierungszeit seines Nachfolgers Eje eingesetzt. Dies scheint deutlich aus der Tatsache hervorzugehen, daß die Wanddekoration des letzten Bauabschnitts dieses Grabes (des östlichen Endes des äußeren Hofes) weitestgehend in Umrissen gemalt war, die heute fast bis zur Unsichtbarkeit verblaßt sind. Kaum eine dieser Dekorationen ist skulptiert, ganz anders als die übrigen Wände dieses Bauwerks.

DIE NEKROPOLE VON MEMPHIS ZUR ZEIT DES HAREMHEB

Haremheb war nicht der erste hohe Staatsbeamte, der seine Grabkapelle in der Nekropole südlich des Aufwegs zur Unas-Pyramide errichtete. Steinblöcke, die man im vorigen Jahrhundert auf diesem Areal gesehen hat oder fand, belegen, daß einige begünstigte Verwaltungsbeamte schon einige Jahre vor ihm dort tätig gewesen waren, z. B. Amenhotep, genannt Hui, der Oberdomänenvorsteher von Memphis, der unter Amenophis III. gelebt hatte. Es kann aber keinen Zweifel geben, daß das Grab des Haremheb innerhalb der Periode der späten Achtzehnten Dynastie das bedeutendste gewesen ist. Das von ihm ausgewählte Areal war kein jungfräulicher Boden, denn viele hundert Jahre zuvor hatten Beamte und Höflinge der Regierungszeit des Unas und zweifelsohne auch späterer Könige dort ihre Mastaba-Gräber errichtet. Wir selbst fanden Blöcke von Mastaben des Alten Reichs, die in den Oberbauten des Grabes von Haremheb wiederverwendet worden waren. Wahrscheinlich haben die Architekten des Neuen Reichs einfach die Stein-Mastaben abgerissen, soweit dies nicht schon vorher stattgefunden hatte, und dieses Material dann

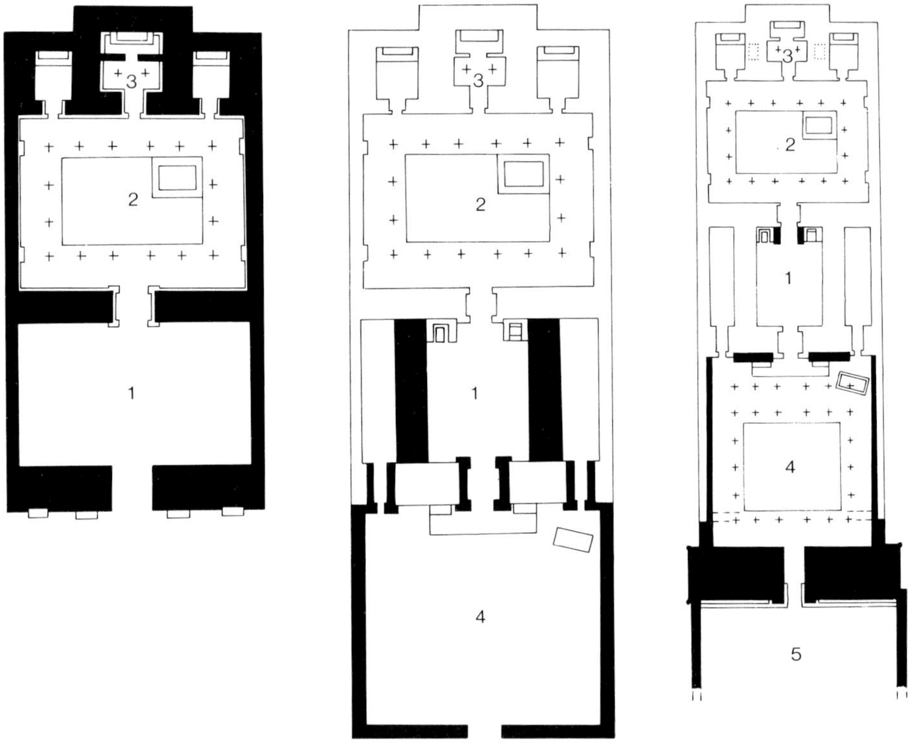

Abb. 9 Die drei Haupt-Baustufen des Haremheb-Grabes; vermutlich spiegeln sie seine zunehmende Bedeutung innerhalb der Verwaltung. Im Anfangsstadium gehörten dazu: (1) ein ummauerter Vorhof; (2) ein innerer Hof mit Säulenumgang; (3) eine Kultkammer mit Seitenkapellen. Im mittleren Stadium wurde der ursprüngliche Vorraum (1) durch Hinzufügen von Querwänden und Tordurchgängen in einen Statuenraum mit seitlichen Nebenräumen umgewandelt. Ein großer neuer Vorhof (4) wurde an der Ostseite hinzugefügt. Im letzten Stadium wurde dieser in einen äußeren mit Säulen bestückten Hof umgewandelt, dem ein massiver Pylon als Torbau vorgelagert wurde. Diesem wurde ein weiterer Vorhof (5) vorangestellt. Das Ergebnis erinnert unverkennbar an ein von vornherein als kleiner Tempel konzipiertes Bauwerk.

in ihren eigenen Bauten wiederverwendet. Damit ersparten sie sich eine Menge Mühe, weil sie die den früheren Gräbern zugehörigen tiefen Schächte und Grabkammern wiederverwenden konnten, indem sie sie, wo notwendig, veränderten und, soweit erforderlich, weitere Räume hinzufügten. Selbst königliche Bauten waren vor dieser Art von Steinplünderung nicht sicher. Eine ganze Menge der bearbeiteten Steinblöcke am Grabmal des Haremheb stammt aus dem Bezirk der nahe gelegenen Stufenpyramide des Djoser. In Haremhebs Grabanlage fanden wir

Stücke der Umgrenzungsmauer und Fragmente der Eingangskolonnade. Die Steintrommeln letzterer waren als Verschlußmaterial in den Türeingängen einiger Grabkammern des Schachtes I eingesetzt worden, der sich im ersten Hof des Haremheb-Grabes befindet. Daß das Monument Djosers bereits am Ende der Achtzehnten Dynastie als Steinbruch verwendet wurde, interessiert aus dem Blickwinkel der Geschichte der Stufenpyramide. Uns brachte es ein beträchtliches Vergnügen, Kolonnadenfragmente an den Djoser-Bezirk zurückzugeben, zumal Jean-Philippe Lauer, die große Autorität hinsichtlich dieser Stufenpyramide, in der Lage war, dreitausend und mehr Jahre, nachdem ein Architekt des Haremheb sie weggebrochen hatte, einige davon an der richtigen Stelle wieder einzusetzen.

Als Haremheb über die Wüste schritt (oder mit größerer Wahrscheinlichkeit in einer Sänfte getragen wurde), um den Platz für sein ›Haus der Ewigkeit‹ auszuwählen, muß das Gelände weitgehend genauso ausgesehen haben wie 1975, als wir mit unserer Arbeit begannen. Die Mastaba-Gräber des Alten Reichs waren aller Wahrscheinlichkeit nach überdeckt mit Treibsand und Schutt und folglich total vernachlässigt, die Totenkulte ihrer Besitzer seit langem aufgegeben. Merkwürdigerweise wählte Haremheb nicht, wie wir es getan hätten, jene Stelle am Rande des Wüstenabhangs, von der man einen herrlichen Blick nach Osten über die üppigen Kultivationsflächen und die Stadt Memphis hat, sondern er suchte sich einen Ort wesentlich weiter westlich in der Wüste aus. Er hat ihn bevorzugt, weil er bei dem reichlichen Platzangebot ein Areal zur privaten Nutzung auswählen konnte, bei dem sein Grab nicht durch andere Grabbauten eingesäumt sein würde. Religiöse Gründe mögen auch eine Rolle gespielt haben, denn so war dieses Grab näher hin zum ›Schönen Westen‹, dem Wohnort der Vorfahren oder ›Seligen Toten‹. Die Erbauer der Mastaben der Djoser-Zeit und der kurzen Periode danach hatten das gleiche in dem riesigen Gebiet gemacht, das sich nördlich der Umfassungsmauer der Stufenpyramide ausdehnt, und sie hatten ihre Gräber nicht etwa in einigermaßen ordentlichen Reihen oder Straßen angelegt (wie es sich mit den Grabbauten der Ersten und Zweiten Dynastie verhält), sondern weit und breit versprengt über das Terrain, als handelte es sich um private Güter.

Die meisten Besucher Ägyptens werden mit dem Tal der Könige und mit den Felsgräbern der thebanischen Beamten in den Hügeln der großen Nekropole gegenüber der modernen Stadt Luxor vertraut sein. Der Felsabhang bei Saqqara ist relativ niedrig, und gegen Ende der Achtzehnten Dynastie waren seine Möglichkeiten zur Anlage von Felsgräbern vermutlich ziemlich erschöpft. Eine Gruppe von Felsgräbern, die derzeit von einem französischen Archäologenteam in Saqqara untersucht wird, ist zeitlich, wie wir bereits bemerkt haben, unmittelbar vor den von uns freigelegten Gräbern einzuordnen. Obgleich es für Gewißheit in dieser Frage noch zu früh ist, kann es gut sein, daß die memphitische Bürgerschaft vom Beginn der Achtzehnten Dynastie an (ca. 1570 v. Chr.) bis etwa zur Zeit der Herrschaft Echnatons (ca. 1350–1334 v. Chr.) die Tradition des Besitzes von Felsgräbern fortsetzte, viel-

leicht in einigen Fällen sogar, indem man frühere Anlagen des Alten Reichs wieder belegte. Weitere Arbeit an diesen Objekten wird das Problem sicher noch besser ausleuchten. Inzwischen sprechen die Evidenz unserer eigenen Arbeit und die Hinweise, die uns einige Blöcke geben, welche man in der Nekropole im letzten Jahrhundert gefunden hat, dafür, daß rund um die Regierungszeit Tutanchamuns oder unmittelbar davor ein neuer Typus des Grabbaus in Gebrauch kam: das ›Tempelgrab‹. Ich ziehe jedenfalls diese Bezeichnung vor, solange eine bessere oder besser
Abb. 11 eingeführte nicht vorliegt. Ein typisches ›Tempelgrab‹ hat einen Vorhof, einen eindrucksvollen pylonartigen (d. h. turmförmigen) Toreingang, offene Höfe, Vorratskammern (die man manchmal auch als Magazine bezeichnet) und Kapellen. Solche Grabbauten erinnern in einer zwingenden Art nicht nur an die kleinen funktionsgerecht gebauten Tempel des Neuen Reichs (wie etwa den kleinen Tempel von Ramses II. in Memphis, den jüngst ein epigraphisches Team der Egypt Exploration Society aufgenommen hat), sondern auch an die Totentempel der Pharaonen der gleichen Epoche. Es geht demnach wohl nicht zu weit, wenn ich vorschlage, daß die ›Tempelgräber‹ des Neuen Reichs in Saqqara für ihre Besitzer die Funktion eines Totentempels *en miniature* hatten. Vermutlich waren Bauten wie diejenigen von

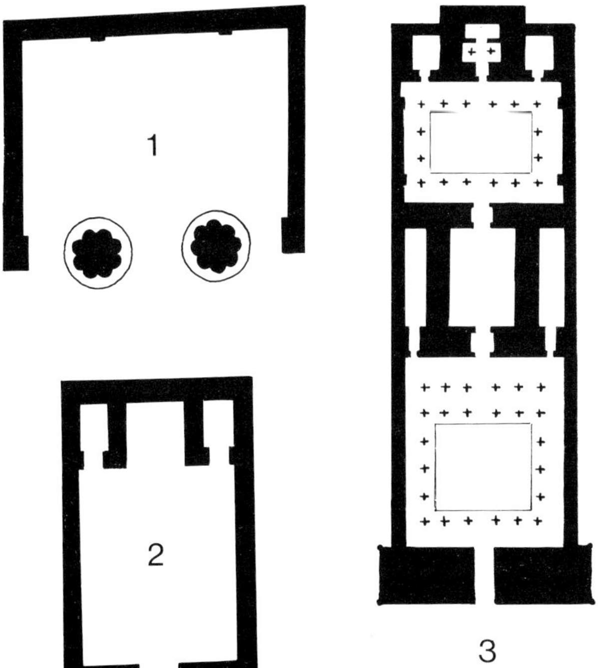

Abb. 10 Die drei wichtigsten aus den bisherigen Grabungen in der Nekropole von Saqqara südlich des Aufwegs zur Unas-Pyramide erschlossenen Grabtypen. (1) Einfache Ein-Raum-Kapelle (Raja). (2) Grundtypus des memphitischen Grabs des Neuen Reichs mit von Kapellen flankiertem Kultraum und vorgelagertem offenen Hof (Paser). (3) Hohen Beamten vorbehaltenes voll entwickeltes ›Tempel‹-Grab (Haremheb).

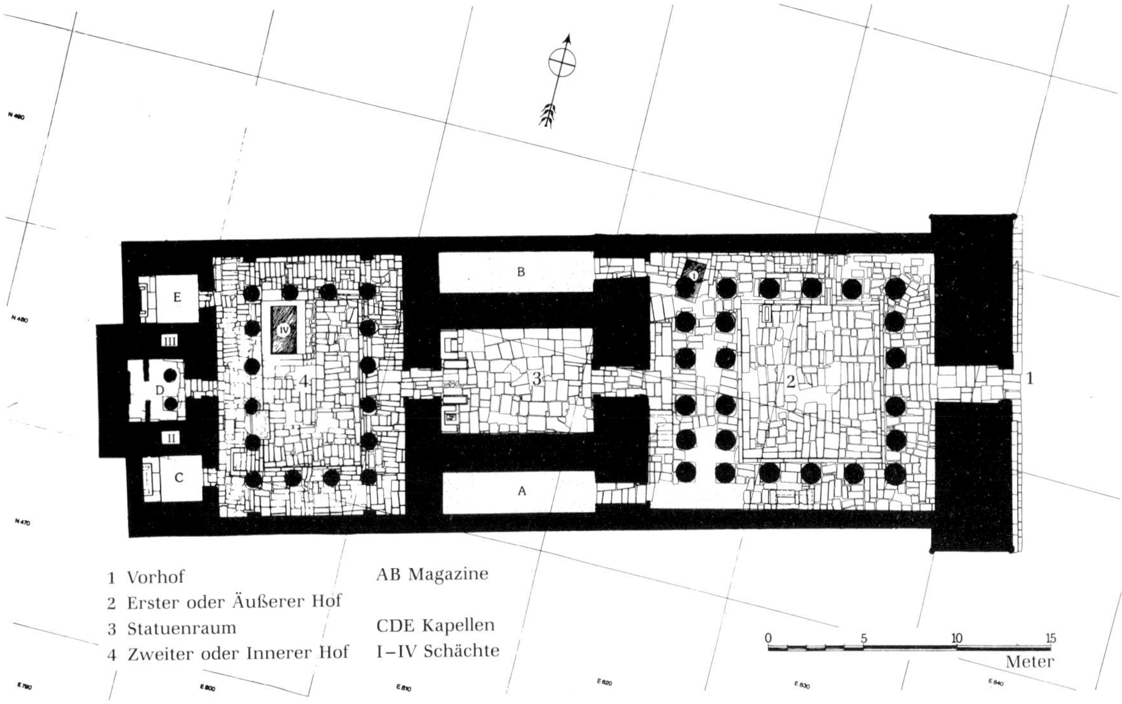

Abb. 11 Plan des Oberbaus des Grabes von Haremheb. Im hier dargestellten, voll ausgebauten Endstadium ihrer Entwicklung ähnelt die Anlage einem ägyptischen Kult- oder Totentempel.

Haremheb und den beiden Tias für die Höchstgestellten des Landes reserviert (diese Art Gräber besitzen alle soeben beschriebenen Architektur-Elemente), die rangniedrigeren Beamten (wie Paser, Raja, Chai, Pabes und Ramose) wurden mit vereinfachten Versionen dieses Typus ausgestattet. Alle diese Gräber werden im vorliegenden Band untersucht.

Die ›Tempelgräber‹ wurden auf der Wüstenoberfläche errichtet. Dabei waren die Höfe so angelegt, daß die oben erwähnten älteren Grabschächte wiederverwendet werden konnten. Das bedeutet, daß die Baumeister eine ganze Menge Ausgrabungsarbeiten vornehmen mußten, nicht nur um die Bordkanten der Schächte zu lokalisieren, sondern auch um zum anstehenden Fels vorzudringen, auf dem sie die neu unter Konstruktion stehenden Grabbauten aufsetzten. Da bisher nur so wenige Gräber gänzlich freigelegt sind, sollten wir nicht zu apodiktisch sein, aber anscheinend gab es vorrangig drei Typen. Der einfache Grundtyp bestand aus einem offenen *Abb. 10* Hof (oder Höfen) mit einem oder mehreren Schächten, einem Kapellenvorraum und einer Kultkapelle mit Nebenräumen. Solche Bauten bestehen hauptsächlich aus Schlammziegeln, veredelt durch Steinarbeit, die offenbar auf die Hauptkapelle, die Türpfosten, Stelen und ähnliches beschränkt blieb. Ein noch etwas kleinerer in Kalkstein gefertigter Grabtypus besteht nur aus einem Kultraum oder Räumen mit einem winzigen vorgeordneten Vorhof, in den der Schacht eingelassen ist. Der dritte Typus umfaßt die voll ausgearbeiteten Miniatur-›Tempel‹, die in der späten Achtzehnten Dynastie aus Schlammziegeln und späterhin in Stein errichtet wurden und deren vortrefflichstes Beispiel im Grab des Haremheb vorliegt.

Ohne Zweifel haben persönliche Vorlieben eine Rolle gespielt bei der Wahl des Grabtypus, den ein Beamter für sich bestellte, aber der Rang innerhalb der Verwaltungs- oder Militärhierarchie war ganz sicher der Hauptfaktor. Die höchsten Beamten stellten die Gruppe für den dritten Grabtypus, denn sie hatten die Mittel und den Einfluß, die erforderlich waren, um Baumeister, hervorragende Fachleute für die Vorzeichnungen, Steinmetzen und Maler anzustellen. Haremheb, zugleich Statthalter, oberster Feldmarschall und Oberaufseher aller königlichen Betriebe, befand sich in der glücklichen Lage, daß er die bedeutendsten Künstler Ägyptens zu seiner Verfügung hatte, um sein ›Haus der Ewigkeit‹ zu errichten. Wenn wir etwas Glück haben, werden wir eines Tages in Saqqara Belege finden über die zweifelsohne großen Kontingente an Arbeitern und anderen Berufsgruppen, die die umfangreichen memphitischen Grabbauten im Neuen Reich errichtet haben. Einige der Arbeiter lebten vermutlich unten im Bereich des kultivierten Landes oder in der Stadt und den Vororten von Memphis, aber es muß auch einen Platz im Wüstenhochland gegeben haben, der als ihr Hauptlager diente, von dem her sie ihre Werkzeuge und ihre Materialien bezogen. Kürzlich veröffentlichten Papyrusdokumenten zufolge befand sich diese Werkstatt möglicherweise in oder nahe bei der Umfassung der Stufenpyramide, die sowohl für die große Nekropole des Neuen Reichs südlich des Unas-Aufwegs, wo wir derzeit arbeiten, als auch für die kleinere, aber doch bedeutende Friedhofsanlage gen Norden im Gebiet der Teti-Pyramide günstig gelegen ist.

Um einen Eindruck von dieser Nekropole zu gewinnen, stellen wir uns einmal vor, wir stünden auf einem hohen Sandhügel, nicht zu weit östlich des Grabs von Haremheb, was uns eine Art Vogelperspektive über das Areal gestatten würde. Es gibt gegenwärtig in der Wüste haufenweise Hügel von solcher Art, unter denen sich andere Gräber verbergen. Im Altertum muß man wohl die Alleen und Straßen in der Totenstadt von Saqqara, die zu den einzelnen Grabkapellen führten, vom Flugsand freigehalten haben, denn sonst hätten die Verwandten der Verstorbenen und die Totenpriester nicht zu den Gräbern gelangen können, um die zum Weiterleben im Jenseits notwendigen Opferrituale zu vollziehen. Letztere bestanden im wesentlichen aus der Spende von Nahrung, Getränken und Weihrauch in vorgegebenen Abständen. Wir können uns auch einen stetigen Strom von Verwandten und Besuchern vorstellen, die an Feiertagen und Ferien ihren Weg hinauf auf das Wüstenplateau machten, um bei ihren verstorbenen Vorfahren zu sein (es gibt sogar für das

Altertum Belege für das, was wir heute ›Tourismus‹ nennen). Diese Art Tätigkeiten waren sicher eine willkommene Abwechslung, damals nicht anders als heute, vom täglichen Einerlei in der Stadt und den sie umkränzenden Dörfern.

Wir müssen uns die voll entfaltete memphitische Nekropole etwas anders vorstellen als das, was wir heute in der Wüste sehen. Im vierzehnten und dreizehnten Jahrhundert v. Chr. waren viele der großen Bauten, die wir heute in Saqqara als Ruinen besuchen, in nahezu unverfälschtem Zustand, zumindest waren sie noch in Betrieb. Im Neuen Reich erfolgte eine Wiederbelebung des Interesses an den Bauten der Vergangenheit, wie etwa den Pyramidenkomplexen. Die Totenkulte der mächtigen Könige des dritten Jahrtausends (besonders derjenigen des Alten und Mittleren Reichs) wurden erneuert und ihre Grabbauten restauriert, Totenpriester wurden neu ernannt und Kulte eingerichtet. Nicht nur das – auf dem Wüstenplateau muß es eine kontinuierliche Bautätigkeit gegeben haben: Schlammziegel (falls sie nicht an Ort und Stelle produziert wurden), Kalksteinblöcke, Holzpfähle und Zubehör für das Baugewerbe mußten mit Muskelkraft von Memphis auf das Wüstenplateau hinaufbefördert werden, damit man die Gräber errichten konnte. So gehen auch wir heute noch vor, wenn wir versuchen, die Bauten wieder zu errichten oder zu restaurieren, die wir in einem geplünderten oder der Steinblöcke beraubten Zustand vorfinden. Man möge sich auch nicht nur die Trupps von Nekropolenarbeitern (Maurer, Steinmetzen, Verputzer, Zimmerleute) vorstellen, sondern auch die Scharen der Umrißzeichner, Bildhauer und Maler, die sich während der meisten Tage des Jahres in der Wüste versammelten. Dazu muß man sich noch die bezahlten Heul- und Klageweiber in den andauernd stattfindenden Totenprozessionen denken, denn die Lebenserwartung für die Bewohner des Niltales lag ziemlich niedrig (vierzig Jahre galt als ein gutes Alter). Es muß also die Nekropole von Saqqara am Höhepunkt ihrer Beliebtheit ein wimmelnder Ameisenhaufen gewesen sein. Der Lärm der Steinmetzmeißel durchbrach laufend den tiefen Frieden und die anmutige Stille einer Wüstenlandschaft, die von heutigen Besuchern oft bewundert wird. Mehrere Bestattungen täglich (die Bevölkerungszahl von Memphis muß beträchtlich gewesen sein, auch wenn wir keine zuverlässigen Statistiken haben) oder gar die Beisetzung eines Apis-Stiers im Serapeum nordwestlich unseres Ausgrabungsgeländes samt dem dazugehörigen Begleitpersonal (die erste uns bekannte Apis-Beisetzung datiert aus der Achtzehnten Dynastie), das Schreien der Esel dazu – all das muß den Lärmpegel beträchtlich erhöht haben.

Heute ist in Saqqara alles ruhig, zumindest da, wo wir in der Wüste arbeiten. Die wundervolle Stille wird nur durch den fernen Ruf der Muezzins von den Minaretten der Moscheen der nahen Dörfer unterbrochen (leider ist der Gebetsruf heute in unserem mechanisierten Zeitalter meist nur vom Tonband gespielt) oder ab und an vom Geräusch eines Flugzeugs, das über unseren Köpfen dem Flughafen Kairo zustrebt. Solche Dinge berühren kaum den Frieden und die Stille dieses Teils des Friedhofs von Saqqara. Die Schreie der Touristenführer, die ihre Besucherherden innerhalb der Umgrenzung der Stufenpyramide durchschleusen, sind gerade eben etwas zu weit entfernt, um uns noch zu erreichen.

Mit diesem Szenario in unserer Vorstellung können wir uns nun der großen Grabanlage Haremhebs zuwenden, die von unserer Expedition in Saqqara freigelegt worden ist.

DIE ARCHITEKTUR DES GRABMALS

Zum Verständnis der architektonischen Details, die man nunmehr als modellhaft für die großen Gräber in Saqqara vom Ende der Achtzehnten Dynastie an betrachten kann, müssen wir die Einzelelemente betrachten. Und wir beginnen unseren ›Rundgang‹ logischerweise am Eingangspylon auf der Ostseite.

Man gelangt zum Grabeingang über einen gepflasterten Vorhof. Wie man durch *Abb. 5* einen Blick auf den Lageplan erkennen kann, liegt das Grab nicht am Rande des Abbruchs des Wüstenplateaus, den wir mit seinem Blick über ganz Memphis als beste Lage bevorzugt hätten, sondern etwas weiter westlich. Nur zukünftige Ausgrabungen werden zeigen können, ob es eine Prozessionsstraße direkt vom Kulturland zu diesem Grab selbst gegeben hat. Theoretisch wäre so etwas nicht unwahrscheinlich für ein Bauwerk solchen Prestigewerts, aber selbst wenn sie existiert haben sollte, kann es sein, daß Architekten sie später abgerissen oder mit Gräbern überbaut haben. Wie bereits angedeutet, sieht das eigentliche Grab einer Kleinausgabe eines für solche Zwecke erbauten Kulttempels ähnlich, mit einem Torbau für *Abb. 11, 29* den feierlichen Einzug und offenen Höfen, die ihrerseits entlang eines Statuenraums zu einer Opferkapelle am westlichen Ende führen – dem Äquivalent des Allerheiligsten in einem Tempel.

Der Pylon oder kultische Torbau war ein massives Gebilde, ursprünglich mindestens 7 Meter hoch. Er unterstrich damit noch die Gesamtwirkung des Grabes als Tempelanlage. Tatsächlich bestand der Pylon aus zwei Türmen, davon jeder mit einer ›geböschten‹, also nach oben verjüngten Vorderseite. In einem Tempel repräsentiert diese eine Bastion, die das Gebäude schützt. Sie war für gewöhnlich mit Szenen dekoriert, die den Pharao zeigen, wie er die Schädel der traditionellen Feinde Ägyptens mit einer Steinkeule zerschlägt, also einer Szene, die einem königlichen Bauwerk angemessen ist, nicht aber einem Privatgrab. So blieb Haremhebs Pylon undekoriert.

Sonnengetrocknete Nilschlammziegel waren das Material für die Konstruktion dieses Grabes. Sie waren ein traditionelles und billiges Baumaterial, in Gebrauch selbst für die königlichen Paläste. Wenn wir die Wände des Grabes restaurieren, stel- *Abb. 13* len wir selbst die Ziegel direkt auf dem Gelände her. Wir verwenden dabei Schlamm und Wasser, die aus dem bebauten Land herangebracht werden müssen.

Möglicherweise hat Haremhebs Architekt das gleiche getan und damit die Menge zerbrochener Ziegel möglichst gering gehalten, die sonst zahlreich angefallen wären, wenn man sie palettenweise auf Eselsrücken den ganzen langen Weg von den Ziegeleien von Memphis herauftransportiert hätte.

An der Oberfläche sorgfältig geglättete Kalksteinblöcke umkleideten die Außenwände des Pylons. Auch die inneren Höfe und Kapellen waren mit sorgsam aneinandergefügten Blöcken eines Kalksteins guter Qualität ausgekleidet. Zweifellos hatte man diese in den Steinbrüchen von Tura an der Ostseite des Nils gegenüber von Memphis gebrochen. In diese geglätteten Oberflächen waren Szenen und hieroglyphische Inschriften eingemeißelt, die alle in kräftigen Farben bemalt gewesen sind. Bis heute sind davon beträchtliche Spuren erhalten.

Wenn man den Pylon durchschreitet, der im vollendeten Stadium durch gewölbte sog. ›Hohlkehlen‹ bekrönt gewesen sein muß, wie das in der Tempelarchitektur üblich ist, steht man in einem zum Himmel hin weitestgehend offenen, großen Hof. Säulen stützten an allen Seiten das Dach eines Säulengangs ab, welcher den Besuchern Schatten bot und die an den Wänden darunter eingemeißelten Reliefs vor der Witterung schützte. Der Boden des Hofs liegt etwas unterhalb desjenigen des umgebenden Kolonnadengangs, und der Architekt hatte Vorsorge für das Abrinnen des Wassers getroffen. Denn während des Winters kommt es von Zeit zu Zeit im nördlichen Teil Ägyptens zu Regenfällen, was wir selbst während unserer Ausgrabungen erlebt haben. Die Säulen erreichten eine Höhe von etwa 3 Metern, und an jeder war eine rechteckige gemeißelte Tafel stehengelassen worden. Auf diesen waren Texte *Abb. 12* und Szenen angebracht, die Haremheb bei der Verehrung verschiedener Gottheiten *Taf. 3b* zeigten. Eine davon war wohl Re-Harachte gewesen. Diese rechteckigen Tafeln waren zur Hofmitte hin, nämlich auf die zentrale Ost-West-Achse des Grabes ausgerichtet, so daß der Grabeigner wirkt, als verharre er in beständiger Anbetung des Sonnengottes Re, während dieser seinen Weg von Osten her der Achse entlang quer über den Himmel zurücklegt.

Gemeinsam mit der Ägyptischen Altertümerverwaltung haben wir den Versuch *Taf. 5a.b* unternommen, diesem Hof sowie dem inneren Hof und den Kapellen mit Hilfe unserer Restaurierungsarbeiten in etwa die ursprüngliche Gestalt zurückzugeben. Als wir die Anlage 1975 und 1976 fanden, war sehr viel davon abgetragen. Viele Stücke der steinernen Verkleidung waren im Altertum und teilweise auch im frühen neunzehnten Jahrhundert von den Wänden gerissen worden. Selbst die eigentlichen Schlammziegel waren in manchen Fällen schon vor Jahrtausenden gelockert und davongekarrt worden, um andere Bauwerke auszuführen. Die Nilschlammziegel der antiken Bauwerke im Niltal haben bemerkenswerterweise oft die Jahrhunderte so gut überdauert, daß sie qualitativ hochwertiger sind als alle heutige örtliche Produktion und in der Tat hervorragendes Baumaterial bilden. Ich selbst habe Schlammziegel aus der Zeit von König Menes aufgehoben, deren materielle Qualität noch immer perfekt ist.

Abb. 12 Haremheb anbetend vor Osiris-Onnophris, Isis und Nephthys. Vor den Gottheiten ein mit Opfern reich beladener Altar. Dies ist eines der wenigen Beispiele in Haremhebs memphitischem, noch für ihn in seiner Funktion als staatlicher Beamter vorbereiteten Grab, in dem ausnahmsweise die Uräus-Schlange seiner Stirn anläßlich der Thronbesteigung nicht hinzugefügt worden ist.

In der Nordwestecke des Hofes gibt ein tiefer Schacht (Schacht I) den Zugang zu Grabkammern auf zwei Ebenen frei, eine in 9 Metern, die andere in etwas über 17 Metern Tiefe. Die tiefer gelegene Grabkammer gehörte dem ursprünglichen Besitzer des Mastaba-Grabes, das geschleift wurde, um für das Grab des Haremheb Platz zu schaffen. Jener war ein Richter namens Chujwer, der von der späten Fünften bis zur Sechsten Dynastie lebte (ca. 2375–2345 v. Chr.). Sein Sarkophag aus Granit mit Namen und Titeln befindet sich noch immer auf seinem ursprünglichen Platz an der Südseite der Kammer. Er ist im Altertum komplett ausgeraubt worden. Wir werden später noch auf die unterirdischen Teile von Schacht I zurückkommen.

HAREMHEB UND SEIN GRAB

Bevor wir die Reliefs des Hofes untersuchen und weiter in das Grab eindringen, möchte ich einen Moment abschweifen. Mir gefällt die Vorstellung, daß der große General seine Grabstätte selbst besucht hat, während die Bauarbeiten im Gange waren, obgleich es dafür weder einen schriftlichen noch bildliche Hinweise gibt.

Man kann sich aber kaum vorstellen, daß er dies verabsäumt hätte. Soweit wir erkennen können, handelt es sich bei ihm um einen ausgesprochenen Selfmademan, der seinen Weg an die Spitze über eine militärische Karriere geschmiedet hat. Wir können aber die Einzelstufen innerhalb dieses *cursus honorum*, also dieser Ämterlaufbahn, nicht nachzeichnen. Er führte eine Reihe wichtiger Verwaltungstitel, und zu seinen Amtspflichten gehörte die Aufsicht über alle königlichen Bauten. Da es im Alten Ägypten kein Münzgeld gab, erfolgte die Vergütung für die Beamten vorwiegend mit Naturalien. Dazu kam als ein besonders geschätztes Ämterprivileg die Bereitstellung einer Grabanlage auf Staatskosten. Kein Individuum hatte die Möglichkeit, Privatexpeditionen zu den Steinbrüchen auszurüsten, um dort Steinblöcke für Grabbauten zu gewinnen. Ebensowenig war ein Staatsbeamter in der Lage, fähige Handwerker und Künstler mit dem Bau und der Ausschmückung seines ›Hauses der Ewigkeit‹ zu beauftragen. Mit Zustimmung des Pharaos wurden entsprechende Leute von den Regierungswerkstätten ausgesandt, um für einen

Abb. 13 Während der Restaurierungsarbeiten am Grab des Haremheb. Arbeiter aus Saqqara reparieren die westliche Wand des inneren Hofes des Monuments mit Schlammziegeln und Mörtel aus Eigenproduktion am Grabungsplatz unter Anwendung von seit der Antike im ganzen Niltal beibehaltenen Methoden.

hohen Beamten entweder ein Grab auszuhauen oder, im Fall memphitischer Privatgräber des Neuen Reichs, ein Grabmal zu errichten und anschließend auszuschmücken und mit den für das Nachleben nach dem Tod notwendigen Erfordernissen auszustatten.

Haremheb hat als ›Mann aus dem Volk‹ vermutlich seinem prestigeträchtigen Grab innerhalb der Nekropole von Saqqara besondere Aufmerksamkeit geschenkt und die Tätigkeit der Handwerker genauestens überwacht. Es gibt so viele individuelle Züge und einzigartige Merkmale in diesem speziellen Dekorationsschema, daß diese, nach meinem Gefühl, dort nur auf sein beharrliches Drängen hin angebracht worden sein können. Wenn man die räumlichen Beschränkungen bedenkt, denen selbst ein großes Grab unterliegt, müssen die Szenen mit Sorgfalt ausgewählt worden sein, um das hervorzuheben, was Haremheb selbst als Höhepunkt seiner Errungenschaften angesehen hat. Auf einiges werden wir binnen kurzem zurückkommen, wenn wir die Reliefs an den Wänden der Höfe untersuchen, wo Episoden seines öffentlichen Lebens in Ägypten und seiner militärischen Karriere im Vorderen Orient, in Libyen und Nubien so wirklichkeitsnah eingemeißelt sind. Szenen dieser Art waren offensichtlich nicht aus dem Standard-Repertoire des Motiv-Kanons bezogen, der uns aus den Privatgräbern Thebens des Neuen Reichs so vertraut ist.

Als er nach dem Tod seines ehemaligen Armeekameraden König Eje schließlich den Pharaonenthron bestieg, muß es Haremheb schwergefallen sein, sein privates Grab in der memphitischen Nekropole zurückzulassen oder ganz aufzugeben, das doch damals, zur Zeit seiner Thronbesteigung, fast fertiggestellt gewesen sein muß. In der Position des Königs oblag es ihm, den Bau eines völlig neuen Grabes in einem wesentlich großartigeren Maßstab zu beginnen, das mit allen erforderlichen Gängen, Kammern, religiösen Texten und ikonographischen Details zu versehen und mit aller einem Gottkönig angemessenen Einrichtung auszustatten war. Ein derarti-
Abb. 8 ges Grabmal wurde pflichtschuldigst für ihn im Tal der Könige in Theben ausgehauen und ausgestattet. Er hat nicht lange genug gelebt, um die Fertigstellung der Dekoration selbst in Augenschein zu nehmen, ist aber immerhin schließlich in seinem Königsgrab beigesetzt worden. Die Umrißzeichnungen an den Wänden, mit den Korrekturen einer Meisterhand versehen, aber niemals vom Skulpteur herausgemeißelt, machen es innerhalb des Tales zu einem besonders interessanten und instruktiven Grab.

Haremhebs erste Frau, deren Namen anscheinend Amenia gewesen ist, war schon gestorben und in Saqqara im Grab ihres Gatten beigesetzt worden. Entgegen der Landessitte wurde auch Haremhebs zweite Frau, also die Königsgemahlin Mut-Nedjemet, später dort beigesetzt. Diesen Eindruck scheinen zumindest gewisse mit Inschriften versehene Objekte, wie etwa eine Statuette und ein Totenkultgefäß, zu vermitteln. Beide fand man in dem Grab. Man kann sich kaum einen großartigeren Ruheplatz, selbst für eine ägyptische Königin, vorstellen als das memphitische

Grab Haremhebs in seinem fertiggestellten Zustand. Merkwürdigerweise hat man Königsgemahlinnen im Neuen Reich ›königliche‹ Gräber erst ab der Neunzehnten Dynastie zugebilligt. Das scheint sich klar aus dem Befund im Tal der Königinnen in Theben zu ergeben, wo keine dekorierten Gräber in die vorangegangene Dynastie zu datieren sind. In den Anfängen des Neuen Reichs mußten sich die Frauen der Könige und die rangniedrigeren Mitglieder des Königshauses, ob männlich oder weiblich, mit relativ einfachen Felsgräbern, üblicherweise gewöhnlichen Schachtgräbern, die nicht dekoriert und an der Erdoberfläche nicht markiert waren, zufriedengeben. Natürlich entsprach die ihnen mitgegebene Einrichtung vermutlich ihrem Rang, war also erlesen, wenn auch nicht übertrieben reichlich. Man kann die Pracht ermessen am Beispiel der Begräbnisstätte dreier Nebenfrauen des großen Kriegspharaos Thutmosis III., die erst in neuerer Zeit ausgeplündert worden sind.

Warum der Typus des Mastaba-Grabes in Saqqara und andernorts in Ägypten mit dem Neuen Reich aufgegeben wurde, ist für uns noch ein Rätsel. Grabanlagen mit offenem Hof, wie jene des Haremheb, konnten weniger leicht geschützt werden und waren den Wetterunbilden deutlich stärker ausgesetzt, wohingegen die Mastaba aus einer soliden Struktur von Schlammziegeln oder Steinquadern errichtet war. Alle Höfe der Art, wie wir sie hier untersuchen, waren in allerkürzester Zeit vom Flugsand angefüllt. Um diesem Problem beizukommen, mußte man also für kontinuierliche Freilegung und Unterhaltung der Bauten Sorge tragen. Vielleicht gehörte dies zu den Obliegenheiten der bezahlten Totenpriester oder eher von deren Untergebenen. Das hätte sicher kein Problem geboten, solange die Totenkulte unterhalten wurden und die Besucher regelmäßig kamen. Wenn man aber von der menschlichen Natur ausgeht, wie sie einmal ist, kann wohl kaum jemand besonderes Interesse am Kult von Urgroßeltern oder noch früheren Vorfahren gehabt haben (wie viele von uns sind denn imstande, auch nur die *Namen* ihrer Urgroßeltern oder gar Ururgroßeltern beider Familienstränge zu nennen?). Wir haben keine Klarheit darüber, in welcher Form die für die Totenkulte bereitgestellten Fonds für andere Zwecke umgewidmet wurden, aber irgendwie muß eine solche Umwidmung erfolgt sein. Nach dem endgültigen Erliegen des Kults und mit dem Beginn der Versandung setzte recht bald der Abbruch durch Räuber und wiederverwertbares Baumaterial suchende Leute ein. Nachdem wir diese Voraussetzungen betrachtet haben, können wir uns nun wieder dem ersten Hof von Haremhebs Grabstätte zuwenden und das untersuchen, was verblieben ist, nachdem der Mensch in der Antike und in neuerer Zeit sich seinen Tribut geholt hat.

DER ERSTE HOF

Nur wenige Originalreliefs wurden von der Expedition an ihrem Anbringungsort im Hof gefunden, aber das, was noch vorhanden ist, erweckt großes Interesse, besonders in Verbindung mit jenen Blöcken, die im losen Schutt des Hofs aufgefunden wurden, und mit jenen Reliefs heutiger Museumssammlungen, die man entsprechend dem Dekorationsschema zuordnen kann. Abgesehen von den bereits erwähnten Tafeln auf den Säulen haben fast alle noch vorhandenen Szenen Haremhebs öffentliches Wirken und – in Vorwegnahme des zu erwartenden Hinscheidens – das Darbieten der für den Totenkult erforderlichen Materialien zum Thema. Beginnen wir mit der Südwand des Hofes, die an den Pylon angrenzt.

Südwand

Abb. 14 Auf den ersten Blick scheint diese Wand vollständig kahl zu sein, aber dieser irreführende Eindruck wurde berichtigt, als sich nach behutsamem Einfeuchten eine Szene mit einer Gruppe von Fremdlingen zeigte, vielleicht einer Delegation an den ägyptischen Hof. Nach den Charakteristika von Kleidung und Haartracht zu urteilen, stammten diese Männer aus Libyen, Vorderasien, Nubien und dem ägäischen Raum. An anderen Stellen innerhalb des Grabes werden wir den ersten drei Gruppen noch in hervorragend erhaltenen Reliefdarstellungen begegnen, aber die Anwesenheit eines Mannes vom griechischen Festland oder den ägäischen Inseln in dieser Gruppierung ist von besonderer Bedeutung. Der Text, der sicher dieses Ereignis begleiten und beschreiben sollte, ist leider verschwunden. Möglicherweise ist diese Szene der Erinnerung an einen Besuch von Gesandten und anderen Personen in Ägypten gewidmet, und da wohl speziell in der Hauptstadt Memphis, aus Anlaß der Thronbesteigung von König Eje oder wegen anderer Ereignisse von nationaler Bedeutung. Es gibt allerdings Spuren, die man dahingehend deuten könnte, daß die Dargestellten Gefangene, also nicht freiwillig Anwesende, gewesen sein könnten. Diese Wand war der letzte vor der Thronbesteigung Haremhebs errichtete Bauteil. Streitwagen und Pferde werden mit der Szene in Verbindung gebracht, in der der Grabeigentümer selbst der wichtigste Anwesende gewesen sein müßte. Wir kommen später in unserer Untersuchung, im zweiten Hof, zu wunderbar erhaltenen Reliefs, die militärische Siege festhalten, in denen während der Regierungszeit Tutanchamuns Fremde als Siegesbeute am Hof vorgeführt werden. In der vorliegen-
Abb. 15 den Szene sollten wir unsere Aufmerksamkeit dem Kopf eines der Pferde aus den Pferdegespannen zuwenden, der in Umrissen auf der Sockelzone liniert ist, einem Meisterstück an Zeichenkunst. Im Register darüber gibt uns die Gruppe von Objekten mit buckelförmigen Umrissen und merkwürdigen Ausstülpungen darunter einige Rätsel auf. Diese Objekte scheinen in der ägyptischen Ikonographie einma-

Abb. 14 Eine Abordnung von Ägyptern und Fremdlingen, darunter solche aus der Ägäis und dem Vorderen Orient, in Unterwerfungspose. Es handelt sich um eine der letzten zur Darstellung gelangten und daher nur in Umrissen ausgeführten Szenen aus Haremhebs Grab. Sie ist von einem Zeichner mit schwarzer Tinte gezeichnet, aber der Skulpteur konnte das Werk nicht mehr vollenden, bevor der Grabherr zum Pharao erhoben wurde.

lig, und ich interpretiere sie mangels besserer Erklärungen vorläufig als Zelte. Aller Wahrscheinlichkeit nach haben einige der Ausländer, etwa die Libyer, die man links an der Wand sieht, in solchen Unterkünften gehaust.

Das einzige weitere Relief der Südwand, das vermerkt zu werden lohnt, ist jenes, *Abb. 16* das Teile des sogenannten ›Erscheinungsfensters‹ im königlichen Palast zeigt, in unserem Bild vermutlich desjenigen von Memphis. Die fertiggestellte Szene hätte den König gezeigt, wie er Belohnungen an Haremheb übergibt, der seinerseits unten im Hof stand. Dieses Relief steht sicher in Verbindung mit der eben beschriebenen Szene. Der große Feldherr kann gut die Fremden im Rahmen der Zeremonie, in der ihm die goldenen ›Ehrenkragen‹ verliehen wurden, seinem Pharao vorgestellt haben. Man wird die Schauseite des Fensters bemerken. Sie stellt die symbolische Vereinigung der beiden Länder von Ober- und Unterägypten dar, Völker des Südens und des Nordens verehren den Pharao, der am darüber befindlichen Balkon stand. Ein kleines Fragment dieses Reliefs wurde kürzlich im Museum des

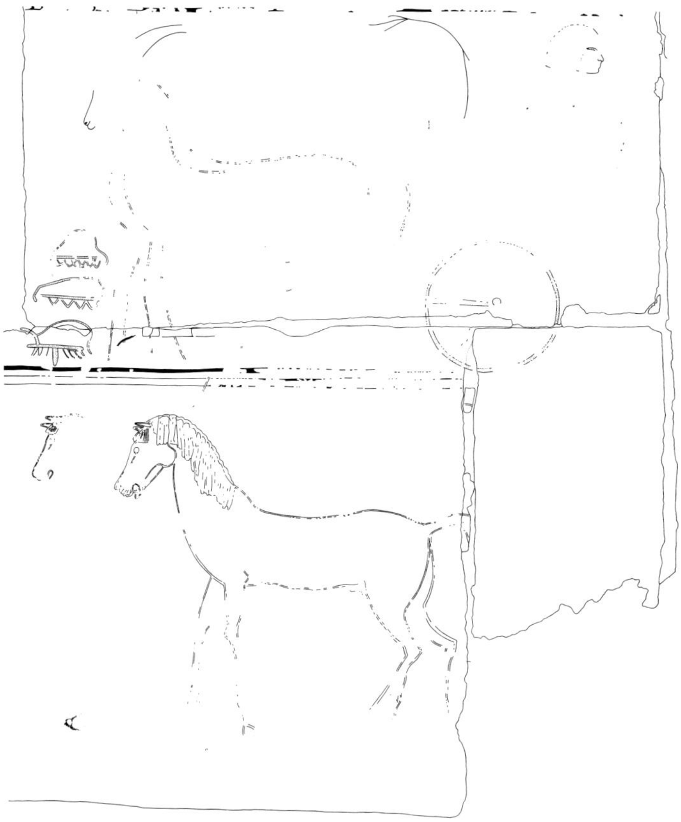

Abb. 15 Streitwagenszene in Umrissen auf einer unfertigen Wand im Grab des Haremheb. Die sorgfältig ausgeführten Umrisse eines Pferdegespanns auf der unteren Szene wurden an den Sockelplatten der Wand angebracht. Die Identifizierung der drei Objekte links im oberen Register ist noch problematisch.

Abb. 16 Das ›Erscheinungsfenster‹ vermutlich im königlichen Palast zu Memphis. Es war Sitte, daß der Pharao seinen treuen Dienern, besonders den Generälen und Gouverneuren, von diesem Fenster aus seine Belohnungen austeilte.

Oriental Institute von Chicago identifiziert und ist in die Illustration eingefügt worden.

Aus Platzmangel beschränken wir uns bei unserer Beschreibung im folgenden auf solche Reliefs, die wichtige Informationen vermitteln, auch wenn natürlich selbst kleinste versprengte Fragmente Hinweise auf Szeneninhalte geben können, die heute zerstört sind.

Westwand

Wenden wir uns nun der Westwand des Hofes zu, dann sehen wir eine große, vollständig erhaltene Stele, die sich neben der zum Statuenraum führenden Tür befindet. Das Original wurde im Jahr 1835 vom British Museum erworben, und wir *Abb. 17* haben jüngst einen Abguß aufgestellt. Es handelt sich dabei um den längsten heute noch existierenden hieroglyphischen Text dieses Grabes. Im oberen Teil der Stele, der sogenannten Lünette, sieht man Haremheb in Anbetung des Sonnengottes Re-Harachte, des Weisheitsgottes Thot und der Maat, der Göttin der Wahrheit. Nun war unter Tutanchamuns Vorgänger Echnaton die Verehrung der meisten alten Gottheiten mit Ausnahme derjenigen, die mit der Sonne assoziiert wurden, verboten worden. Den Hauptteil der Inschrift bildet ein Hymnus. So lohnt es sich, einen Teil davon zu übersetzen, um eine Vorstellung davon zu geben, welche Art religiöser Texte hohe Beamte am Hof des Tutanchamun in ihren Gräbern aufzeichnen ließen, nachdem erst kurz zuvor die bilderstürmerische Periode der Regierungszeit Echnatons zu Ende gegangen war.

Heil dir, der du wohltätig und wirkmächtig bist, Atum-Harachte. Nach deinem Erscheinen am Himmelshorizont erschallt aus aller Mund dein Lob, denn du bist schön und verjüngt als die Sonnenscheibe in der Umarmung deiner Mutter Hathor. Erscheine überall, und möge dein Herz für immer froh sein!... Anbetung dir, Thot, Herr von Hermopolis, der sich selbst erschaffen hat, der nicht geboren wurde, einzigartiger Gott, Geleiter durch die Unterwelt... mögest du den königlichen Schreiber Haremheb veranlassen, fest an der Seite seines Herrschers zu stehen, so wie du an der Seite des Herrn des Universums, den du aufzogst, als er aus dem Mutterleib hervorkam!... Anbetung dir, Maat, Fürstin des Nordwinds... mögest du Haremheb, den Erbprinzen, die Winde atmen lassen, die vom Himmel hervorgebracht wurden...

Abgesehen von ihrer großen Bedeutung in religiöser Hinsicht liefern diese und andere Inschriften des Bauwerks detaillierte Listen von Haremhebs offiziellen Titeln und Beinamen. Das ist eine wertvolle Quelle für das Studium seiner Militär- und Verwaltungskarriere. Vermutlich sind die meisten überlieferten Titel durch Tutanchamun verliehen worden. Wir haben auch keine Veranlassung zu glauben, daß Haremheb irgendeinen davon während der Regierungszeit von Eje hat abtreten müssen, außer vielleicht den des ›Regenten‹. Dieser Titel, wörtlich ›Stellvertreter

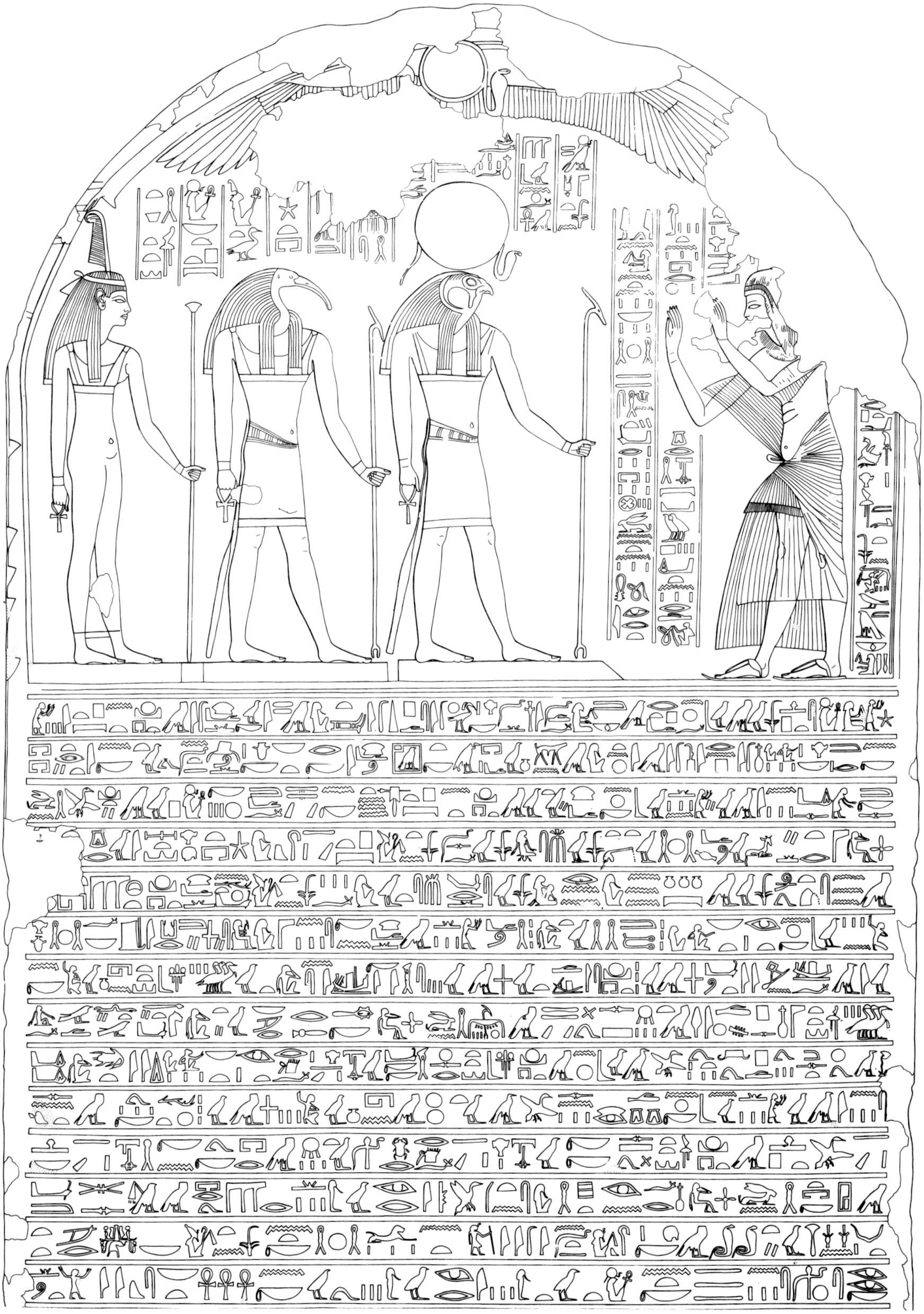

des Königs‹, wäre in der Regierungszeit von König Eje, der als reifer Mann den Thron bestieg, nicht angemessen gewesen. Er hätte jedoch unter der stillschweigenden Voraussetzung weitergeführt werden können, daß Haremheb, da Eje keinen Erben hatte, die Herrschaft und die Würde des Gottkönigs zu gegebener Zeit antreten würde.

An dieser Stelle bietet es sich an, die wichtigsten offiziellen Titel der Ämter samt deren beschreibenden Beinamen aufzulisten, die Haremheb in der Lebensspanne vor seinem Regierungsantritt bekleidet hatte. Sie sind alle den Inschriften seines memphitischen Grabes entnommen und geben einen klaren Eindruck von seiner Stellung innerhalb der verschiedenen Zweige der pharaonischen Verwaltung. Auf einen Blick kann man sehen, daß er viele wichtige (und ohne Zweifel einträgliche) Ämter innehatte.

Im Hinblick auf Pharao und Zentralregierung

Erbprinz (von Ober- und Unterägypten) und Graf
Einziger Gefährte
Stellvertreter (Regent) im ganzen Land
Erster der königlichen Höflinge
Wedelträger zur Rechten des Königs
Hüter der Palastgeheimnisse
Vorsteher aller königlichen Ämter
Erwählter des Königs über die beiden Länder, um die Herrschaft über beide Ufer [= Ägypten] auszuüben

Militärdienst

Vorsteher der Generäle des Herrn der beiden Länder
Generalissimus
Gesandter des Königs
Rekrutenschreiber
Vorsteher der Rekruten des Herrn der beiden Länder

Abb. 17 Haremheb anbetend vor Re-Harachte, Thot und Maat. Darunter Teile eines 25-Zeilen-Hymnus an den Sonnengott. Es ist dies der längste und am besten erhaltene Text in Haremhebs Grab. Ursprünglich stand diese eine Stele (eines Paares) vor der Westwand des äußeren Hofes.

Allgemeine Verwaltung

Oberster des ganzen Landes
Siegelbewahrer des Königs von Unterägypten
Oberdomänenverwalter
Mund, der Zufriedenheit herstellt im ganzen Land

Kanzlei

Wahrer königlicher Schreiber
Vorstand der Vorsteher aller Schreiber des Königs
Oberster Leiter der Bibliothek

Öffentliche Bauten

Vorsteher aller Arbeiten des Königs an jedem Ort
Vorsteher der Arbeiten in den Steinbrüchen

Religiöse Titel

Vorsteher aller Kultämter
Vorsteher der Priester des Horus, Herr von Sebi

Dies ist nur eine Auswahl einer ausführlichen Liste von Titeln und Beinamen, die Haremheb von Tutanchamun verliehen bekommen hat und die in dem Grab von Memphis aufgezeichnet sind. Manche dieser Titel gehörten zur Exekutive, d. h., sie entsprachen echten Ämtern in den Organen der Regierung, manche waren reine Ehrentitel und wurden zur Ehrung und als spezielle Zeichen königlicher Gunst verliehen. Haremheb hat offensichtlich während seiner langen Beamtenkarriere militärische und Verwaltungsämter gehortet. In dem Moment, da er als Pharao diese Titel ablegte, muß es unter seinen ehemaligen Kollegen ein kräftiges Postengerangel um seine früheren Ämter gegeben haben, denn alle höheren Ämter garantierten Zugang zum Herrscher und führten geradewegs zu Schirmherrschaft, Einfluß und Einkommen.

Das Gegenstück zur Stele des British Museum stand auf der gegenüberliegenden oder nördlichen Seite des Türdurchgangs zum Statuenraum. Damit verbindet sich eine sonderbare Geschichte. Ein großer Teil des Stücks muß sich noch an seinem Platz befunden haben, als der geachtete französische Ägyptologe Emmanuel

Vicomte de Rougé im Laufe des neunzehnten Jahrhunderts eine handschriftliche Abschrift davon fertigte. Wir selbst fanden 1975 nur ein winziges Fragment noch *in situ*, als wir den Hof ausgruben. Es blieb aber genug erhalten, um es als Teil jener Inschrift zu identifizieren, die zuvor von de Rougé publiziert worden war. Wir nehmen an, daß einige Zeit nach seinem Besuch, zu einem nicht bestimmbaren Zeitpunkt, die Stele mutwillig zerschlagen worden ist. Der Autor des Buches fand die meisten dieser zerschlagenen Fragmente im Magazin des Kairener Museums zu einem Block zusammengefügt. Bei der erneuten Abschrift aller Stücke zeigte sich, daß de Rougé eine erstaunlich genaue Arbeit geleistet hatte, auch wenn späterhin zuweilen eine andere Meinung vertreten wurde. Es ist dies eine angebrachte Erinnerung für unsere heutigen Forscher, daß sie mit all ihren Hilfsmitteln und den ihnen zur Verfügung stehenden Nachschlagewerken auf den Schultern von Giganten stehen, die im letzten Jahrhundert das Fach Ägyptologie begründet haben.

Der Text auf der Stele umfaßt einen wichtigen Hymnus an den Sonnengott, der mit den zahlreichen anderen Hymnen in den Privatgräbern des Neuen Reichs in Theben zu vergleichen und zu kontrastieren ist. Der folgende Auszug mag eine Vorstellung von dem Inhalt des Hymnus geben:

Der Erbprinz Haremheb, er sagt: Ich bin zu dir gekommen, daß ich deine Schönheit preise, daß ich deiner Majestät huldige zu beiden Tageszeiten [d. h. morgens und abends]. Mögest du den königlichen Schreiber Haremheb bei dir im Himmel aufnehmen … möge sein Name in der großen Schar derer sein, die Re nach Westen ziehen … Du wirst die Bugseile der Nachtbarke ergreifen, wenn Re seinen Abstieg in die Unterwelt beginnt, die Westleute [= die Verstorbenen] sagen ›willkommen, willkommen!‹. Wenn er in die Unterwelt eindringt, verscheucht er die Finsternis, die Schläfer [= die Toten] springen auf die Beine, wenn er zu ihnen vordringt.

Die Geschichte ist aber damit noch nicht beendet. Seit dem frühen neunzehnten Jahrhundert befindet sich eine Stele mit rundgewölbtem oberen Abschluß in der Sammlung des Ermitage-Museums in St. Petersburg, auf der Haremheb dargestellt ist, wie er den Gott von Heliopolis, Atum, sowie Osiris-Onnophris, den König der Unterwelt und die memphitische Gottheit Ptah-Sokar verehrt. Es besteht kein Zweifel mehr, daß es sich dabei um den ›fehlenden‹ Teil von de Rougés Stele handelt. Dieser fehlt so nur noch ein kleiner Abschnitt vom Anfang des Haupttextes, und sie füllt damit eine weitere Lücke in unserer Kenntnis der Dekoration des Haremheb-Grabes von Memphis.

Beide Stelen wurden von Szenen flankiert, auf denen Prozessionen von Opferträgern gezeigt werden, die sich einwärts auf den Statuenraum hin bewegen und damit letztlich in die Richtung der Hauptkultkammer am Westende des Bauwerks. Solche Motive gehörten grundsätzlich zu ägyptischen Gräbern. Sie dienten als magischer Ersatz für wirkliche Opfer an Speise, Trank und anderen Annehmlichkeiten, falls der Kult für den Verstorbenen in Vergessenheit geraten sollte, was ja, wie wir gesehen haben, irgendwann zu erwarten war.

Nordwand

Die fragmentarischen Reste der Nordwand des Hofes vermitteln den Eindruck, als sei eines der hauptsächlich dort dargestellten Themen das Feiern von Festen gewesen. Es waren auch Szenen aus dem militärischen Bereich dort eingemeißelt. Ein kleines *in situ* gefundenes Fragment mit Brotlaiben gibt einen Hinweis auf den wahrscheinlichen Anbringungsort von Blöcken, die wir selbst versprengt im Schutt des Hofes gefunden haben, sowie einer Serie anderer großartiger Reliefs, die sich jetzt in Bologna und Berlin befinden. Diese müssen in den ersten Jahrzehnten des letzten Jahrhunderts in der Nähe gefunden worden sein. Die Museumsstücke – und übrigens auch die Teile, die wir selbst geborgen haben – sind bedeutende Kunstwerke der späten Achtzehnten Dynastie. Es ist daher überaus lohnend, sie etwas detaillierter zu betrachten, auch wenn die Illustrationen weitgehend für sich selbst sprechen.

Wenden wir uns zunächst jenen Reliefs zu, die wir selbst gefunden haben. Wenn die dekorierten Wände des Hofes nicht schon im Altertum abgerissen und verstreut worden wären, wären sie eine Geschichtsquelle von Rang geworden; selbst im jetzigen fragmentarischen Zustand erzählen sie uns einiges.

Abb. 18 Einer der versprengten Blöcke stellt einen Teil einer Szene dar, deren Rest verschollen ist. Trotzdem bleibt er ikonographisch und historisch außerordentlich wichtig. Er zeigt Haremheb (rechts), wie er als Regent für den jugendlichen Tutanchamun handelt. Ein älterer Mitbeamter des Grabeigners ist gerade mit den goldenen ›Ehrenkragen‹ für seine Verdienste um den Staat ausgezeichnet worden. Der Empfänger kann nicht mit absoluter Sicherheit identifiziert werden. Er ist ohne Zweifel an einer anderen Stelle der Szene namentlich genannt worden, aber der uns auf diesem Stück erhaltene fragmentarische Text beschäftigt sich mit der eigentlichen Zeremonie. Bis dato war die Durchführung dieser Zeremonie das Vorrecht des Pharaos gewesen. Wenn man also den Regenten Haremheb bei dieser Amtshandlung sieht, so betont das seine überragende Stellung innerhalb des Reichs zu diesem Zeitpunkt seiner Karriere, möglicherweise am Anfang der Regierungszeit Tutanchamuns. Vielleicht hat man den König noch für zu jung gehalten, um an der Zeremonie teilzunehmen. Unter den uns überlieferten Beispielen ägyptischer realistischer Porträtkunst ist dieser Kopf des unbekannten Kollegen Haremhebs ein besonders fein gearbeitetes Exemplar. Es zeigt einen Mann, der schon ein gutes Stück über den ersten Jugendflaum hinaus ist, mit einem Doppelkinn, dem ein deutliches Bäuchlein entspricht. Sein adlergleiches Profil wird betont und erinnert an manche der königlichen Porträts der Ramessidenzeit, besonders Ramses' II., dessen Mumie eine ausgeprägte Hakennase aufweist. Könnte der unbenannte Beamte Paramessu sein, der als Ramses I. Pharao wurde, der Begründer der Neunzehnten Dynastie und Nachfolger Haremhebs auf dem ägyptischen Thron? Ich halte das für sehr wahrscheinlich. Sicher war Paramessu ein Armeekamerad Haremhebs in der Regierungszeit Tut-

Abb. 18 Haremheb (rechts) empfängt einen vor kurzem ausgezeichneten Kollegen in der Verwaltung. Der wirklichkeitsnah dargestellte Beamte läßt sich nicht mit Sicherheit identifizieren, es könnte sich um den späteren Ramses I. handeln. Seine Goldkragen werden von seinen Dienern zurechtgerückt.

anchamuns. Vielleicht haben wir das Glück, in zukünftigen Grabungen einen Block zu finden, der sich einfügen läßt und die Frage ein für allemal beantwortet.

Zwei weitere von uns gefundene Reliefs, die gut mit den vorgestellten zusammenhängen könnten, obgleich sie nicht direkt mit ihnen verbunden waren, zeigen auf wirklichkeitsnahe Weise eine Festszene. Es wäre keine Überraschung, wenn bei einer wichtigen Auszeichnungszeremonie eine große *fantasia*, ein orientalisches Fest, stattgefunden hätte; dadurch hätten die Untergebenen eines bedeutenden Mannes einen Teil des materiellen Segens auf sich gezogen. Man bemerkt natürlich, daß die Gäste ihre Speisen individuell zugeteilt bekommen. Ein solches Detail fällt auf, denn es findet sich normalerweise nicht in Grabdekorationen. Damit wird sicher betont, daß die Darstellung sich nicht auf ein symbolisches Festmahl für das Jenseits, das ein sehr gängiges Motiv ägyptischer Grabdekoration war, sondern auf ein aktuelles Ereignis bezieht.

Abb. 19, 20

Szenen aus dem Soldatenleben

Eines der am stärksten abgewetzten Reliefs aus den Funden im Hof erweist sich nach wiederholter Überprüfung unter verschiedenem Licht als Teil einer Darstellung aus einem Militärlager. Soldaten haben bereits ein Zelt errichtet, und nahebei wird eine Mahlzeit bereitet. Bällchen von Nahrung, vielleicht Brotteig, werden ausgerollt. Ein Mann kaut eine Zwiebel, ein anderer will gerade vorbereitete Speisen zu sich nehmen. Andere Soldaten füllen Wasserschläuche an nahe gelegenen Bächen oder Kanälen; wieder andere sind dabei, einen Mast aufzurichten, vielleicht als Vorbereitung für den Zeltaufbau. All das und noch mehr konnte auf einem Block erkannt werden, der auf den ersten Blick so aussah, als sei er für wissenschaftliche Zwecke nutzlos. Wir sehen auf ihm das rauhe Soldatenleben in einem Zeltlager; ob nun nahe einem Schlachtfeld oder irgendwo in Ägypten selbst, das bleibt unklar. Verwandte Blöcke, manche davon Spitzenprodukte der Kunst des Neuen Reichs, wurden im letzten Jahrhundert aus dem Grab entfernt und befinden sich heute in Bologna und Berlin. Betrachten wir diese nun etwas genauer: *Abb. 21*

Von der zu untersuchenden Szene (das Stück befindet sich in Bologna) bilden die überdachten Baukonstruktionen die beiden Schwerpunkte. Von fachlicher Seite wurde dies beschrieben als Schnitt durch »zwei Schuppen mit einem auf einer Mittelreihe von Säulen aufruhenden Giebeldach mit seitlichem Zugang durch eine Tür«. Ich ziehe vor, sie als Zelte zu identifizieren. Im unteren Register bewegt sich ein Offizier mit energischem Schritt nach links, anscheinend hat er das Zelt gerade verlassen. Wahrscheinlich hat er soeben einen Befehl vom Oberbefehlshaber Haremheb erhalten, zu einer Besprechung zu kommen. Der Adjutant des Offiziers steht in respektvoller Haltung am Zelteingang, während ein kleiner, nackter Knabe heraneilt, dessen Aufgabe das Auffüllen der im Zelt sichtbaren Wasserkrüge ist. Jetzt, nachdem der Offizier das Zelt verlassen hat, fangen die anderen Diener mit der Reinigung des Zelts und der Aufstockung der Vorräte an. Einer schüttet Wasser aus, um den Staub zu binden, sein Kamerad fegt den Boden mit einem Reiserbesen, wobei er ohne Zweifel noch mehr Staub produziert. Auf einer Seite sehen wir einen mit Speise und Trank beladenen Tisch. Das wichtigste Mobiliar ist ein Faltstuhl, Ehrenplatz des Offiziers, der das Zelt gerade verlassen hat. Im militärischen Kon- *Abb. 22*

Abb. 19 und 20 Festbankettszenen. Anläßlich einer Feier zur Ehrung Haremhebs für seine siegreichen Feldzüge im Auftrag Tutanchamuns oder möglicherweise anläßlich seiner Beförderung werden Ehrengäste reichlich mit Speise und Trank versorgt (oben/19). Haremhebs Gefolge genießt das Fest (unten/20). Den Gästen werden Speise und Trank individuell zugeteilt. Das deutet eher auf die Wiedergabe eines tatsächlich gefeierten Festes und nicht einer symbolischen Totenfeier hin.

Abb. 21 Ein stark beschädigtes Relief hat uns interessante Einzelheiten aus dem Leben in einem Militärlager erhalten. Soldaten bereiten eine Mahlzeit, füllen ihre Wassersäcke aus Tierhaut. Die gewellten Linien bedeuten Flüsse oder Wege, die sich durch das Feldlager winden.

text ist der Faltstuhl besonders angebracht: er konnte mit Leichtigkeit zusammengelegt und transportiert werden. Wir bemerken, wie ein weiterer Adjutant heftig zu einem schwer beladenen Wasserträger hingestikuliert, der zwei auf den beiden Seiten eines Nackenjochs in Netzen herunterhängende Krüge schleppt. All solche Tätigkeiten und viele weitere gehörten zum täglichen Betrieb eines Militärlagers, und unsere Darstellung ist möglicherweise das lebendigste noch existierende Beispiel in der Kunst des Nahen Ostens.

Wenn wir uns nun dem mittleren Register der Szene zuwenden, können wir wiederum ein Offizierszelt beobachten, größer als das im darunterliegenden Register und daher möglicherweise das des Oberkommandierenden selbst. Diener unter den Augen des unvermeidlichen Aufsehers sind geschäftig am Werk. Im Hinter-

Abb. 23 Streitwagenlenker, ein Wasserträger, ein Reiter und Soldaten in einem ägyptischen Militärlager. Die Gruppe im unteren Register muß mit Muskelkraft ein großes Objekt transportieren, möglicherweise das zusammengerollte Zelt des Kommandanten.

Abb. 22 Das Lager des Oberkommandierenden; Soldaten und andere Personen erhalten Anweisungen und verrichten ihre täglichen Aufgaben. Dazu gehört der Wassertransport sowie die Reinigung und Bevorratung des Zeltes von Haremheb.

grund werden Nahrungs- und Getränkevorräte, ein Blumenbouquet und Mobiliar sichtbar. Der Faltstuhl hat diesmal einen Fußschemel, und ein fester Hocker wird für Haremhebs Bequemlichkeit auch noch bereitgestellt. Außerhalb des Zeltes marschiert ein Offizier mit seinem Diener im Gefolge nach rechts. Der Adjutant trägt verschiedene Gegenstände aus dem Besitz seines Herrn, wozu eine Tierhaut gehört, vielleicht eine Liegematte oder eine Zudecke, und der dringend erforderliche Wassersack. Dem Offizier geht ein Packtier voran, über dessen Flanken Tücher herunterhängen. Offensichtlich ritt ein kleines Kind (von dessen Körper das meiste fehlt) auf der Mähre, und der Künstler hat einen weiteren nackten Knaben gezeigt, der diesmal einen geflochtenen Teller mit Vorräten trägt. Diese kleinen Kinder gehörten zweifellos zum Troß, der für die Vorratsbeschaffung und die Durchführung der Reinigungsarbeiten im Lager zuständig war.

Im obersten Register des Blocks ist weiteres Personal abgebildet. Auf der Seite ist ein Pferdegespann aus dem Streitwagen ausgeschirrt, dessen Stange nun auf einem Haltebock mit Spreizfuß aufruht.

Abb. 23 Ein weiteres großes Relief in Bologna gehört sicher zu dem eben betrachteten dazu, obgleich es auch hier keine unmittelbare Verbindung gibt. Es zeigt ebenfalls Tätigkeiten aus einem Militärlager, und es geschieht dort viel. Der Künstler heftet seinen Blick auf eine Szene mit einer Gruppe von Soldaten, die, angetrieben von einem Aufseher, ein langes, rechteckiges Objekt im Griff haben, das ich für das zusammengerollte Zelt des Oberkommandierenden halte. Ein solches Zelttuch, wahrscheinlich aus Leder, hatte bestimmt ein ziemliches Gewicht, und es war eine Plackerei, damit zu hantieren. Es gehörte dann schon eine gut eingespielte Gruppe dazu, es von Platz zu Platz zu bewegen. Wie so vieles andere auf den Wänden von Haremhebs Grab ist auch diese Szene einmalig innerhalb der ägyptischen Bilderwelt. Die Soldaten tragen durchbrochen gearbeitete Lendenschurze aus Leder mit einem quadratischen Teil für das Gesäß. Diese Kleidung wurde hergestellt, indem man reihenweise im versetzten Verbund winzige Schlitze einschnitt. Konkrete Beispiele sind in Gräbern des Neuen Reichs in Theben gefunden worden.

Bevor wir den äußeren Hof des Grabes verlassen, wollen wir noch einen weiteren schönen Block, ebenfalls aus Bologna, betrachten, der sicher einmal an der Nordwand angebracht war. Dort war er mit einer bereits beschriebenen Szene verbunden, wenn man nach der Menge der dargestellten Speisen und Getränke rückschließen darf. Thema ist die Vorbereitung eines großen Festes, das eher im wirklichen Leben stattgefunden haben muß als im Jenseits. Könnte es ein Festbankett sein, das zu Ehren Haremhebs vorbereitet wurde, entweder, um ihn nach einem großen Sieg bei seiner Heimkehr nach Memphis willkommen zu heißen, oder bei der Gelegenheit, als er die Goldenen Ehrenkragen vom Pharao verliehen bekam? Jedenfalls wurden keine Kosten gescheut, daraus eine erinnerungsschwere *fantasia* zu machen; das einzige, was anscheinend fehlt, sind die Sängergruppen und die Musikanten, die die Gäste erfreut haben müssen. Diese können aber gut auf einem angrenzenden Block abgebildet gewesen sein, der im Altertum weggebrochen wurde und jetzt verloren ist.

Das mittlere Register dieses Reliefs zeigt weitere Aktivitäten aus dem Lager. Zwei Läufer eilen schnell von links herbei, während ein hockender Schreiber, mit Papyrus und Palette in der Hand, Instruktionen niederschreibt, vielleicht vom Grabbesitzer selbst. Die offensichtlich wichtige Figur mit Sandalen gleich rechts davon ist sicher Haremheb. Am äußersten linken Rand blickt ein Offizier in respektvoller Haltung auf den General, die linke Hand ergreift seinen rechten Arm, die rechte Hand ruht auf der Schulter. Hinter dem Oberkommandierenden notiert ein Schreiber Anweisungen, vielleicht für das bevorstehende Fest.

Alle diese Reliefs, ebenso wie die Fragmente von anderen, im Schutt des Hofes gefundenen, geben einen unvergleichlichen Einblick in die täglichen Tätigkeiten des wichtigsten Mannes seiner Zeit in Ägypten. Man kann sich leicht vorstellen, welche Fülle an Details in diesem Teil des Grabes aufgezeichnet war, als das Dekorationsprogramm noch vollständig erhalten war. Kaum eine der Szenen – wenn überhaupt eine – war dem rituellen Standard-Repertoire, das uns in so vielen Gräbern, thebanischen oder memphitischen, begegnet ist, entnommen. Diese einzigartigen Einblicke in sein tägliches Leben müssen von Haremheb selbst zur Erinnerung ausgesucht worden sein.

Nachdem wir den Ersten Hof untersucht haben, können wir ihn jetzt durch das westliche Tor verlassen, um über einen Vorraum in den Statuenraum zu gelangen.

DER STATUENRAUM

Die länglichen Räumlichkeiten, die den Statuenraum beidseitig flankieren, waren ursprünglich als Kapellen geplant. An einem späteren Punkt der Entwicklung könnten sie als Magazine für Nahrungsmittel und Flüssigkeiten in Tonbehältern gedient haben. Im letzten Stadium ihrer Existenz waren sie von Mönchen des nahe gelegenen Jeremias-Klosters zu Einsiedlerzellen umgewandelt worden, in denen Mitglieder der Gemeinschaft von Zeit zu Zeit in gewisser Isolierung von ihren Brüdern verweilen konnten.

An der Südwand des kleinen, dem Statuenraum vorgelagerten Vorraumes befindet sich ein großes Relief bester Qualität des Stils der späten Achtzehnten Dynastie, das fast vollständig erhalten ist. Wir sehen darauf eine Sitzstatue von Haremheb mit einem Priester zu seiner Linken, der Weihrauch darbringt. Er vollzieht dabei eine als ›Mundöffnungsritual‹ bekannte Zeremonie an der Statue, damit diese zukünftige Opfergaben in Empfang nehmen konnte. Die eigentlichen Statuen waren in Nischen an der Westwand der angrenzenden Kammer aufgestellt. Der die Szene begleitende Text vermittelt lebendige Einsicht in ein Ritual, das nicht nur an Tempel-

und Grabstatuen vollzogen wurde, sondern auch an den Mumien verstorbener Personen: »Wie gut ist dein Mund mit Zähnen (?) ausgestattet! Dein Mund ist auf deine Knochen abgestimmt, dein Mund ist geöffnet worden, dein Mund ist aufgesperrt worden mit der Dechsel des Anubis, der *meschetiu*-Dechsel aus Metall, mit der der Mund der Götter geöffnet wurde«. Die Dechsel war nur eines von mehreren Instrumenten, die während der Zeremonie an den Mund der Statue (oder der Mumie) gehalten wurden.

Der Priester, der das Ritual vollzieht, ist nicht namentlich genannt. Haremheb hatte keine Kinder, zumindest keine, die ihn überlebten. Folglich mußte er sich für den Vollzug seines Totenkults auf andere verlassen. (Als der Fall eintrat, war das in Saqqara nicht erforderlich, weil er König geworden war und letztlich im Tal der Könige in Theben beigesetzt worden ist.) Das hier besprochene Relief beweist neben zwei weiteren Darstellungen im Grab von Memphis, daß Haremheb eine besondere Nähe zu seinem Armeeschreiber Sementaui gehabt hat, der auf diesem Relief hinter ihm abgebildet ist. Vielleicht entwickelte sich diese Nähe bis zu einer Adoption. Sementaui starb oder wurde entfernt, jedenfalls wurde ein anderer Name, Ramose, über den seinen gemeißelt. Gleichzeitig wurde der Titel des Sementaui umgewandelt in ›Urkundenschreiber‹ oder auch ›Privatsekretär‹ des großen Armeechefs. Es wäre ein vergnüglicher Gedanke, daß Ramose, der in Haremhebs Grab vermutlich eher am Anfang seiner militärischen Laufbahn gezeichnet ist, niemand anderer wäre als Paramessu, der hochrangige Offizier, der ihm schließlich als Pharao nachgefolgt ist, aber dafür fehlt der entscheidende Beweis.

Abb. 24

Das Register unterhalb der Darstellung des Mundöffnungsrituals setzt den Fries der Opfergabenträger von der Westwand des äußeren Hofes fort. Während der Zeit Ramses' II. wurde jedoch ein Personenname samt dem Titel ›Oberster der Türhüter Pehefnefer‹ vor einer der Figuren angebracht. Diesem Mann werden wir in Kürze wiederbegegnen.

Wir gehen weiter in den eigentlichen Statuenraum, eine große, rechteckige Kammer, die ursprünglich mit einer gewölbten Decke aus Schlammziegeln versehen war. Dort waren an den Wänden anscheinend keine Reliefs angebracht worden; statt dessen hatte man diese mit einem Überzug aus Schlamm und einem Kalkanstrich versehen. Es ist nicht unwahrscheinlich, daß dieser Verputz, ähnlich wie bei den privaten Gräbern von Theben, mit mythologischen oder anderen Szenen bemalt worden war. Da das Dach bereits im Altertum zusammengebrochen ist, hat das Wetter die Dekoration total zerstört, aber wir haben bei unseren Ausgrabungen 1975 hie und da an den Wänden die eine oder andere winzige Farbspur registriert.

Einige architektonische Besonderheiten von großem Interesse sind im Statuenraum erhalten geblieben. Die beschrifteten Türpfosten im Inneren vermitteln uns wertvolle historische und detaillierte persönliche Information über den Grabeigner. Die beiden Pfosten auf der östlichen Seite des Raumes haben jeweils einen unteren Abschnitt, auf dem Haremheb vor einem Opfertisch sitzend dargestellt ist. Die

Abb. 25

Abb. 24 Haremhebs privater Schreiber Sementaui. Der Name dieses Beamten wurde später durch den des Ramose ersetzt. Dies könnte durch seinen Tod bedingt gewesen sein, oder er wurde von letzterem in der Gunst des Haremheb verdrängt. Seine Armhaltung entspricht der typischen Ehrfurchtsgeste.

Formen der Darstellung sind trotz ihrer natürlich zeitgleichen Herstellung stilistisch ganz verschieden voneinander. Nur auf der nördlichen Darstellung trägt der Grabherr an der Stirn die Uräusschlange, die später hinzugefügt worden ist, um den erfolgten Aufstieg zum Pharao zu dokumentieren. Der berühmte Ägyptologe Auguste Mariette hat von diesen Texten und Abbildungen etwa in der Mitte des letzten Jahrhunderts Kopien angefertigt. Ohne sich dessen bewußt zu sein, hat er dabei

Abb. 25 Haremheb sitzt vor einem Tisch mit stilisierten Broten. Eine Uräus-Schlange, Symbol ägyptischer Königsherrschaft, ist seiner Stirn hinzugefügt worden, um seine Erhebung zum Pharao zu dokumentieren.

spätere Gelehrte in die Irre geführt, weil er den südlichen Türpfosten für eine exakte Kopie des nördlichen gehalten hat. In Wirklichkeit unterscheiden sich beide nicht nur stilistisch, sondern auch inhaltlich.

Taf. 4 Die Inschriften auf den Türpfosten sind recht informativ, besonders hinsichtlich Haremhebs herausragender Stellung innerhalb des Staates. Am nördlichen Türpfosten lesen wir, daß er »größer war als die Großen, mächtiger als die Mächtigen, der große Anführer der Untertanen…, der den König auf seinen Reisen in die südlichen und nördlichen Fremdlande begleitet… Oberster der bedeutendsten Höflinge, dem die Einzigartigen das Vertrauliche zu Gehör bringen, Hüter der Palastgeheimnisse…«. Auf dem anderen Türstock liegt die Betonung auf seinem militärischen Oberkommando: Er war »vom König abgesandter Botschafter an der Spitze seiner Expeditionen in die südlichen und nördlichen Fremdländer… vom König erwählt, um an der Spitze der Beiden Länder zu stehen, um die beiden Ufer zu regieren [›die beiden Ufer‹ und ›die beiden Länder‹ stehen jeweils für Ägypten], Chef der Generäle des Herrn der beiden Länder… der einzigartige, der die Truppen zählt… einer, der seinem Herrn [dem Pharao] auf dem Schlachtfeld nicht von der Seite weicht an diesem Tag des Niederschlagens der Asiaten«. Die Andeutungen militärischer Auseinandersetzungen faszinieren; ohne Zweifel beziehen sie sich auf tatsächliche Ereignisse, in denen Haremheb als Generalfeldmarschall in der Zeit kurz nach der Thronbesteigung Tutanchamuns verantwortlich war für die Wiederherstellung ägyptischer Herrschaft über die Stadtstaaten Vorderasiens und die nubischen Stämme. So wird auch im zweiten Text implizit deutlich, daß der junge Pharao auf dem Schlachtfeld anwesend gewesen ist, was uns wiederum einen willkommenen Hinweis für die Datierung dieser militärischen Tätigkeit gibt. Sie ist eher in Tutanchamuns spätere Regierungszeit anzusetzen (als er schon fast zum Mann geworden war); das ist wahrscheinlicher als ein Zeitpunkt, zu dem er kaum der Kindheit entwachsen war. Die anderen beschrifteten Türpfosten des Statuenraums fügen unserer Kenntnis der Militärkarriere Haremhebs noch weitere Informationen hinzu, aber dabei müssen wir hier nicht verweilen.

DER KULT DES VERGÖTTLICHTEN HAREMHEB

Mehrfach ist bereits erwähnt worden, daß Haremheb letztendlich den ägyptischen Thron besteigen konnte. Er war damit nicht der erste Privatbürger, der zu dieser herausragenden Stellung gelangte, aber abgesehen von zwei ephemeren Kleinkönigen der beiden Zwischenzeiten der altägyptischen Geschichte gibt es nicht gerade viele. Ein großer Teil des Reichtums, den Haremheb während seiner Tätigkeit als Tutanchamuns Generalfeldmarschall hatte anhäufen können, muß auf das Grab in Memphis verwendet worden sein, und ohne Zweifel hatten die tüchtigsten Handwerker und Künstler seiner Zeit an dessen Ausschmückung mitgewirkt. Obgleich es niemals von dem großen General in Gebrauch genommen worden ist, muß es in seinem Herzen einen besonderen Platz gehabt haben. (Es gibt keinerlei Andeutung, daß die Ägypter je Angst vor ihrer letzten Ruhestätte empfunden hätten.) Das Grab in Memphis genoß auch große Wertschätzung bei der Familie von Haremhebs Nachfolger im Pharaonenamt, Ramses I. (Paramessu). Es ist offensichtlich, daß der erbenlose Haremheb ihn als nächsten Herrscher erwählt hatte. Daher überrascht es nicht zu entdecken, daß Ramses II., der Enkel des Dynastiegründers, einen Kult für seinen angenommenen Vorfahren Haremheb einrichtete.

Zu beiden Seiten des westlichen Türdurchganges im Statuenraum des Haremheb-Grabes wurden während der Regierungszeit Ramses' II. zwei Plinthen aufgestellt. *Abb. 26, 27* Sie dienten als Sockel für Statuen des liegenden Schakalgottes Anubis, deren Köpfe nach Osten zum Grabeingang hin ausgerichtet waren. Ihre Aufgabe war das Wächteramt für den westlichsten, intimsten Bereich des Monuments. Die Reliefs und Inschriften der Vorderfront und der Seiten dieser Plinthen erzählen uns einige faszinierende Einzelheiten über die Familien der Totenpriester, denen die Aufgabe des täglichen Kultes für den toten, vergöttlichten König Haremheb übertragen war. Zu ihren Obliegenheiten gehörte die Darbringung von Nahrung und Getränken auf den Altären innerhalb des Grabes an Festen und Hochfesten, aber auch die allge-

Abb. 26 Familie des Vorlesepriesters des vergöttlichten Königs Haremheb. Der Priester Pehefnefer und seine Frau sitzen rechts. Sie werden mit Wasser gereinigt und empfangen Blumenbuketts von Mitgliedern ihrer Familie. Die Plinthe, auf der diese Szene gemeißelt ist, bildete ursprünglich den Sockel für eine große Figur eines liegenden Schakals, des Gottes Anubis, der die innersten Bereiche des Grabes von Haremheb hütet.

Abb. 27 Eine Priesterfamilie verehrt die sitzende Figur von Osiris, dem Gott der Unterwelt. Dem in Anbetung dargestellten Beamten war der Kultdienst für den vergöttlichten Pharao Haremheb zur Ramessidenzeit, viele Jahre nach dessen Tod anvertraut. Das Relief ist auf der Seite einer Plinthe eingemeißelt, die zu einem Paar von Sockeln gehört, auf welchen Figuren des Schakalgottes Anubis aufgestellt waren.

meine Instandhaltung der Baulichkeiten. Einer von ihnen, dessen Namen wir bereits in einem Relief des Vorraumes begegnet sind, hieß Pehefnefer. Theoretisch mindestens waren somit das Gedächtnis und die Verehrung des Namens des Haremheb für immer gesichert. Wir kennen die tatsächliche Dauer dieses Kultes an diesem Ort nicht, aber es wäre nicht überraschend, wenn er bis zum Ende der Ramessidenzeit vollzogen worden wäre.

Das Westtor des Statuenraumes führt in den zweiten Hof des Grabes. Auf der Wand links beim Verlassen des Statuenraumes befinden sich ein Relief und eine Hymne von einiger Bedeutung für die ägyptische Religion.

Der Osiris-Hymnus

Es sind nur Fragmente dieser Szene erhalten, sie zeigen Haremheb in Anbetung vor Osiris, dem Gott der Unterwelt. Eine solche Darstellung ist natürlich nicht neu, aber die derzeit noch einmaligen Begleittexte heben sie sofort aus dem Üblichen heraus. Hier wird nämlich ein Hymnus an Osiris als die nächtliche Manifestation des Sonnengottes Re vorgestellt. Ursprünglich muß es einmal 27 senkrecht beschriftete Zeilen gegeben haben, von denen etwa ein Drittel erhalten ist. Es scheint keine genauen Parallelen zu geben, und der Hymnus unterscheidet sich von allen anderen Osiris-Hymnen, die wir aus der Zeit vor der Neunzehnten Dynastie kennen. Das Thema selbst ist nicht neu, denn es wird bereits in den Sargtexten des Mittleren Reichs und in den Totenbuchtexten des Neuen Reichs angesprochen: Der Sonnengott Re stirbt jeden Abend und betritt die Unterwelt über den westlichen Horizont, wo er der Formulierung nach den dort ruhenden Leib des Osiris ›umarmt‹. Auf diese Art und Weise wird Osiris zu Re und erhellt die Dunkelheit der Unterwelt als nächtlicher Sonnengott. Mit Morgenanbruch erhebt sich Re aus den Armen des Osiris und wird wiedergeboren als Re-Horus-des-Horizonts (Re-Harachte). *Abb. 28*

Interessanterweise gehörte dieser bezaubernde und eingängige Mythos bis zur Zeit des Tutanchamun nicht zum Corpus der ›Hymnen‹. Man hat sich diese Neuerung als Reaktion auf den Monotheismus von Tutanchamuns Vorgänger Echnaton erklärt:

Echnaton hat die Pluralität der Götter der traditionellen Religion durch den einzigen Gott Aton ersetzt, der zunächst einmal ein Gott des Lichtes gewesen ist und von dessen lebenspendender Kraft jeder und alles auf Erden abhängig war. Finsternis und Nacht wurden nur negativ interpretiert: Während der Nacht ist Aton abwesend, und die ganze Welt fällt zurück in einen Status der Nicht-Existenz. In der Religion von Amarna gab es keinen Platz für Osiris, der deshalb das Schicksal Amuns und der anderen traditionellen Götter teilte. Aber dieser Ansatz machte Echnaton unfähig, einen der wichtigsten Aspekte der ägyptischen Religion zu befriedigen, nämlich das Thema vom Tod und dem Leben nach dem Tod. In der Zeit nach dem

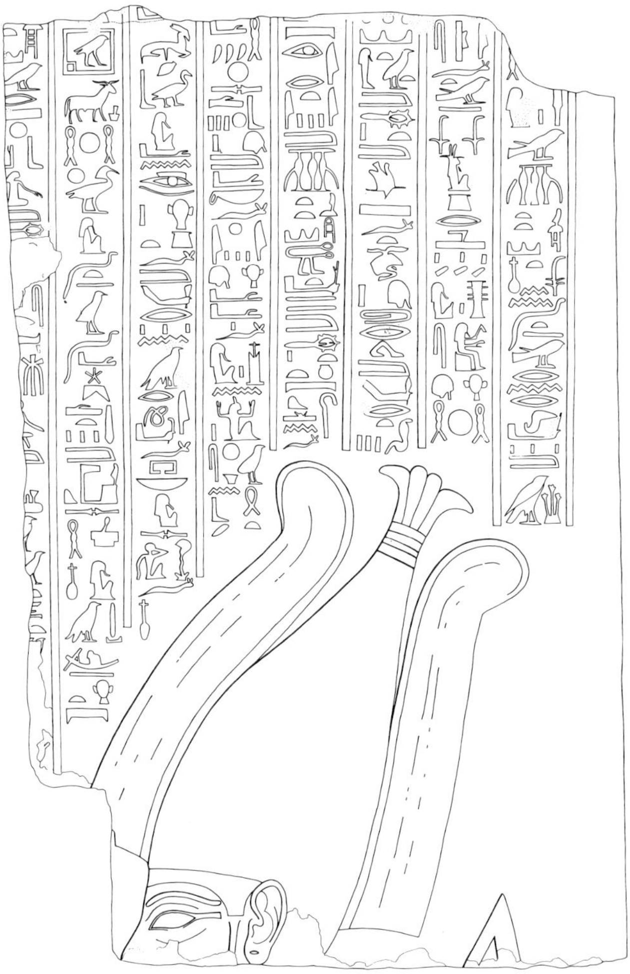

Abb. 28 Osiris und ein an ihn gerichteter Hymnus zu seinem Lob. Unsere Umrißzeichnung zeigt Einzelheiten der trotz ihres fragmentarischen Charakters wichtigen hieroglyphischen Beischrift dieser Figur.

Amarna-Intermezzo wurde die traditionelle Religion in der Reaktion auf die Lehren Echnatons neuinterpretiert. Das Problem der Einheit und Vielfalt löste man durch das Konzept eines universalen Gottes, aus dem alle anderen Götter hervorgehen und der sich in seiner Schöpfung offenbart, zu der die gegenwärtige Welt, das Diesseits, ebenso gehört wie das Jenseits. Der Osiriskult bekam viel mehr Gewicht als vor der Amarna-Periode, und in den Gräbern von Privatpersonen haben Osiris und Re gleichgewichtige Rollen (J. van Dijk).

Haremhebs Hymnus reflektiert gerade diesen Entwicklungsstand, und als solcher ist er eine willkommene Ergänzung für unsere Dokumentation der ägypti-

Abb. 29 Der Oberbau des Haremheb-Grabes nach erfolgter Freilegung. Der Blick geht nach Osten in Richtung auf Memphis und das kultivierbare Niltal vor der Restaurierung des Monuments. Im Vordergrund die Kultkammer mit den beiden Seitenkapellen.

schen Religion während einer kritischen Zeit nach dem Ableben Echnatons, als seine monotheistischen Vorstellungen fast vollständig zurückgedämmt wurden.

DER ZWEITE HOF

Wenn wir den Statuenraum nach Westen hin verlassen, befinden wir uns in einer etwas kleineren Version des äußeren Hofes der Grabanlage. Die Säulen sind gerade etwas über zwei Meter hoch und die Reliefs viel besser erhalten. Es ist in der Tat *Abb. 29* keine Übertreibung, wenn wir sagen, daß die Szenen, die wir untersuchen wollen, zu den lebhaftesten und wichtigsten gehören, die aus irgendeiner Periode ägyptischer Geschichte auf uns gekommen sind. Sie sind um so interessanter, als sie bildlich die Militärpolitik Tutanchamuns und seiner Berater dokumentieren.

Eine Anzahl von Blöcken befindet sich noch an ihrem Platz an der Wand. Sie sind erstaunlicherweise der Aufmerksamkeit antiker und moderner Grabräuber entgangen. Wir selbst fanden natürlich noch weitere im Schutt des Hofes und der Nachbarschaft, die wir an ihren Platz an der Wand zurückstellen konnten. Nicht nur das: Einige berühmte Reliefs, die aus dem Grab in den Anfangsdekaden des letzten Jahrhunderts entfernt worden sind und sich heute im Leidener Museum und anderen wichtigen Sammlungen Europas, auch des Britischen Museums, befinden, können jetzt sicher zugeordnet werden (wir haben jüngst Abgüsse an den Wänden angebracht).

Den südlichen Teil der Ostwand sowie die Südwand und die Westwand des Hofes schmücken Flachreliefs mit ausgewählten Episoden aus Haremhebs Laufbahn. Beamte zeigten an den Wänden ihrer Gräber gern einiges aus ihrer täglichen Arbeitswelt, aber so viele Darstellungen, wie in diesem Fall bei Haremheb, sind doch selten. Auch wenn nur ein kleiner Teil der Reliefs, die einst die Wände schmückten, auf uns gekommen ist, ist doch genug erhalten, um zu zeigen, daß im zweiten Hof die meisten Darstellungen militärischen Themen gewidmet waren. Die verschiedenen Episoden – die Unterwerfung von Gefangenen und deren Vorführung bei Hof – wurden von den antiken Künstlern um des größeren Effekts willen und aus Gründen der Platzersparnis teleskopartig zusammengeschoben. Auf zweien der Wände sind uns auch einige Totenkultszenen erhalten, und auf anderen Reliefs wird uns ein Blick in das erlaubt, was vermutlich damals Haremhebs privater Landsitz gewesen ist.

Hieroglyphische Inschriften, die die abgebildeten Ereignisse erläutern, liefen in einem Streifen über den Reliefs einher. Sie sind uns in Teilen erhalten geblieben. Und dieses Material wird in seiner Gesamtheit für uns zu einer erstrangigen Informationsquelle über die Geschichte Ägyptens in der Zeit Tutanchamuns. Die Reliefs, die da durch die Meißel anonymer Handwerker geformt wurden, gehören zum Gekonntesten, das uns aus dem Alten Ägypten überliefert ist. Sie werden so eine wichtige Quelle für den Kunsthistoriker, verdienen aber auch Aufmerksamkeit seitens der Physischen Anthropologie wegen der lebhaften und realistischen Art der Schilderung menschlicher Figuren, besonders der ausländischen Gefangenen.

Abb. 30 Innerer Hof des Haremheb-Grabes, Südost-Ecke mit der am besten erhaltenen Wand der Anlage. Die Wanddekoration zeigt Episoden aus Haremhebs militärischer Karriere bei seinen Feldzügen gegen Libyen, Vorderasien und Nubien.

Ostwand, Südhälfte: Militärszenen

Den Mittelpunkt dieses Wandreliefs bildet natürlich der Oberkommandierende selbst, der auf der rechten Seite der Szene steht. Ein nubischer Häuptling wird gerade von einem ägyptischen Soldaten zur Verbeugung gezwungen, damit er als Zeichen der Unterwerfung vor den Füßen Haremhebs ›den Boden küßt‹ (wie der ägyptische Ausdruck lautet). Sechs Armeekameraden, von Meisterhand bildlich gestaltet, und noch weitere niedrigere Beamte nehmen an dem Ereignis teil; links davon lange Reihen von Gefangenen aus Libyen, den vorderasiatischen Stadtstaaten und Nubien; sie stehen für die Gesamtheit aller Gefangenen und werden in der Darstellung von ägyptischen Soldaten bewacht. Letztere sind in kleinerem Maßstab gezeichnet. Das ist ein Mittel, um anzudeuten, daß es sich entweder um junge Rekru-

Abb. 30
Abb. 31, 32
Abb. 33, 34
Taf. 3a
Abb. 35–38

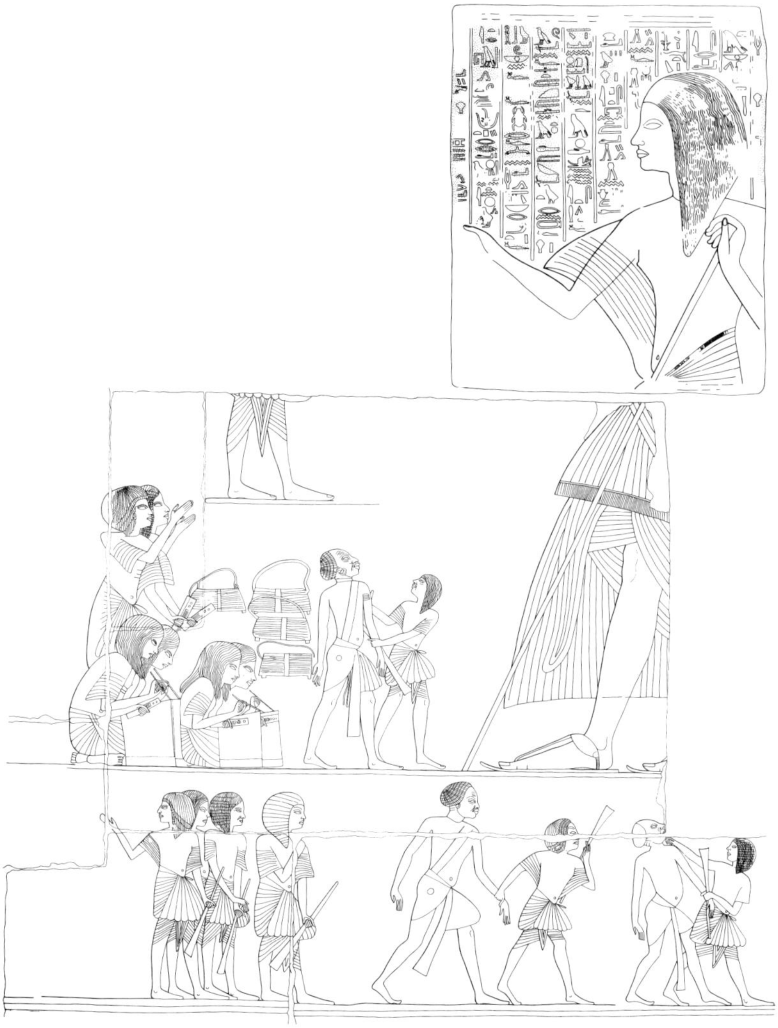

Abb. 31 Teil eines Reliefs. Haremheb wird dargestellt, wie er in der Regierungszeit des Tutanchamun die Unterwerfung einiger Feinde Ägyptens entgegennimmt. Der Oberkommandierende steht rechts im Bild. Die Inschrift verzeichnet seine im Anschluß an die Regierungszeit Echnatons notwendig gewordenen militärischen Aktionen, bei denen er Ägyptens Einfluß in der Levante, Libyen und Nubien wiederherstellte. Links notieren Armeeschreiber die Ereignisse, und ein afrikanischer Häuptling steht im Begriff, sich vor Haremheb niederzuwerfen; darunter ägyptische Offiziere und nubische Gefangene, dem einen wird gerade ein Kinnhaken verpaßt.

Abb. 32 Ein namentlich nicht genannter Nubier unterwirft sich Haremheb. Dieser wird rechts in übergroßem Maßstab wiedergegeben. Er hält einen Stab als Amtszeichen. Dieses Relief ist eine der lebhaftesten uns erhaltenen Darstellungen eines Afrikaners aus der Antike.

ten gehandelt hat oder daß die Gefangenen größer und kräftiger gewesen sind als die, die sie gefangengenommen haben. Aus Haremhebs Titelverzeichnis geht hervor, daß die Rekrutierungen für die Armee zu seinen vielen Aufgaben gehörten. Uns ist keine historische schriftliche Andeutung von größeren militärischen Auseinandersetzungen in der Regierungszeit Tutanchamuns überliefert. Man muß also wohl diese Wandszenen des zweiten Hofs als Strafexpeditionen deuten, die von Tutanchamuns Ratgebern ausgesandt wurden, um die Herrschaftsgewalt und den Einfluß Ägyptens in jenen Regionen der antiken Welt wiederherzustellen, die in der Zeit des Vorgängers Versuche unternommen hatten, aus dieser Bindung auszubrechen.

Wahrscheinlich muß man sich als eigentlichen Ort für diese Szene der Unterwerfung erbeuteter Libyer, Asiaten und Nubier das Schlachtfeld vorstellen. Militärschreiber sind eifrig damit beschäftigt, das denkwürdige Ereignis, oder vermutlich mehrere solcher Ereignisse, auf Papyrusrollen festzuhalten. Vielleicht war die Absicht gewesen, diese Felddokumentation in einem späteren Stadium zu bearbeiten und dann im Detail auf einer Wand des einen oder anderen Kulttempels von Theben oder vielmehr Memphis anzubringen. Unter den Pharaonen des Neuen Reichs *Abb. 39*

Abb. 33 Ägyptische Militäradjutanten des Oberkommandierenden. Sie halten die für die späte Achtzehnte Dynastie charakteristischen keilförmigen Stäbe in ihren Händen.

war diese Art der Erinnerung an kriegerische Eroberungen üblich, als Musterbeispiele können die Feldzüge Thutmosis' III., Amenophis' II. und Ramses' II. nach Asien dienen. Manchmal wurden Gedächtnisstelen für die pharaonischen Eroberungen in den Tempeln aufgestellt, von denen die meisten heute noch existierenden aus thebanischen und nubischen Tempeln stammen. Wie reich muß der auf den

Abb. 34 Ägyptische Soldaten beobachten die Unterwerfung der Feinde Ägyptens. Der erste Mann in der Reihe trägt aufwendiger gefertigte Kleidung, er ist vermutlich ein Offizier.

Abb. 35 Reihen von libyschen, vorderasiatischen und nubischen Gefangenen, aufgestellt, um dem General Haremheb vorgeführt zu werden. Dieser hatte Ägyptens Geltung über jene Gebiete wiederhergestellt, die unter Tutanchamuns Vorgänger Echnaton rebelliert hatten.

Tempelwänden von Memphis festgehaltene Informationsstrom geflossen sein! Aber ach, wir haben im wesentlichen nur noch die im Wasser versunkenen Reste der Fundamente dieser gewaltigen Anlagen, die doch sicher an Größe und dekorativem Glanz mit den viel besser bekannten thebanischen Bauten rivalisiert haben müssen!

Die eben erwähnte Schreiberszene gehört zu den lebendigsten und anschaulichsten der ägyptischen Kunst. Sie ist so realistisch skulptiert, daß man zu spüren meint, wie die Finger der Schreiber über das Papier gleiten. Selbst die Paletten mit dem notwendigen Schreibwerkzeug sind festgehalten. Unterhalb der Gestalt des Haremheb wird ein Nubier weggezerrt, der vielleicht gerade sein Knie in einem Akt

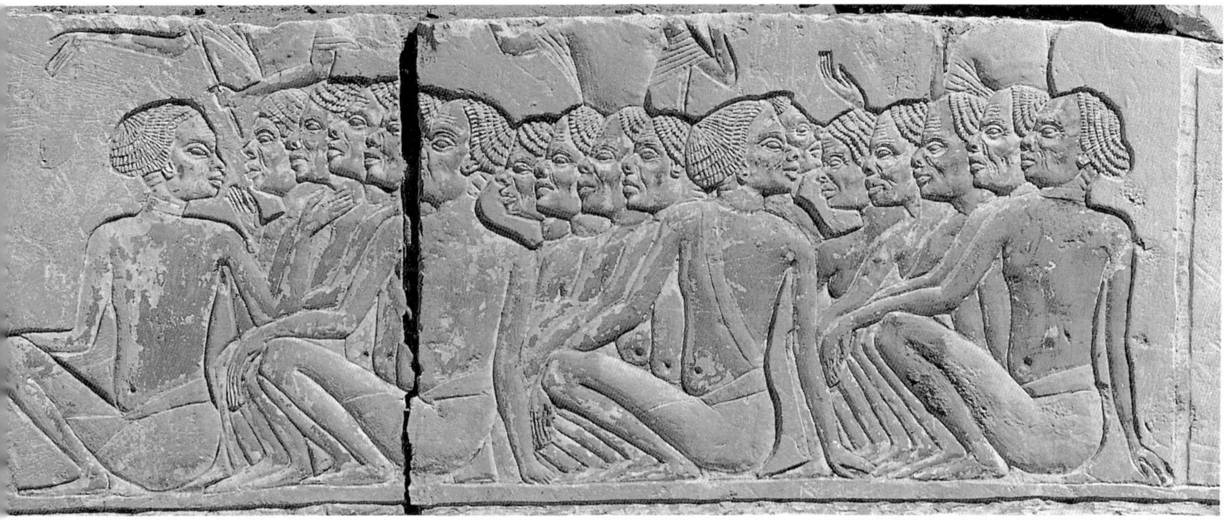

Abb. 42 Nubier warten auf den Abtransport in Arbeitslager oder andere Gefangenenlager. Unter den aus der Antike erhaltenen Darstellungen der Leute aus dem Süden gehört dieses Relief zu den besonders wirklichkeitsnahen.

der Unterwerfung gebeugt hat. Wie um dessen Ungemach noch zu betonen, wird der ägyptische Wächter dabei gezeigt, wie er ihm einen Kinnhaken versetzt. Auf derselben Wand wird ein Nubier dabei gezeigt, wie er zum Unterwerfungsakt geführt *Abb. 40* wird, während ein anderer von einem ägyptischen Soldaten zurechtgewiesen wird. *Abb. 41* Etwas weiter entfernt befinden sich zwei Nubiergruppen, deren Personalien – Namen und vielleicht Stammeszugehörigkeiten – bereits verzeichnet worden sind. Das oberste Register dieser Szene befindet sich auf einem Block in Bologna. *Abb. 42*

Solche Szenen wie die eben beschriebene dienen als wertvolle Belege für die eher herabwürdigende Art, in der die Ägypter ihren Feinden, tatsächlichen ebenso wie

Abb. 36 bis 41 (36 oben links) Gefangene aus Libyen in der Regierungszeit Tutanchamuns. Sie werden in ihrer charakteristischen Haartracht und mit Ziegenbart wiedergegeben. Sie tragen Ohrringe und lange Umhänge. Trotz des Status als Gefangene vermittelt ihre priesterliche Haltung einen Eindruck großer Würde. (37 oben rechts) Gefangene der Stadtstaaten Vorderasiens und Nubiens, bewacht von einem jungen ägyptischen Soldaten. Unter diesen hier und in den folgenden Bildern dargestellten Asiaten befinden sich möglicherweise einige, die den Belegen der Amarna-Briefe zufolge eine Verschwörung gegen Echnaton angezettelt hatten. (38 Mitte links) Nubier unterwerfen sich Haremheb als dem Oberbefehlshaber von Tutanchamun. Es sind mehrere verschiedene Menschentypen vertreten. (39 Mitte rechts) Armeeschreiber registrieren auf Papyrusrollen die Unterwerfung von Ägyptens fremdländischen Feinden. Behälter für die Schreibgeräte sind vor ihnen dargestellt. (40 unten links) Ein junger ägyptischer Rekrut versetzt einem nubischen Gefangenen einen Kinnhaken und treibt ihn vorwärts in die Gefangenschaft. (41 unten rechts) Ein ägyptischer Soldat tadelt einen nubischen Gefangenen.

vermeintlichen, begegneten. In historischen Texten werden Nubier und auch einige Asiaten nicht selten als ›niederträchtig‹ bezeichnet.

Rechts außen in unserem Relief steht der Wagen des Generalfeldmarschalls mit Personal und Adjutanten bereit zum Verlassen des Empfangsplatzes. Der Fries setzt sich auf der Südwand fort.

Südwand: Gefangene als Kriegsbeute

Abb. 43 Die Serie militärischer Szenen wird hier von einem Relief unterbrochen, das Haremheb in Amtspose zusammen mit dem diensthabenden Schreiber Sementaui/Ramose darstellt. Ein Totenpriester opfert dem Haremheb. Das obere Stück des Blocks ist stark verwittert. Der hieroglyphische Text darauf beschreibt deutlich historische Ereignisse, zweifellos militärischen Charakters, was wir aus dem irritierenden Fragment schließen, das ein ›Regierungsjahr ...‹ erwähnt. Wiederholte Überprüfung dieses Blocks in verschiedenem Licht hat uns leider nicht die leiseste Spur eines Hinweises auf das *tatsächliche* Jahresdatum enthüllt, das doch sehr wichtig gewesen wäre, um die eben beschriebenen Ereignisse in einen genau datierten Kontext einfügen zu können. Wenigstens zeigt das Vorhandensein der aufschlußreichen Formulierung ›Regierungsjahr‹, daß wir es hier mit wirklichen, im Gegensatz zu symbolischen, Ereignissen zu tun haben. Man muß auch für kleine Gnaden dankbar sein: Immerhin sind die Reliefs selbst in diesem zweiten Hof bemerkenswert und, auch in ihrem fragmentarischen Zustand, ein einzigartiger bildlicher Beleg für ausgewählte Episoden aus den verschiedenen Feldzügen, die während der Regierungszeit Tutanchamuns stattgefunden hatten.

Darunter zerlegen Schlachter eifrig einen Ochsen für das Totenmahl. Diese Szene und daneben ein großer Opfertisch oder Behälter, vollgetürmt mit verschiedenen Früchten, betonen den überwältigenden Zwang, Vorräte herbeizuschaffen, um die Versorgung des Toten im Jenseits zu gewährleisten. Sollte dann das wirkliche Opfer ausbleiben, konnte der Grabherr sich immer auf das Faktum verlassen, daß die Abbildungen von Nahrung auf den Grabwänden reale Lebensmittel auf magische Weise substituierten.

Abb. 44 Der Hauptteil der Südwand kann in wirklich bemerkenswerter Weise rekonstruiert werden dank der Tatsache, daß eine ganze Serie von Reliefs, die seit langem in Leiden sind, hier wieder eingefügt werden kann.

Die Szene hat gewechselt vom Schlachtfeld weg hin zu den Palastmauern, vermutlich jenen von Memphis selbst. Der junge Tutanchamun und seine Frau Anchesenamun (dritte Tochter Echnatons und Nofretetes) sitzen rechts auf ihren mit einem Baldachin überdachten Thronen. Dies ist aus wenigen, hier nicht abgebildeten Fragmenten eindeutig rekonstruierbar. Ein Adjutant (sein rechter Arm erscheint rechts

Abb. 43 Haremheb sitzend, in der Amtstracht des obersten Befehlshabers der Armee von Tutanchamun. Auf diesem Relief ist seiner Stirn eine Uräus-Schlange hinzugefügt worden. Sie deutet an, daß er späterhin zur höchsten Würde eines Pharaos emporgestiegen ist. Hinter ihm steht sein Armeeschreiber oder Privatsekretär Sementaui, dessen Name fast vollständig ausgemeißelt und durch den des Ramose ersetzt worden ist.

außen in *Abb. 46*) eilt die Rampe des Thronpodests hinunter auf das darunter befindliche Plateau, wo der Oberkommandierende Haremheb steht, über und über behängt mit den ›Ehrenkragen‹ aus purem Gold. Er ist gerade vom Pharao für seine Verdienste um den Staat dekoriert worden, und seine getreuen Diener richten die schweren Gehänge, damit sie sich bequem um seinen Hals legen. Hinter ihm werden lange Reihen von Gefangenen als Kriegsbeute im Triumphzug vorgeführt. Diesmal kommen sie nur aus den vorderasiatischen Stadtstaaten und in einem Fall aus

Abb. 46, 47

Taf. 2 a.b

Abb. 44 Vorderasiatische und hethitische Gefangene werden von ägyptischen Wächtern vor Tutanchamun und Königin Anchesenamun im Triumph vorbeigeführt. Die Handgelenke der Gefangenen sind durch Handschellen gesichert, an denen Seile befestigt sind. Im obersten Register ist vermutlich als Teil der von Haremheb aus Asien mitgebrachten Beute ein Gewirr von Pferdebeinen zu sehen.

hethitischem Herrschaftsbereich. Sie sind durch charakteristische Kleidung und Haartracht identifiziert. Vielleicht wurden Libyer und Nubier auf einem heute verlorengegangenen Teil der Wand dargestellt.

Abb. 45 Anders als die Gefangenen der angrenzenden Ostwand tragen diese Handschellen und Seile um ihre Hälse wie Vieh. Ihre Angst und Pein wird am besten auf jenem Stein ausgedrückt, den wir im Schutt des Hofes fanden, der aber genau an das linke Ende der Leidener Reliefszenen angrenzt; die Details sind meisterhaft *Taf. 1* gemeißelt.

Aus den Abbildungen auf diesem Block geht eindeutig hervor, daß auch Frauen und Kinder nach Ägypten in Gefangenschaft verschleppt worden sind. Das endgültige Schicksal dieser speziellen Gruppe wird zwar wohl nie mehr bekanntwerden, aber unsere Belege erwecken den Eindruck, daß fremde Gefangene manchmal als

Arbeiter und Ziegelmacher den Landgütern des Gottes Amun und möglicherweise auch anderer Gottheiten zugewiesen wurden. Vielleicht haben die Fremdlinge sogar eigene Enklaven innerhalb der Hauptstadt Memphis bewohnt, und sie könnten somit die Vorfahren einiger Fremdvölker gewesen sein, von denen wir wissen, daß sie zu späteren Zeiten in dieser Stadt gelebt und ihre eigenen asiatischen Götter verehrt haben.

Uns ist viel verlorengegangen dadurch, daß die oberen Schichten der Wände dieses Hofes entweder entfernt oder zerstört worden sind. Man hätte dort eine Fortsetzung des oben erwähnten historisch erzählenden Textes erwartet. Vielleicht wäre auch die Beute des Feldzugs, die als Geschenk für den Pharao und als Opfergabe für die Tempelschatzkammern heim nach Ägypten gebracht worden ist, abgebildet gewesen. Daß es Beute gegeben hat, läßt sich vermuten anhand der Hufe einer gro-

Abb. 45 Ein bärtiger Mann aus Vorderasien wird Tutanchamun vorgeführt.

Abb. 44 ßen Anzahl von Pferden, die anscheinend als Herde herangetrieben wurden. Aus Vorderasien kamen üblicherweise diese nützlichen Tiere, deren militärische Bedeutung seit der Mitte der Achtzehnten Dynastie zunehmend gewachsen war, als das Reittier und der Streitwagen zu entscheidenden Elementen der ägyptischen Kriegsmaschinerie entwickelt wurden. Ein weiterer Block, den wir kürzlich außerhalb des Grabes fanden, gehört wahrscheinlich auch noch zu dieser ›Beuteszene‹. Er trägt ein wundervoll gelungenes Relief, das Tiere aus der Familie der Großkatzen an der Leine zeigt. Diese gefährlichen Tiere waren am königlichen Hof hochgeschätzt, wo sie manchmal mit Stricken an das Stuhlbein des Pharaonenthrones angebunden waren. Zuerst hatte man sie sicher gezähmt und ihre scharfen Reißzähne entfernt! Wir lesen auch in ägyptischen Inschriften, daß wilde Tiere, wie etwa Löwen, in Pferche hineingetrieben wurden, aus denen sie der Herrscher nach Belieben und relativ gefahrlos herausholen konnte.

Die Geschichte findet auf der Westwand des Hofes ihre Fortsetzung.

Westwand: Gesandte bitten um Gnade

Man kann aus Blöcken, die wir noch an Ort und Stelle fanden, unter Zuhilfenahme von Reliefs aus Leiden und aus anderen Museen die Überreste zweier Einzelszenen rekonstruieren. Jene Szenen, die wir bereits betrachtet haben, setzen Schlachten und Scharmützel voraus, deren Nachspiel von den großen Bildhauern, die das Grab des Haremheb dekoriert haben, hier an der Westwand für die Nachwelt aufgezeichnet worden ist. Eine Delegation von Abgesandten aus Vorderasien, Libyen und Nubien, jenem Triumvirat von Nationen, die versucht hatten – offensichtlich ohne Erfolg – das ägyptische Joch abzuschütteln, ist eingetroffen, um vom Pharao ›den Hauch des Lebens‹ oder, in unserer Sprache, ›Gnade‹ zu erflehen. Sie sind über Land angekommen aus der Westlichen Wüste, quer über den Sinai und von Süden, einige *Abb. 48* zumindest sind auf Pferderücken gekommen, denn wir sehen ihre Pferdejungen und Pferde an einer Seite wartend stehen. Die Abgesandten werfen sich vor Tutanchamun und seiner Königin auf den Boden, die linker Hand auf dem Palastbalkon stehen. Die Szene stellt eines der enthüllendsten Beispiele erzählender Kunst dar, die aus dem Alten Ägypten erhalten blieben. Die Gesandten, die des Ägyptischen nicht mächtig sind, machen ihre Bitte um Gnade einem Dolmetscher bekannt, der sich *Abb. 49* umdreht, um die Bitte an Haremheb weiterzuleiten, der seinerseits sich wiederum umdreht, um das königliche Paar anzusprechen. Ein Teil des erläuternden Textes ist übriggeblieben, aber die Anfänge der Zeilenkolumnen fehlen:

[Worte, gerichtet an Seine Majestät, als] die Häuptlinge aus allen Fremdländern kamen, um das Leben von ihm zu erbitten, von dem Erbprinz, einzigen Gefährten, königlichen Schreiber Haremheb. Er sagte, indem er die Antwort sprach [zum König …: Fremde,] die kein Ägyptisch können, sie sind unter deinen Füßen für immer und ewig. Amun hat sie dir übergeben. Sie durchdrangen [jedes] fremde Gebiet …

Haremheb spricht dann zu den ägyptischen Beamten im Gefolge des Pharao:

So spricht [Pharao zu … allen seinen Offizieren?] … beginnend mit dem südlichsten Ende von Kusch (Nubien) [bis zu den fernsten Gebieten Asiens?] … Pharao hat sie euch in die Hand gegeben, damit ihr ihre Grenzen bewacht … des Pharaos gemäß dem Brauch der Väter eurer Väter seit urdenklichen Zeiten. Und … [es ist berichtet worden, daß?] einige Fremdlinge, die nicht wissen, (wie) sie ihr Leben fristen sollen, gekommen sind aus (?) … ihre Länder sind hungrig, und sie leben wie die Tiere der Wüste … Der, der groß an Stärke ist (Pharao), wird seinen mächtigen Arm [der Armee?] voranschikken … [und wird] sie zerstören und ihre Städte plündern und Feuer legen an …

Abb. 46

Diese die Phantasie anstachelnden Fragmente, stellenweise schwer zu verstehen bzw. zu übersetzen, scheinen anzudeuten, daß sich Bündnisse gegen Ägypten geformt hatten, daß aber die Aufrührer durch die Macht des Pharaos niedergeschlagen und ihre Länder verwüstet worden waren. Der große Oberbefehlshaber Haremheb war sicher das Werkzeug der ägyptischen Regierung bei diversen Strafaktionen, die, wie wir gesehen haben, notwendig geworden waren, um die ägyptische Herrschaft über Vorderasien und Nubien nach den Konvulsionen wieder sicherzustellen – ein Nachspiel der Regierung von Tutanchamuns Vorgänger Echnaton.

Abb. 55 Ein Stückchen weiter an der Westwand entlang, auf der nördlichen Seite des Eingangs zum Opferraum, zeigen einige übriggebliebene Steinblöcke die letzte Epi-

Abb. 46 und 47 Der siegreiche, mit Goldkragen dekorierte Haremheb erläutert vor Tutanchamun die Ergebnisse seiner Strafexpeditionen. Nach seiner Erhöhung zum Königsthron wurde die Uräus-Schlange an seiner Stirn eingemeißelt. Hinter ihm halten Diener Tabletts mit weiteren Goldkragen und eine flache Schale mit einem Salb- oder Duftkegel, um den ein Blütenreif herumgelegt ist.

sode in der Folge historischer Ereignisse, die in diesem Hof abgebildet worden sind: Dem Herrscher wird von Ägyptern und Fremdlingen zugejubelt. Einer der ägyptischen Soldaten in dieser Szene leidet unter einem Nabelbruch. Interessanterweise belehrt uns ein kurzer Text oberhalb der Köpfe zweier Soldaten über den Namen ihres Kontingents und den Rang sowie den Namen eines der Offiziere: »Standartenträger des Regiments ›Geliebt-von-Aton‹ Minchaj«. Aton, die Sonnenscheibe, war unter Ausschluß fast aller anderen Gottheiten der von Echnaton favorisierte Gott. Das führte zur Schließung der althergebrachten Kulttempel und dem Abbau von deren machtvollen Priesterherarchien. Im Gegenzug wurde Aton von Tutanchamun und seinen Beratern mehr oder minder verworfen und die alten Religionen wiedereingesetzt. Da ist es interessant zu sehen, daß ein Regiment noch in der Regierungszeit Tutanchamuns mit Aton in Verbindung gebracht wurde; könnte es sein, daß Haremheb einst Kommandant dieses Regiments gewesen war oder in einer früheren Phase seiner Militärkarriere in der Regierungszeit des Echnaton in diesem Regiment gedient hatte? Jedenfalls muß der Offizier Minchaj sich großer Wertschätzung seitens Haremhebs erfreut haben, denn ihm wurde als einzigem die Ehre zuteil, auf diesem Relief namentlich erwähnt zu werden.

Nordwand: Trauerszenen

Abb. 50 Die Nordwand des Hofes besitzt einen Fries aus guterhaltenen Szenen mit Episoden aus dem Begräbnisritual, die bereits vor dem Dahinscheiden des Grabherrn hergerichtet worden waren. Man kann eine Reihe von Lauben oder Kiosken aus vergänglichen Materialien sehen. Sie enthalten Lebensmittel und Getränke, letztere in roten *Abb. 54* Keramikkrügen. Das bildet die unbedingt notwendige Grundausstattung zur Vorbereitung eines Totenmahles. Uns sind ähnliche Szenen in einigen thebanischen Gräbern des Neuen Reichs erhalten, aber die memphitische Serie im Grab des Haremheb ist die bei weitem vollständigste. Man wird das aufgelöst-verwirrte Benehmen der Trauernden bemerken, ebenso die doch etwas umsichtigere Haltung des Personals und der Metzger. Man sieht, wie einige der Krüge von ihren Ständern entfernt werden, damit sie später im Rahmen des sogenannten ›Zerbrechens *Abb. 52, 53* der roten Töpfe‹ zu Scherben zerschlagen werden können. Diese Prozedur kann bis in die früheste quellenmäßig belegte ägyptische Geschichte zurückverfolgt werden, und es hat eine Reihe von Erklärungen für ihren Sinn innerhalb der Begräbnisliturgie gegeben. In der Bilderfolge in Haremhebs Grab sieht man, wie parallel zum Zer- *Abb. 51* brechen der Töpfe Stiere geschlachtet und zergliedert werden. Die beiden Vorgänge sind offenbar miteinander verknüpft. Ein Experte kommentiert bei der Beschreibung der Reliefs von Haremheb:

›Sowohl das Stieropfer als auch das Zerschlagen der *dšr.t*-Krüge, deren Farbe mit dem Gott Seth assoziiert wird, symbolisieren die Auslöschung der Gottesfeinde, und obgleich dies niemals in ägyptischen Texten so wortreich gesagt wird, ist es durchaus möglich, daß das Wasser, das aus diesen Krügen fließt, eigentlich das Blut *dšrw* abbildet, das aus der durchschnittenen Kehle des Stieres herausrinnt. Wahrscheinlich bilden das Zerschlagen von Figürchen oder Tonvasen mit dem Namenszug der Feinde und das Zerbrechen der roten Töpfe am Ende des Opferrituals nur Varianten ein und desselben Rituals zum Zweck der Vernichtung der bösen Mächte, die hinter den Grenzen des Kosmos auflauern. Obgleich das Ritual im technischen Sinn als Akt von Sympathiezauber interpretiert werden kann, ist eine Deutung als Schutzritus wahrscheinlicher, durch dessen Vollzug die Teilnehmer am Ritual abgesichert und geschützt werden, wenn sie die gefährliche Grenzlinie zwischen der geordneten Welt und dem Machtbereich der Chaos-Kräfte betreten‹ (J. van Dijk).

'af. 1 Nachwehen einer Schlacht: Gefangene der Stadtstaaten Vorderasiens werden von ägyptischen Soldaten Tutnchamun und seiner Königin vorgeführt.

'af. 2 a Ein vorderasiatischer Gefangener. ▷

'af. 2 b Ein ägyptischer Soldat führt zwei Hethiter vor Tutanchamun.

Taf. 2a

Taf. 2b

Taf. 3a Ägyptische Armeeoffiziere oder Würdenträger bei einer Vorführung ausländischer Gefangener.

Taf. 3b Porträt Haremhebs mit der Uräus-Schlange als Emblem seiner Königswürde.

Taf. 4 Türpfosten mit der Darstellung Haremhebs vor einem Opfertisch; über ihm eine Auflistung seiner Amts- und Ehrentitel.

Taf. 5 a

Taf. 5 b

Taf. 6a

Taf. 6b

Taf. 6c

Die Begräbnisszenen setzen sich im angrenzenden nördlichen Bereich der Ostwand des Hofes fort. Die oberen Register der Nordwand fehlen vollständig, so wie auch sonst in diesem Grab. Hier müssen unter anderem auch gewisse Trauerszenen dargestellt gewesen sein, wie die Klage von Haremhebs Frau über der Mumie. Letztere wird begleitet von Anubis resp. einem Priester, der die entsprechende Maske trägt, um diese schakalköpfige Gottheit darzustellen. Ein Block, der gut irgendwo hier seinen Platz gehabt haben könnte, tauchte 1986 im Hof des Grabs des Armeeoffiziers Ramose auf, dessen Grabmal sich gleich nordwestlich von dem des Haremheb befindet. Auf ihm scheint Haremhebs erste Frau, Amenia, Sängerin des Amun, abgebildet zu sein, die auch auf einer der Säulen des Hofes gezeigt wird. Der Block, der eine adelige Dame in Mumienform, geleitet von der Göttin Nephthys, abbildet, ist ein hochrangiges Kunstwerk. Ein Priester, dessen Kopf auf dem Relief verändert und neu eingemeißelt worden ist, bringt das Opfer dar.

◁ Taf. 5 a Die laufenden Restaurierungsarbeiten im äußeren Hof des Haremheb-Grabes.

Taf. 5 b Die Rekonstruktion der Säulenreihen im inneren Hof derselben Anlage.

Taf. 6 a Fayence-Einlegearbeit in Gestalt eines menschlichen Kopfes, möglicherweise von einer *Uschebti*-Figur.

Taf. 6 b Fayence-*Uschebti* der Prinzessin Bint-Anat, Tochter Ramses' II. Eines der zwei Stücke, die von der gemeinsamen Expedition EES/Leiden im Grab des Haremheb gefunden wurden.

Taf. 6 c Gold-Ohrring mit Einlegearbeit aus Glas und Fayence. In der Mitte eine Darstellung des Pharaos als schreitender Sphinx, angetan mit der blauen Krone und einem breiten Halskragen mit Anhängern. Das Motiv wird von zwei konzentrischen Kreisen mit erhöhter Zickzackleiste umschlossen. Darüber befindet sich ein breiter Kragen *en miniature* als Teil der Vorrichtung für das Anbringen dieses schweren Ohrrings am Ohrloch. Die Perlen-Anhänger, die von dem unteren Rand des Ohrrings herabgehangen haben müssen, fehlen.

Taf. 7 Detail eines bemalten Sargdeckels, der in einem Sammelbegräbnis verschiedener Särge und Schilfmattenbestattungen im Grabschacht des Iurudef gefunden wurde.

Taf. 8 Bemalter Sarg: Detail des Kopfes und breiter Halskragen; eine der vielen Nachbelegungen im Grabschacht des Iurudef.

Abb. 48 Fremdländische Gesandte bitten am Hofe Tutanchamuns um Gnade; Szene von der Westwand des inneren Hofes des Haremheb-Grabes.

Abb. 49 Gesandte von Libyen und Vorderasien bringen im Anschluß an die Schlacht flehentliche Bitten vor. Als höchster Staatsbeamter fungiert Haremheb als Zwischeninstanz zwischen den Botschaftern und dem Pharao.

Eine Anzahl weiterer Steinblöcke wurde *in situ* gefunden oder lose im Schutt des Hofes. Eine fragmentarische Szene am Nordende der Ostwand zeigt das Rauminnere von Häusern.

Ostwand, Nordhälfte: Szenen aus dem Privatleben

Vielleicht stammen die eben erwähnten Räume aus Haremhebs Privatvilla in der Stadt Memphis. Verschiedene Einrichtungsgegenstände, Möbel, Kleidung und Geräte, sind dargestellt, und wir können Diener bei der Arbeit bemerken. Einer, ein Türhüter, döst, sicher in der schönen warmen Sonne, vor sich hin. *Abb. 56*

Da die Ägypter keine Geschirrschränke (wie wir sie kennen) benutzten, hatten sie die Angewohnheit, ihre Gerätschaften, Werkzeuge, Waffen und ähnliche Gegenstände an Holzhaken aufzuhängen, die in die Schlammziegelwände ihrer Häuser eingeschlagen waren. In dem vorliegenden Relief können wir drei Paar Sandalen und zwei Beutel auf diese Art aufgehängt sehen. In einigen Räumen erblicken wir Vorräte an Speise und Trank, einschließlich einer großen Truhe mit Brotlaiben. Nahrungsmittel, Kleidung und andere Gegenstände, die wir gewöhnlich in Schränken verstauen, wurden von den Niltalbewohnern üblicherweise in Truhen, Kisten

Abb. 50 bis 54 (50 oben) Behältnisse mit Speise und Trank, die für das Begräbnis des Grabherrn bereitgestellt sind. Rotfarbene Keramik ist während des Rituals zerschlagen worden, und professionelle Klagesänger können in expressiver Trauergestik betrachtet werden, wie sie deutlich die Aufgaben erfüllen, für die sie bezahlt werden.

(51 Mitte links) Ein Fleischer schneidet während des Begräbnisrituals einem Opferrind den Kopf ab; rechts hängt ein Behältnis mit Früchten von der Decke, und Tische quellen über von Lebensmitteln für das Totenmahl.

(53 unten links) Gemieteter Trauergast, Opfergaben und das absichtliche ›Zerschlagen der roten Töpfe‹ als Teil des Trauerritus.

(52 Mitte rechts) Ein bezahlter Klagesänger, Grabbeigaben, darunter Fleisch, Brot und ein zugerichteter Ochse und rituell während der Trauerfeiern zerschlagene Gefäße.

(54 unten rechts) Ein für sein Weinen bezahlter Mann, samt Opfergaben und den Gefäßen, die während der Trauerfeier für den Verstorbenen gezielt zu zertrümmern waren.

Abb. 55 Eine Abteilung Soldaten salutiert vor Tutanchamun nach siegreichen Feldzügen.

Abb. 56 Häuser in der Stadt Memphis zur Zeit Tutanchamuns mit Details der Möblierung und Ausstattung. Ein Türhüter dämmert vor sich hin, ein Diener betätigt sich im Haus. Zwischen den Häuserblöcken kann man zwei Straßen sehen.

und Körben aufbewahrt. In einem Zimmer ist eine Militärstandarte in Form eines Sonnenschirms zu sehen.

Die Häuser sind in ihrer Anordnung ähnlich. Sie weisen einen großen Raum oder einen Hof auf, der direkt von der Straße betreten wird. Beidseitig davon befinden sich zwei Räume. Der Hof hat sicher als Küchenbezirk gedient, so wie bis heute in vielen ägyptischen Häusern. Wenn die auf der Wand des zweiten Hofs abgebildeten Gebäude, wie vorgeschlagen wurde, den Landsitz des Haremheb in Memphis in Teilen abbilden, dann geben uns diese Bilder nützliche Hinweise auf das Aussehen häuslicher Architektur in dieser Stadt am Ende der Achtzehnten Dynastie.

Statuenschreine

Zwei Schreine oder Nischen für Statuen befinden sich im Hof noch an ihrem Ort. *Abb. 58, 59* Beide waren für Doppelstatuen Haremhebs und seiner ersten Frau vorgesehen, die vor ihm starb. Eine Statuengruppe mit fehlendem Kopf des Haremheb wurde nahe *Abb. 57* der Wüstenoberfläche im Schutt der Opferkammer gefunden, die andere fand sich, eingebettet in eine Querwand aus christlicher Zeit, im Magazin oder der Kapelle an der Nordseite des Statuenraumes. Im letzten Abschnitt seiner Nutzungsgeschichte vor der Wiederentdeckung durch uns war das Grab von Mönchen des nahe gelegenen Jeremiasklosters als Wohnstatt oder für Einsiedlerzellen in Besitz genommen worden. Die Eremiten müssen wohl zumindest teilweise für den Abbau der Blöcke und deren Zertrümmerung zum Kalkbrennen verantwortlich gemacht werden. Die diversen Statuen des Grabes wurden genauso behandelt.

DIE OPFERKAMMER

Der Zielpunkt des memphitischen Grabmals von Haremheb ist die Opferkammer *Abb. 11, Raum D* am Westende des Grabes. Sie hat einen quadratischen Grundriß und unterbricht damit die ansonsten rechteckige Grabform. Sie hatte wohl eine Decke aus Kalksteinquadern besessen, und über dieser wurde sehr wahrscheinlich eine Schlammziegelpyramide mit einem Pyramidion als Spitze aus Granit, Kalkstein oder einem anderen Gestein errichtet. Kleine Pyramiden dieser Art sieht man auf zeitgenössischen Reliefs, die memphitische Grabkapellen abbilden. Obgleich es praktisch sicher ist, daß die Kapelle resp. die Opferkammer mit diesen architektonischen Bestandteilen fertiggestellt worden ist, fanden wir bei den Ausgrabungen keinerlei Spuren davon. Sobald einmal der Kult für die Grabbesitzer aufgegeben war, wurden zweifelsohne die Dachquader der Opferkammer und die für die darüber errichtete Pyramide verbrauchten Lehmziegel zur anderweitigen Nutzung weggeführt.

Abb. 58 Blick auf die Südwestecke des inneren Hofes des Haremheb-Grabes. Man sieht auf den Rand des Hauptgrabschachtes, der zu den unterirdischen Räumen führt (im Vordergrund), einen Statuenschrein (links hinten) sowie auf die Eingänge zur Kultkammer und ihren Seitenkapellen Die Aufnahme dokumentiert den Zustand vor Beginn der Restaurierungsarbeiten durch die Gemeinschaftsexpedition EES/Leiden und die ägyptische Altertümerverwaltung.

In der Opferkammer hätten die periodischen Kult- und Opferhandlungen für den Grabherrn stattgefunden, wenn er in der darunterliegenden Grabkammer beigesetzt worden wäre. Wie die Dinge lagen, müssen Kulthandlungen für seine erste Frau stattgefunden haben und zweifelsohne auch für seine zweite Frau, Königin

Abb. 57 Sitzende Doppelstatue von Haremheb und seiner ersten Frau. Der Bildhauer ließ die Dyade teilweise unfertig, weil die Inschrift auf Haremhebs Rock und Einzelheiten der Locken von der Perücke seiner Frau noch auf ihre Ausführung warteten, als das Grab wegen Haremhebs Thronbesteigung aufgegeben wurde.

Abb. 59 In der Südwestecke des inneren Hofes des Grabes erbaute Statuennische, in der ursprünglich eine Statue Haremhebs und seiner ersten Frau aufgestellt gewesen ist. Im Vordergrund eine abgesenkte Fläche, ein Regenauffangbecken, das zum Sammeln und Abführen von Regenwasser nach Stürmen oder Wolkenbrüchen diente.

Mut-Nedjemet, die ebenfalls hier beigesetzt worden ist. Als wir die Opferkammer fanden, war sie praktisch zerstört, nur ein paar Relieffragmente und Texte waren *in situ* übriggeblieben. Ein schöner Block (von dem sich inzwischen herausgestellt hat, daß er an einen anderen angrenzt, der seit den ersten Jahrzehnten des letzten Jahrhunderts in Bologna aufbewahrt wird) gehörte sicher zum Dekorationsprogramm, anscheinend der Westwand. Die zusammengefügten Reliefs zeigen Haremheb *Abb. 60* beim Pflügen und Säen und Abernten der Felder des ›Iaru‹; so nennen die Ägypter die Bezirke der Unterwelt. Dies war der glückselige Aufenthaltsort der ›Seligen Toten‹, wo die Halme zu ungeheuren Höhen heranwuchsen: ein veritables Paradies. Die verschiedenen Bezirke der Unterwelt wurden von Genien bewacht, von denen einige in den hier besprochenen Reliefs vom Grabherrn verehrt werden [oberste, nur halb sichtbare Reihe von *Abb. 60*, ergänzt durch den *in situ* befindlichen, aber hier nicht abgebildeten Block]. In diesem Fall ist die Uräusschlange an seiner Stirn hinzugefügt worden, um seine Thronbesteigung anzudeuten. Aller Wahrscheinlichkeit nach waren die gesamten Wände der Opferkammer mit solchen mythologischen Szenen ausgeschmückt.

Der Eingangsbereich

Am südlichen Mauer-Rücksprung des Eingangs zur Opferkammer befindet sich ein äußerst irritierendes Detail [hier nicht abgebildet]: Ein menschlicher Fuß ist dort aus einer merkwürdigen Blickrichtung dargestellt. Er könnte der Frau des Haremheb zuzuordnen sein oder einem Musiker, der neben seinem Stuhl kauert,

Abb. 60 Haremheb beim Pflügen, Ernten und Dreschen auf den Elysischen Gefilden der Unterwelt. Der Uräus wurde der Stirn angefügt, um die erfolgte Thronbesteigung sichtbar zu machen. Den Aufenthalt in den Seligen Gefilden des Jenseits stellten sich die Ägypter als idealisierte Form jenes Lebens bei landwirtschaftlicher Tätigkeit vor, das sie in ihrem Erdendasein kennengelernt hatten.

denn der Grabherr war sicher auf derselben Wand in sitzender Position und mit dem Blick hinaus in den Hof abgebildet, so als erwarte er Gäste. Ein kleines Relieffragment, das seinen Kopf (mit angefügter Uräus-Schlange) zeigt, wurde in einigen Metern Entfernung vom Grab am Ende der Grabungssaison 1988 gefunden. Auf dem *in situ* befindlichen Relief ist der allzeit getreue Sementaui/Ramose hinter ihm sichtbar, wobei der obere Teil seiner Figur durch ein Fragment aus Baltimore, USA, ergänzt wird. Auf dem gegenüberliegenden nördlichen Rücksprung des Türdurchgangs sind uns die untere Beinpartie Haremhebs und eine weibliche Figur, vermutlich seine Frau (allenfalls seine Mutter), ostwärts in den Hof hineinschreitend, erhalten, wiederum so, als wollten sie gerade Besucher empfangen. Dies betont die enge Beziehung zwischen Wohnung und Grab in der ägyptischen Gedankenwelt. Letzteres war einfach nur das ›Wohnhaus‹ für die Ewigkeit.

Die Seitenkapellen

Abb. 11, Räume C, E

Die die Opferkammer flankierenden Seitenkapellen hatten anscheinend keine Ausschmückung erfahren, es sei denn, die mit Putz geglätteten Wände waren ursprünglich mit mythologischen Szenen bemalt gewesen. Beide Kapellen waren in der Spätzeit für Bestattungen benutzt worden.

DIE UNTERIRDISCHEN ANLAGEN

Die unterirdischen Teile der Grabanlage sind keineswegs weniger interessant als die Oberbauten, obgleich sie ohne Inschriften und weitgehend undekoriert belassen worden sind. Wie schon oben erwähnt, scheint das Gelände der Nekropole des Neuen Reichs einen viel früheren Friedhof überlagert zu haben, der bis in das Pyramidenzeitalter der späten Fünften und Sechsten Dynastie zurückreicht. Im Eingangspylon des Haremheb fanden wir einige schöne Reliefs aus dieser Zeit, die sicher aus den zerstörten Mastaben des Alten Reichs stammten. Die Baubestandteile wurden von den späteren Grab-Baumeistern im ›Recycling-Verfahren‹ wiederverwertet. Die Architekten dieser späteren Grabanlagen waren ihrerseits recht schlau. Statt mühsam neue Grabschächte auszuheben, haben sie einfach die Schächte und Kammern der ursprünglichen Mastaben wiederverwendet und in manchen Fällen abgeändert. Haremhebs große Grabanlage bedeckt das Gelände von mindestens zweien solcher Gräber des Alten Reichs: Schacht I (im Ersten Hof) und Schacht IV (im Zweiten Hof), beide sind die Originalschächte der betroffenen Mastaben.

SCHACHT I UND SEINE SCHÄTZE

Schacht I, besser gesagt, die davon wegführenden Räume, enthielt eine Anzahl von Bestattungen der Neunzehnten Dynastie. Das können wir aus dem gefundenen beschrifteten Material erschließen, zu dem zwei Uschebtis oder Grabfigürchen der Prinzessin Bint-Anat (einer der Töchter Ramses' II.) gehören und ein herrlicher *Taf. 6b*

Abb. 61 Steinerner Herz-Skarabäus mit den eingravierten Namen zweier Personen. Der Skarabäus selbst ist ein hervorragendes, von Meisterhand geschnittenes Stück dieses Typs. Der Hieroglyphentext, bestehend aus einem Standardexzerpt des VI. Kapitels des Totenbuchs, ist hingegen lieblos eingraviert, was bei Grabbeigaben selbst höchster Qualitätsstufe, die in den Grabkultwerkstätten hergestellt wurden, häufig vorkam.

Herzskarabäus mit einem Text, der zwei Personen nennt. Es handelt sich dabei um reich ausgestattete Beisetzungen von einiger Bedeutung, aber wie alle Begräbnisstätten von Gewicht sind sie ausgeraubt worden. Wie durch ein Wunder haben die Räuber einen Ohrring aus Gold mit einem einzigartigen Entwurf übersehen, der einen ägyptischen König als Sphinx aufweist, das Ganze in Granuliertechnik verziert. Es fehlen die perlenförmigen Gehänge, die früher einmal dazugehört haben. Aller Wahrscheinlichkeit nach ist es das Werk eines Goldschmieds eher der Späten Achtzehnten als der Neunzehnten Dynastie und nicht notwendigerweise eines Ägypters. Abgesehen von den großartigen Schmuckfunden aus dem Grab des Tutanchamun bietet dieses Stück uns eines der schönsten Ohrgehänge aus der Zeit gerade dieses Pharaos. Es ist gut möglich, daß es als ein gehütetes Erbstück der Prinzessin *Abb. 61* *Taf. 6c*

Bint-Anat oder einer anderen in dieser Grabkammer beigesetzten Toten im Schacht I des Haremheb-Grabes hinterlegt worden ist.

Es wäre keineswegs überraschend, wenn kostbare Juwelen von Generation zu Generation weitergereicht worden wären, aber kann man sich das auch für zerbrechliche Töpferware vorstellen? In den Kammern von Schacht I fanden wir durchaus eine Menge von Topfscherben, viele aus der Neunzehnten Dynastie oder manchmal sogar von einer koptischen Machart (letztere belegen, daß der Schacht in christlicher Zeit betreten worden ist, als das Grab insgesamt von den Mönchen des benachbarten Klosters in Besitz genommen worden war). Fremde, importierte Töpferware hat sich auch hier gefunden, und die hat eine aufregende Geschichte zu erzählen.

IMPORTKERAMIK: IHR WERT FÜR DIE ANTIKE CHRONOLOGIE

Eine meiner verschiedenen Zielvorgaben bei meiner Planung der Arbeit an der Nekropole von Saqqara im Neuen Reich war die Untersuchung ägyptischer Verbindungen zum Ausland gewesen. Wie wir gesehen haben, sind die Reliefs des Grabes von Haremheb in dieser Richtung aufschlußreich, aber selbst schlichte Topfscherben spielen dabei eine entscheidende Rolle. Ägyptische Chronologie liefert einen gewissen Grundrahmen für die Chronologie eines großen Teils der antiken Welt des Nahen Ostens. Fremdländische Keramik, gefunden in abgeschlossenem ägyptischem Kontext oder einem in engen Grenzen datierbaren ägyptischen Zusammenhang (gewöhnlich Gräbern), kann ihrerseits durch Rückbeziehung auf die ägyptischen Fundstätten datiert werden. Damit können Objekte wiederum Fundlagen in nahöstlichen Grabungsplätzen datieren. Der Prozeß der Gewinnung einer Chronologie war lang und mühsam, und das letzte Wort ist in dieser Hinsicht noch keineswegs gesprochen. Im Schacht I des Haremheb-Grabes wurden Fragmente mykenischer bemalter Töpferware gefunden (die heute zu drei Gefäßen wieder zusammengefügt sind). Anhand der damit vermengten ägyptischen Objekte müßte man diese Töpfe in die Ramessidenzeit verweisen, aber einige der Ägäis-Spezialisten möchten sie der Zeit des Echnaton zuweisen, also etwa einhundert Jahre früher. Das Problem ist noch nicht gelöst, wir hoffen aber – und das erfüllt sich gerade –, daß wir weiter ausländische Keramik in der memphitischen Nekropole finden, und zwar nicht nur in dem Oberflächenschutt, wo es keinen Fundzusammenhang mehr gibt (wo aber die meisten Scherben bis jetzt gefunden worden sind), sondern in Grabkammern, deren Inhalte genau datiert werden können. Das ist nur eine von vielen Forschungsmöglichkeiten, wie sie sich auf unserem Grabungsgelände ergeben.

SPÄTERE BESTATTUNGEN IN SCHACHT II UND SCHACHT III

Diese beiden Schächte befinden sich beiderseits der Opferkammer. In ihnen fanden wir keinerlei Spuren von Bestattungen aus der Zeit des Haremheb. Vielleicht waren sie ›in Reserve‹ gehalten worden für Mitglieder seiner Familie oder seines Gefolges. Wie fast alle Grabkammern, die wir im Verlauf dieser Jahre in unserem Areal untersucht haben, sind diese in der Spätzeit und vermutlich auch in der Ptolemäerzeit betreten worden; es ist sogar möglich, daß sie überhaupt erst in der Spätzeit eingehauen worden sind. Unsere Untersuchungen während des letzten Jahrzehnts haben nachgewiesen, daß die Oberbauten der größeren Gräber, besonders Majas Grab, mit Schächten der Sechsundzwanzigsten und noch späterer Dynastien ›unterminiert‹ worden waren. In dieser Zeit begannen ›Eindringlinge‹ aus den untersten Volksschichten von Memphis ihre Toten dort zur Ruhe zu legen.

Plan
Abb. 11

SCHACHT IV: DIE FÜR HAREMHEB VORGESEHENE GRABSTÄTTE

Dieser Schacht ist im innersten Hof der Grabanlage gelegen, und die Grabkammern im anstehenden Stein darunter waren darauf ausgerichtet, die sterblichen Überreste Haremhebs und seiner ersten Frau, vermutlich der Dame Amenia, aufzunehmen. Ihren Namen hatten wir auf einer Säule im darüberliegenden Hof eingemeißelt gefunden. Als Haremheb dann schließlich Pharao mit einer Grabstätte in Theben wurde, wurde der unterirdische Anlagenkomplex von Saqqara als Begräbnisort für seine zweite Frau Mut-Nedjemet übernommen, die zumindest die ersten dreizehn Jahre seiner Regentschaft seine Gemahlin und Königin von Ägypten gewesen war. Sie starb, ohne einen Thronerben geboren zu haben.

Der Architekt der memphitischen Grabanlage mußte sich sofort mit dem Problem auseinandersetzen, wie er die unterirdischen Teile des Bauwerks innerhalb der Abgrenzungen der Oberbauten so, wie sie im Wüstengelände abgesteckt waren, beibehalten konnte. Hätte er seinen Bauarbeitern gestattet, die Grabkammern außerhalb dieser Begrenzungen auszuhauen, dann hätte er riskiert, damit die unterirdischen Anlagen eines angrenzenden Grabs anzustechen, obgleich Haremhebs Grab anfangs noch relativ einsam in dieser Wüste gelegen sein mochte. Andersherum bestand für die Unterbauten Haremhebs die Gefahr, daß man versehentlich in sie eindrang, wenn eine weitere Grabanlage in der Nachbarschaft angegangen wurde. So etwas war nur eine Zeitfrage, sobald Platz kostbar wurde. Der Architekt löste dieses Problem, indem er den Bau, vom Ergebnis her gesehen (wenn auch natürlich nicht absichtlich), sich ›wie einen Korkenzieher‹ bis auf die erforderliche Tiefe von 28 Metern hinunter winden ließ. Er erreichte sein Ziel durch eine Kette von Schächten, Korridoren und Stufen. Der Hauptschacht selbst steigt bis zu einer Tiefe von über 10 Metern hinab, dort öffnet sich ein hoher Gang nach Süden. Als wir ihn 1977 betraten, fanden wir, daß ein großer Teil der steinernen Türversperrung, die nach der Beisetzung (wohl von Mut-Nedjemet) angebracht worden war, sich noch an ihrem Platz befand. Nachdem die Totenpriester die Mumie samt ihrer Ausstattung in Position gebracht und die letzten Riten vollzogen hatten, füllten die mit der Versiegelung des Zugangs betrauten Maurer den Gang bis zur Deckenhöhe lose mit Kalksteinblöcken und verputzten die Außenfläche mit einem Wandbewurf, ehe sie den Schacht bis ins Freie hochstiegen. Dann oblag es den Beamten der Nekropole, ihrerseits hinunterzusteigen und den ordnungsgemäßen Verschluß zu überprüfen. Das geschah, solange der Bewurf über dem verschlossenen Eingang noch feucht war, denn wir fanden auf dem Verputz zahlreiche ihrer charakteristischen Siegelabdrücke. Dieses Siegel, von dem ein Gegenstück benutzt worden war, um das Grab Tutanchamuns sowie weitere königliche und private Gräber des Neuen Reichs zu versiegeln, zeigte den Schakalgott Anubis, den Friedhofswächter, wie er auf den gebundenen Leibern der neun traditionellen Feinde Ägyptens liegt. Die Mumie von Haremhebs erster Frau war einige Jahre früher in diesem Bereich beigesetzt worden, aber es besteht für uns keine Möglichkeit, sicher festzustellen, ob man die Versperrung des Ganges bei dieser Gelegenheit erstmals versiegelt hatte und der Verschluß dann vorübergehend für die Bestattung von Mut-Nedjemet entfernt worden war.

Diese Barriere hatte natürlich antike Diebe am Eindringen nicht gehindert. Sie leerten den Schacht und machten ein kleines Loch ganz oben an der Sperre, gerade groß genug, um sich hindurchzuzwängen. Dann war es nur noch eine Zeitfrage, bis sie – genauso wie in der Folge auch wir – den Weg zur Grabkammer der Amenia und letztlich zur Begräbnisstätte der Königin fanden. Auf diesem Weg kamen sie an mit Steinen und Schotter versperrten Gängen vorbei. Das Material mußte teilweise entfernt und unterirdisch wieder verteilt werden, um den Zugang zu erleichtern. Für die Aktivitäten der Plünderer fanden wir reichlich Belege.

Waren die Mumien einmal geortet, brach man diese an Ort und Stelle auf, griff sich, was in dem unterirdischen Glimmerlicht der Grabkammern zu erwischen war, und eilte hin und her zum vergleichsweise helleren Licht des Schachtes, um den Raub daraufhin zu begutachten, was sich zu behalten lohne. Sicher hat man vorrangig nach wertvollen Metallen und Ölen Ausschau gehalten sowie nach allem, was sich verkaufen ließ, wiederverwendet werden oder gewinnbringend umgearbeitet werden konnte. Die Räuber hatten kein Interesse an Objekten wie Uschebtis, Statuen, Kanopenkrügen, Keramik oder reinen Amulettfigürchen aus einfachen Materialien. Das ist der Typus von Gegenständen, die wir selbst immer in den unterirdischen Räumlichkeiten der Gräber oder im Schutt der oberirdischen Höfe verstreut finden. Die Grabkammern großer und wichtiger Gräber sind ohne Zweifel immer wieder betreten und durchgekämmt worden; das muß nach der ersten reichen Ernte nur noch eine Art Nachlese gewesen sein.

Da wir ja in den Fußstapfen der antiken Räuber nachfolgten, wissen wir nur zu gut, wie langwierig und schwierig es ist, unterirdisch bis zu den Grabkammern vorzudringen. In der Antike muß das doppelt so schwer gewesen sein, als man die Steine der Hofbepflasterung entfernen mußte, um die Schachtränder zu finden. Letztere lagen oft sehr tief und mußten ihrerseits von dichtgepacktem Schotter befreit werden. Dann mußten weitere Schächte und Gänge voller Steine und Steinblöcke bewältigt werden, und das alles ohne geeignetes Licht. Man kann sich kaum vorstellen, wie diese ganze Arbeit schnell und in vollständiger Heimlichkeit hat ausgeführt werden können, zumal da auch eine ganze Anzahl von Männern und Knaben an der Prozedur beteiligt gewesen sein müssen. Wenn man noch davon ausgeht, daß einige wertvolle Stücke vielleicht bereits während des Begräbnisrituals gestohlen worden sind (obgleich während der Anwesenheit und unter den aufmerksamen Augen von Verwandten und Beamten solche Objekte nicht groß gewesen sein können), müssen wir dennoch annehmen, daß die Grabkammern der Gräber von Saqqara und anderwärts in Ägypten unangetastet blieben, solange die Zentralregierung – und damit die Nekropolenverwaltung – stark und wachsam war. Wir wissen, daß dies für lange Perioden der ägyptischen Geschichte Gültigkeit hatte, aber es war unvermeidlich, daß irgendwann die Wächter nachlässig wurden und die Verwaltung zusammenbrach. Das gilt besonders für die drei sogenannten Zwischenzeiten (ca. 2181–2040, ca. 1782–1570 und 1069–712 v. Chr.) und auch für die späte Ramessidenzeit (ca. 1185–1070 v. Chr.), als die meisten Königsgräber im Tal der Könige und im Tal der Königinnen in Theben aufgebrochen und ausgeraubt wurden.

Angesichts der Schwierigkeiten, denen sich potentielle Grabräuber gegenübersahen, wie wir das oben skizziert haben, fragt man sich, ob einige der Raubzüge in den großen Privatgräbern obrigkeitlichen Segen hatten. Während der Zeiten wirtschaftlichen Niedergangs und von Bürgerunruhen war das Hauptproblem einer zentralen Verwaltung der Mangel an Gold. Die gigantischen Friedhöfe, um nicht von den Königsgräbern zu reden, waren quasi fertig hergerichtete Goldminen. Dort konnte man sich an riesigen Mengen edler Metalle und anderer Materialien einfach nur so bedienen. Wie und durch wen auch immer diese planmäßige Ausraubung geschah, sie bewirkte jedenfalls, daß Edelmetall, das in manchen Fällen Hunderte von Jahren ungenutzt dagelegen hatte, wieder dem Wirtschaftskreislauf zugeführt wurde.

Folgen wir also den Fußstapfen der ersten Grabräuber im unterirdischen Komplex der Anlage von Haremheb, wobei wir mit dem verschlossenen Gang von Schacht IV beginnen wollen, der weiter oben beschrieben worden ist.

Die unterirdischen Räume

Beinahe sofort gelangen wir in einen großen, nur grob ausgehauenen Vorraum, der kaum mehr ist als eine Höhle. In der äußersten rechten Ecke senkt sich ein zweiter, heute leerer Schacht etwa 6 Meter in die Tiefe hinunter, an dessen Boden wir einen Türeingang erkennen konnten. Wir haben schließlich eine Holzleiter fest angebracht, und nachdem wir den Schacht hinuntergestiegen waren, stießen wir auf einen Gang. Der Eingang, den wir von oben gesehen hatten, war einmal blockiert und versiegelt gewesen. Eine winzige Spur einer Kartusche im Verputz oberhalb des Türsturzes kann möglicherweise als einer der Namen des Königs Eje, des Nachfolgers von Tutanchamun, gedeutet werden. Da Eje nur vier Jahre regiert hat (ca. 1325–1321 v. Chr.), ist das Datum der Bestattung am Ende des Ganges auf diesen kurzen Zeitraum fixiert. Dabei handelt es sich fast sicher um das Begräbnis der ersten Frau des Haremheb. Der zu ihrer Kammer führende Gang wurde nach der Beisetzung aufgefüllt, aber die Räuber hatten die Steine auf eine Seite geworfen, waren direkt in die Kammer eingedrungen, hatten die wertvollen Objekte entfernt und die Mumie durchsucht. Wir fanden nur einige zerbrochene Schälchen aus Ton, auf denen der Name Haremhebs als Königlicher Schreiber verzeichnet war, und einige Fragmente von Uschebti-Figürchen. Ohne Zweifel gehörten diese der Amenia, aber die Texte darauf sind sehr stark verblaßt und praktisch unleserlich; der Name scheint sich jedenfalls nicht darauf zu befinden. Der Sarg war in eine sorgfältig ausgeschnittene Grube hineingesenkt worden. Der Sarg selbst und weitere Gegenstände in diesem Raum waren aus Holz gefertigt. Die Feuchtigkeit hatte das von den Räubern Zurückgelassene über die Jahrtausende dem Zerfall anheimgegeben, und wir fanden überall an den Wänden, auf dem Boden und im Schotter einen bräunlichen Film von verrottetem Bauholz. Flecken in der Grabgrube belegten, daß im Verlauf der Beisetzung vom Opferpriester die Ingredienzien einer kultischen Salbung über ein Ende des Sarges ausgegossen worden waren.

In architektonischer Hinsicht bot die Kammer eine große Überraschung. Bevor wir zu ihr durchgedrungen waren, hatten wir keine Ahnung gehabt, was uns erwartete, da kein bedeutendes Grab des Neuen Reichs in der Nekropole von Memphis je voll ausgegraben worden ist. Aufgrund thebanischer Vorläufer war zu erwarten, daß die Grabkammer kaum mehr sein würde als eine unterirdische Höhle mit Wänden, Fußboden und Decke in einfacher Bearbeitung oder Glättung und vielleicht mit einem Minimum an Ausschmückung. Amenias Kammer ist dagegen ein gutes Stück ausgefeilter. Die Decke trägt ein Tonnengewölbe mit längs verlaufenden Streifen einer gemalten Dekoration. An jeder Schmalseite befindet sich eine in den Felsen hineingehauene Scheintür. Durch diese konnte der Geist der Verstorbenen heraustreten, um in die oberen Teile des Grabes hinaufzusteigen, damit er dort die Totenopfer empfangen konnte, die ihr Gemahl Haremheb, ihre Familienangehörigen oder die Totenpriester bereitstellten. Als völlig unerwartete Entdeckung erwies sich – aus dem Fels herausgeschlagen – ein Bord oder Tisch. Dieser befindet sich auf der westlichen Seite der Sarggrube und wird abgestützt durch Beine in Form stummelhafter Säulen mit einer ungewöhnlichen wellenförmigen Dekoration. Die der Grube zugewandte Vorderansicht des Tisches war mit einer hohlförmigen Wölbung oder Hohlkehle versehen worden, wie ein Schrein oder Tempel. Auf dem Tisch ist, dem nördlichen Ende zu, ein kleines Bassin für die Trankopfer in die Oberfläche eingelassen. Insgesamt waren die Entdeckungen in der Grabkammer faszinierend und bisher einzigartig in der ägyptischen Grab-Archäologie. Wenn diese Art ausgearbeiteter Anlage für die Ehefrau bereitgestellt war, wie muß dann erst der vom Architekten für den großen Oberbefehlshaber Haremheb selbst vorgesehene Grabkomplex angelegt worden sein?

HAREMHEBS GRABANLAGE ALS GESAMTKOMPLEX

Beim Herabsteigen durch den Schacht, der zu Amenias Gang führt, hatten wir bereits eine Öffnung hoch oben in der Wand an der Nordseite dieses Schachtes bemerkt. Wie zu erwarten war, fanden wir in der Folge, daß dies der Eingang war, der letztendlich über noch einen weiteren Gang, einen dritten Schacht, einen Komplex von Räumen, Treppen, Durchgängen und eine Pfeilerhalle zu jenem Teil der Grabanlage führte, der entworfen worden war, um Haremhebs sterbliche Überreste aufzunehmen. Wir haben bereits erwähnt, daß er niemals dort begraben worden ist, und wollen jetzt diesen Teil der unterirdischen Anlagen von Saqqara untersuchen.

Der dritte Schacht, angefüllt mit schweren Steinblöcken, führte über ein kurzes Zwischenstück in einen großen Raum hinein, der, wie Amenias Grabkammer, im Norden und Süden mit Scheintüren ausgestattet war. Vielleicht hatte man dieses Gemach ursprünglich als Grabstätte für Haremheb geplant. Sollte das so gewesen sein, dann hat man diesen Plan aufgegeben, und die unterirdische Anlage wurde statt dessen so sehr ausgedehnt, daß sie zu einem unterirdischen Grabkomplex von fast königlichen Ausmaßen wurde. Vielleicht hat man den Bauplan geändert, als Haremheb Regent für Tutanchamun wurde. Als zusätzliche Verschönerung wurden die Wände der gerade beschriebenen Kammer mit schmalen längsgestreckten und rückspringenden Paneelen strukturiert, die der sogenannten ›Palastfassade‹ entsprechen, wie sie für die archaische Zeit und insbesondere das Alte Reich charakteristisch ist. Die ›Palastfassade‹ war auch auf die Außenwände der Sarkophage gemeißelt. Im vorliegenden Raum bewirkt dies den Gesamteffekt, daß die Kammer selbst zu einem gigantischen Sarkophag wird, ein angemessener Eindruck, wenn sie ursprünglich für Haremhebs Begräbnis vorgesehen gewesen wäre.

Abb. 62 rechts

Abb. 62 Unterirdischer Teil des Haremheb-Grabes, von Schacht IV abgehende Kammer II. Die angedeuteten senkrechten Vor- und Rücksprünge als dekoratives Element erinnern an die Dekoration auf Sarkophagen des Alten Reichs und imitieren Strukturen einer ›Palastfassade‹. An Nord- und Südseite befinden sich Scheintüren mit Spuren linearer dekorativer Bemalung.

Ein Türdurchlaß und Stufen in der Nordost-Ecke dieses Raumes führen zu einer weiteren Kammer mit großen, aber flachen Laibungen auf jeder Seite, ursprünglich mit Steinen versperrt, von denen einige noch an ihrem Platz sind. Solche Nischen dienten in Königsgräbern dazu, eine amulettartige Figur zu beherbergen, deren Aufgabe darin bestand, alle möglichen Gefahren für die Mumie, die etwas tiefer im Inneren des Grabes bestattet war, abzuwehren. Hier dienten sie offensichtlich dem gleichen Zweck, obgleich wir keine Spuren solcher Figürchen fanden.

Der Durchgang am Ende des Gemachs besitzt ein ausgearbeitetes Tympanon, eine oval abschließende Tafel über dem Türsturz, eingeschnitten in den weichen, blättrig geschichteten Fels. Diese Tür war einstmals mit Steinen blockiert. Von dort wandern wir durch eine kurze Passage in eine Halle, deren Decke durch vier gedrungene Pfeiler abgestützt ist. Als wir sie zum ersten Mal betraten, erstickte sie fast an den Splittern, die noch von der ursprünglichen Prozedur des Herausschlagens der unterirdischen Räume stammten. Diese Splitter waren von den Arbeitern beiseite geräumt worden und hatten in der Folgezeit dazu gedient, die Zugangskorridore zu versperren. Und dann hatten die späteren Räuber sie wieder zurückbefördert. Diesem Schutt waren große Mengen an Holzkohle untermischt. Wir haben sorgfältig jedes Schnipsel davon gesammelt. Das Gesamtgewicht belief sich auf $5^1/_2$ Kilo. Natürlich ist die Holzkohle nicht zufällig dahingelangt. Wir befinden uns auf dieser Ebene ungefähr 21 Meter unter der Oberfläche. Als wahrscheinliche Erklärung dient, daß diese den Arbeitern, die die Räume aus dem anstehenden Stein herausschlagen mußten, ausgehändigt worden ist. Holzkohle findet Erwähnung als etwas, das an die Baumeister verteilt wurde, die die Gänge in einem der thebanischen Königsgräber heraussschlagen mußten, aber es bestehen noch beträchtliche Zweifel, wofür diese Holzkohle bei der Gelegenheit hatte dienen sollen. Eine Vermutung geht dahin, daß sie vielleicht verbrannt worden ist, um den Fels zu sprengen und die Untertunnelung zu erleichtern, dies allerdings, wegen der Rauchgasentwicklung, unter Gefahr für die Arbeiter. Im Tal der Könige könnte Holzkohle so verwendet worden sein, aber der Fels in Saqqara ist sehr viel leichter mit Hilfe gewöhnlicher Meißel zu entfernen. Einige Lagen sind so weich, daß der Stein mit den Fingern weggebrochen werden kann. Auch kann die Holzkohle nicht als Wärmequelle für die Arbeiter in den unterirdischen Gemächern des Haremheb gedient haben. Wie der Autor dieses Buches nur zu gut weiß, beträgt die Temperatur in dieser Tiefe ziemlich gleichmäßig 27 Grad Celsius, und die Luft ist feucht. Vielleicht wurde die Holzkohle in irgendeiner Weise zu Beleuchtungszwecken oder im Zusammenhang mit den Bestattungsriten während der Beisetzung der Mumie verwendet.

Die Pfeilerhalle erwies sich nach der vollständigen Freiräumung von allem angesammelten Schutt als eine eindrucksvolle Kammer, für die es im Bereich der Privatgräber der memphitischen Nekropole keine Vorläufer gibt. Aber selbst so war sie noch immer nicht der letzte Raum des unterirdischen Baues, weil die als eigentliche Grabstätte vorgesehene Kammer noch hinter der Pfeilerhalle hätte angelegt werden sollen. Die Arbeiter waren noch dabei, den Türeingang dafür zu schneiden, als – vielleicht bei der Thronbesteigung – der Befehl kam, die Werkzeuge aus der Hand zu legen. Die Diorit-Hämmer der Bauleute, von diesen dazu verwendet, den Fels brüchig zu klopfen, damit er sich leichter mit dem Meißel entfernen ließ, wurden auf den Boden geworfen, wo wir sie um die dreieinhalbtausend Jahre später entlang der geplanten Tür herumliegend fanden.

Zu der Zeit, als Haremheb den Thron bestieg, nach dem Tod seines ehemaligen Armeekameraden Eje, etwa um 1321 v. Chr., war sein mächtiges Grab in Memphis praktisch fertiggestellt. Eine Kammer daraus enthielt bereits die Mumie seiner ersten Frau. Einige Historiker glauben, daß Haremheb seine zweite Frau Mut-Nedjemet geheiratet hat, um seine Thronfolge zu legitimieren; danach soll sie eine Schwester von Königin Nofretete gewesen sein. Es gibt keine Belege für derartige Behauptungen. Der Name Mut-Nedjemet ist in der späten Achtzehnten Dynastie nicht gerade selten, und selbst wenn sie die Schwester der Nofretete gewesen wäre, hätte die Heirat mit Haremheb sich nicht dahingehend ausgewirkt, Haremheb zu legitimieren oder seine Kandidatur zu festigen, da Mut-Nedjemet (sie ist in den Privatgräbern von Amarna abgebildet) ihrerseits nicht von königlichem Geblüt gewesen ist. Unabhängig von der Frage nach ihren Vorfahren kann Mut-Nedjemet jedenfalls Haremheb durchaus schon einige Zeit vor seiner Erhebung zum Pharao geheiratet haben.

In seinem Endzustand gestaltet wie ein Tempel *en miniature* und mit seinen herrlichen Reliefs in ihrem ursprünglichen Zustand, muß das memphitische Grab eines der schönsten Privatgräber seiner Zeit gewesen sein. Was wäre also, als die Königin Mut-Nedjemet starb, natürlicher gewesen, als sie in jenem Grab beizusetzen, das für ihren Gatten vorbereitet worden war, als er der oberste Beamte Ägyptens unter Tutanchamun gewesen ist? Natürlich war das memphitische Grab des Haremheb kein Königsgrab, weder seinem Entwurf noch seiner Absicht nach, aber seine unterirdischen Anlagen waren ganz sicher wesentlich üppiger als die irgendeines sonstigen Grabes für eine Königsgemahlin der Achtzehnten Dynastie. Haremheb scheint daher entschlossen gewesen zu sein, ihre Grabstätte in Saqqara einzurichten; sein memphitisches Grab kann möglicherweise sogar in Sichtweite seines Königspalastes unten in Memphis gelegen sein.

MUT-NEDJEMETS BEGRÄBNISSTÄTTE

Da die Räumlichkeiten, die von der Pfeilerhalle wegführten, noch nicht einmal angefangen worden waren, senkte man einen Schacht zwischen zweien der Pfeiler herab und trieb eine sehr grobe und gänzlich undekorierte Kammer aus dem Stein. Es hätte hier reichlich Platz für einen Sarkophag gegeben samt dem üblichen Mobiliar und der Einrichtung für das Begräbnis einer Königin. Größere Gegenstände hätte man in der Halle darüber aufstellen können. Alles, was wir fanden, waren große Mengen von zerbrochenen Amphoren und Vorratsgefäßen aus Ton, die wohl Nahrung und Wein für Mut-Nedjemet während der Dauer ihres Verweilens in der Unterwelt enthalten haben. Diese Tonscherben erzählen, wie wir noch sehen werden, Geschichten.

Wir hatten bereits nahe dem Boden des Hauptschachtes, der zu den von uns oben beschriebenen Räumen führt, ein Fragment einer Alabastervase gefunden, das mit einem Totentext für die Sängerin des Amun und Frau des Königs Mut-Nedjemet beschrieben ist, dazu noch Teile einer Statuette von ihr. Dadurch waren wir schon aufmerksam gemacht worden auf die Möglichkeit, daß Mut-Nedjemet, obgleich sie eine Königin gewesen ist, einstmals hier bestattet worden sein könnte. Insbesondere konnte die Totenvase, da sie mit ihren Titeln und ihrem Namen versehen war, schwerlich für die Beisetzung einer anderen Person verwendet worden sein. Ein weiterer Beleg dafür, daß Mut-Nedjemet im Gelände von Memphis begraben worden ist, kommt uns von einem ihrer Kanopenkrüge, der sich heute im British Museum befindet und dem eine Herkunft aus Memphis zugeschrieben wird. Es ist geradezu bezeichnend, daß der Händler, der Angaben zur Provenienz gemacht hat, obgleich man zu der Zeit von dort noch kein königliches Grab aus dem Neuen Reich kannte, von Memphis redete und nicht vom Tal der Könige (oder Königinnen) in Theben, was verständlicher gewesen wäre.

Kehren wir für einen Augenblick zu der Pfeilerhalle zurück. Bei den Ausräumungsarbeiten tauchten zerbrochene menschliche Knochenteile rund um den Rand des zur Grabkammer hinunterführenden Schachtes auf. Ich habe diese heikle Arbeit einmal nicht den Händen unserer geübten Arbeiter überlassen, sondern jedes auch noch so winzige Fragment selbst gesammelt, denn dieses Material konnte vielleicht wichtig werden. Eine genaue, qualifizierte Analyse ergab in der Folge, daß die Knochen sich zu Teilen eines Schädels und anderen Partien eines Körpers inklusive Beckenbereich einer erwachsenen Frau, die mehrmals geboren hatte, zusammenfügen ließen. Diese hatte außerdem alle ihre Zähne in einem frühen Lebensabschnitt verloren und hatte deshalb während eines Großteils ihres Lebens nur weiche Speisen essen können. Sie war in der Mitte ihres vierten Lebensjahrzehnts gestorben, vielleicht im Kindbett, denn bei ihren Knochen befanden sich auch diejenigen eines Fötus oder Neugeborenen.

Die Grabräuber hatten offensichtlich die zwei Mumien, Mutter und Kind, von unten aus der Grabkammer heraufgezerrt und sie dann oben in der Pfeilerhalle geöffnet. Weitere Raubzüge aus einer späteren Zeit müssen dann einige der Knochen verstreut haben. Wenn man die Wahrscheinlichkeiten abwägt und das Zeugnis der für Mut-Nedjemet beschrifteten Objekte mit in Erwägung zieht, scheinen die Teile des erwachsenen Skeletts jene der Königin selbst gewesen zu sein, und sie wäre dann bei dem Versuch gestorben, ihrem Gemahl und Pharao einen Thronerben zu schenken.

Als wir die Scherben in der eigentlichen Grabkammer sortierten, fanden wir *Abb. 63* zwei Tonscherben von einer Weinamphore, die Etikettierungen in Tintenschrift aufwiesen. Auf beiden befand sich der Name Haremhebs, einmal mit seinem Thronnamen, einmal mit seinem Geburtsnamen. Der Thronname war einer jener fünf Namen, die der Pharao bei seiner Thronbesteigung annahm. Sein Geburtsname war ein weiterer davon, zugleich derjenige, mit dem er vor der Übernahme der göttlichen Königswürde üblicherweise gerufen worden war. Der Text des ersteren, also des Belegs mit dem Thronnamen, ist etwas länger, und in mancherlei Hinsicht stellt er das wichtigere Dokument dar. Denn er liefert uns den wahrscheinlichen Zeitpunkt des Todes von Mut-Nedjemet und ebenso das späteste gesicherte Jahr ihres Gemahls als König. Die Inschrift lautet: »Jahr 13 [1309 v. Chr.] im dritten Monat der Überschwemmungszeit. Wein sehr guter Qualität aus dem Weingarten des Landgu-

Abb. 63 Hieratischer Text in Tinte auf einer Amphore aus der Hauptgrabkammer des Haremheb-Grabes. Die Inschrift datiert aus dem Jahr 13 des Pharaos Haremheb und kennzeichnet den Inhalt des Gefäßes als ›Wein bester Qualitätsstufe‹. Der Name des Winzers und die Ortslage, in der die Trauben gewachsen sind, werden in diesem wichtigen Dokument auch mitgeteilt.

tes von Djesercheperure [Haremheb], geliebt von Amun – Leben, Wohlstand, Gesundheit! – im Hause des Amun«. Das Etikett nennt auch, wie üblich, den Namen des Winzers und den Bezirk, in dem die Trauben gewachsen sind. So hat uns das fast allerletzte der im Grab des Haremheb aufgelesenen und geborgenen Stücke mit neuem historischen Material versorgt, ein gutes Omen für die Zukunft, in der wir noch andere große und wichtige Beamtengräber der memphitischen Nekropole aus der Zeit des Tutanchamun und seiner Nachfolger freizulegen hofften.

Das Grab von Tia und Tia: Ein königliches Bauwerk der Ramessidenzeit

Haremhebs Tod im Jahr 1293 v. Chr. führte zu einer Thronvakanz. Er hatte, da er keinen eigenen leiblichen Nachfolger besaß, noch selbst einen alten Armeekameraden, Paramessu, zum Nachfolger bestimmt. Dieser bestieg den Thron als Ramses I., der zum Gründungsvater einer neuen Dynastie, jener der Ramessiden, wurde.

Die Regierungszeit des neuen Pharao war kurz – nur eineinhalb Jahre. Sein Sohn und Nachfolger war Sethos I., ein Kriegskönig. Eine von dessen Aufgaben bestand in der Konsolidierung der ägyptischen Grenzen und der Stärkung von Ägyptens Macht über seine Satellitenstaaten im westlichen asiatischen Raum und im Süden. Offensichtlich hatte er damit Erfolg. Er konnte bei seinem Tod 1278 v. Chr. seinem Sohn Ramses II. einen ungeheuer mächtigen und wohlhabenden Staat übergeben. Auch die Künste blühten in seiner relativ kurzen Regierungszeit. Sein Grab im Tal der Könige stellt dort das eindrucksvollste Bauwerk dar. Sein Alabastersarg, ein Meisterstück der Bildhauerkunst, wurde im neunzehnten Jahrhundert nach London gebracht und kann dort im Museum von Sir John Soane in Lincoln's Inn Fields betrachtet werden. Der Totentempel von Sethos I. in Abydos gehört zu den großartigsten heute noch aus der Antike erhaltenen Gebäuden. Die Reliefs sind mit einer über alles Lob erhabenen Feinheit und Raffinesse geschnitzt. Wie immer bleiben die Künstler anonym, aber ich stelle mir vor, daß sie in der Regierungszeit Haremhebs und in manchen Fällen sogar noch davor ausgebildet worden sind: In dem Tempel von Abydos findet sich manches Echo der memphitischen Kunst, wie sie in den Privatgräbern von Saqqara aus dem Ende der Achtzehnten Dynastie sichtbar wird.

Ein solches Grab war das des Haremheb, aber da er Pharao wurde, blieb es von ihm unbenutzt. Jahre nach seinem Tod wurde es – unter Ramses II., dem Enkel des Paramessu-Ramses I., wie wir gesehen haben – Mittelpunkt des Totenkults für den verstorbenen und vergöttlichten Haremheb, den ideellen Vorfahren der (mit der Thronerhebung des Paramessu) neu gegründeten Ramessiden-Dynastie. Was war da natürlicher für die Prinzessin Tia, die Schwester Ramses' II. und Enkelin des Paramessu, als sich in der Wüste von Saqqara als Ort für ihr Grab einen an Haremhebs Grab angrenzenden Platz auszusuchen?

DIE PRINZESSIN UND IHR GEMAHL

Tia heiratete einen hohen Verwaltungsbeamten, der, obgleich er kein Verwandter war, merkwürdigerweise den gleichen Personennamen trug wie sie.

Unsere laufenden Ausgrabungen liefern uns Anzeichen, daß die hohen memphitischen Beamten der späten Achtzehnten Dynastie ihre Grabanlagen lieber nicht Seite an Seite anlegten, sondern es bevorzugten, zwischen den einzelnen Anlagen und rund um sie herum offene Wüstenstreifen zu belassen. Dadurch war ein gewisser Grad an ›Privatsphäre‹ gewährleistet. Diese Leerräume wurden bald während der folgenden Dynastie aufgefüllt, als der Boden im Bereich der Nekropole wieder knapp wurde. Der Architekt des Grabes von Tia und Tia fand ein nur teilweise belegtes Grundstück unmittelbar nördlich angrenzend an das Grab von Haremheb. Diese Parzelle muß von der Prinzessin und ihrem Gatten in voller Absicht ausgesucht worden sein, damit sie selbst in irgendeiner Weise mit dem großen General, dem späteren Pharao, der ihren Vorfahren zur Königswürde verholfen hatte, verbunden würden. Es ist durchaus nicht unwahrscheinlich, daß der Kult für Haremheb an seinem memphitischen Grab etwa um die gleiche Zeit installiert worden ist, als der Architekt die Grundmauern für das Grab der beiden Tias auslegte.

Bis zu dem Moment, als wir das Grab der Tias im Jahre 1982 aufdeckten, hatte man angenommen, daß alle Mitglieder der Königsfamilien im Neuen Reich (abgesehen von der Familie Echnatons) im Tal der Könige und dem Tal der Königinnen im weit entfernten Theben beigesetzt worden seien. Das Auffinden eines prestigeträchtigen, königlichen Grabes innerhalb der Nekropole von Memphis war für uns etwas überraschend, aber daß es sich dort befindet, ist ein weiteres Zeichen für die Bedeutung von Memphis im Neuen Reich.

Abb. 64, 65 Das Grab von Tia und Tia unterscheidet sich in vielerlei Weise, sowohl architektonisch als auch ikonographisch, von den Gräbern der Großen der späten Achtzehnten Dynastie, obgleich die Grundbestandteile des Entwurfs beibehalten worden sind. Es wurde durchweg Kalkstein benutzt, aber was für eine schludrige handwerkliche Leistung wird da sichtbar! Kaum eine Wand ist gerade, und es gibt selten einmal einen wirklich rechten Winkel. Der verwendete Stein war entweder von schlechter oder von fehlerhafter Qualität. Die schadhaften Zonen wurden mit Putz verschmiert, der an vielen Stellen abgefallen ist. Die Wände des Grabes sind ihrerseits nicht aus solidem Stein, sondern in der Form von Kalksteinorthostaten, also Verkleidungsblöcken, Seite an Seite in parallelen Reihen aufgestellt, und die Zwischenräume wurden mit Schotter und Splittern aufgefüllt. Alles hat sicher einige Jahre lang tipptopp ausgesehen, aber sobald einmal der Kult für die Grabeigentümer eingestellt worden war – wir wissen nicht, wann das eintrat, aber wahrscheinlich etwa innerhalb der ersten hundert Jahre nach ihrem Hinscheiden –, kamen die Grabräuber und lösten die Mehrzahl der wiederverwendbaren Steine von den Wänden. Uns haben sie ein paar fragmentarische Wände, eine relativ gut erhaltene Sei-

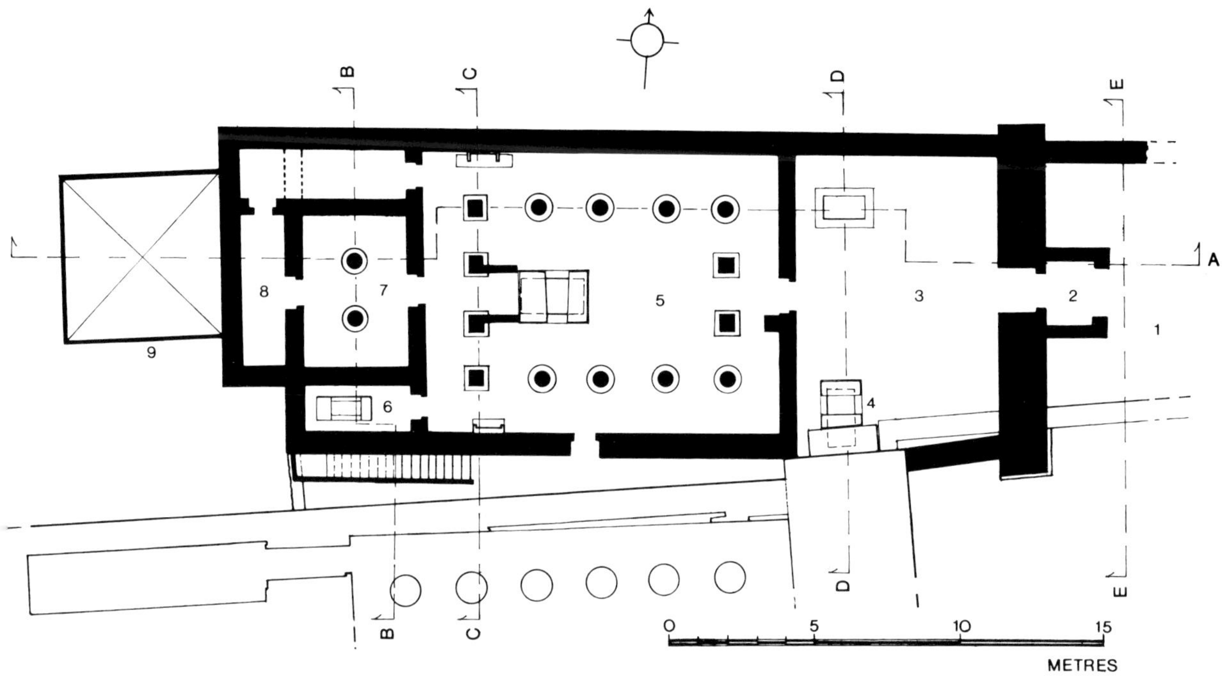

Abb. 64 Plan des Oberbaus der Grabanlage von Tia und Tia.

tenkapelle und eine ›Schein‹-Pyramide zurückgelassen. Daß letztere in einem Bauwerk des Neuen Reichs in Memphis auftauchen würde, war unerwartet.

DIE GRABARCHITEKTUR

Die Architekten des Alten Ägypten waren unentwegt am Herumexperimentieren. Wenn wir uns den individuellen Architektur-Elementen des Grabes von Tia und Tia zuwenden, erkennen wir folgendes: Ein gepflasterter Vorhof leitet durch einen kleinen Portikus, eine Art Vorhalle, zu einem massiven, pylonartigen Torbau, der zu einem offenen Hof hinführt. Ein zentraler Türdurchgang in dessen Westwand vermittelt den Zugang zu einer großen, mit Kolonnaden ausgestatteten Fläche. In deren Mitte führt ein Schacht zu den Grabkammern. Das Dach des Säulengangs dieses Hofes wurde durch eine Reihe von Säulen und Pfeilern abgestützt, letztere, wie aus dem beigefügten Plan ersichtlich, in quadratischen Segmenten gemauert. Die Westwand mit einem mittigen Türdurchlaß, der zu einem Kapellen-Vorraum mit

Abb. 65 Blick nach Westen auf die Oberbauten der Grabanlage der beiden Tias. Im Vordergrund befinden sich der äußere Hof und der Pylon in Erwartung ihrer Freilegung. Links liegt das Grab des Haremheb. In der Entfernung die tiefliegenden Umfassungsmauern der Pyramide des Sechemchet aus der Dritten Dynastie.

zwei Säulen führt, wird von zwei Seitenräumen flankiert. Der privateste Teil des Grabes ist, wie immer, der Kultraum, wo eine große Grabstele aufgestellt worden war, von der wir nur noch Fragmente gefunden haben. Der Kapellenvorraum und die Kultkapelle fügen sich in ihrer Wirkung zur Einheit eines großen Raumes zusammen, wobei vorspringende Wände an der Westseite teilweise das Allerheiligste verdecken, wo der Totenpriester während des Kults für die Grabeigentümer seines Amtes waltete. Den abschließenden Bauteil bildet dann noch eine Pyramide, deren Ostfassade an die Rückwand des Kultraumes anstößt.

Einige dieser Elemente hatten wir bereits am Grab des Haremheb wahrgenommen, und wir werden ihnen an anderer Stelle in der Nekropole wiederbegegnen, wenn wir die Grabkapellen untersuchen, die wir im Laufe der vergangenen wenigen Jahre ausgegraben haben. Einige Dinge sind jedoch neu und geradezu Neuentwicklungen. So scheint etwa die Idee eines Portikus, also eines Eingangsvorbaus, erst durch die Neunzehnte Dynastie dem architektonischen Repertoire von Memphis hinzugefügt worden zu sein. Entsprechendes fehlt im Grab des Haremheb; es gibt auch nichts Vergleichbares im Grab des Maja, auf das wir später noch zu sprechen kommen werden. Andererseits haben ägyptische Kollegen, die derzeit auf der der Wüste zugewandten Seite östlich von unserem Arbeitsgebiet wichtige Gräber des Neuen Reichs ausgraben, in den von ihnen aufgedeckten ramessidischen Bauwerken auch Eingangsvorbauten gefunden. *Plan Abb. 64 Nr. 2*

Der Portikus ist das erste, was wir am Grab von Tia und Tia wahrnehmen. Er ist weitgehend zerstört, nur der untere Teil ist stehengeblieben. Er leitet Besucher zu dem Haupttor im Pylon der Anlage, dessen Pfosten Darstellungen des Gemahls der Prinzessin tragen. Die Laibungen oder Seitenwände des Eingangs tragen überlebensgroße Figuren des Bruders der Besitzerin, also Ramses' II. Der äußere Hof dahinter ist weitestgehend zerstört. Hier befanden sich zwei private Grabkapellen. Die nördlichere ist fast total zerstört, und der Unterbau samt dem Felsen war in so fürchterlichem Zustand, daß eine Ausgrabung zu gefährlich gewesen wäre. Die Überreste der südlichen Kapelle ergeben, daß sie einem der wichtigeren Mitglieder des Gefolges von Tia und Tia gehörte, einem Schreiber und Verwalter namens Iurudef. Wir werden seine Abbildung oder namentliche Erwähnung noch an einigen Stellen im Hauptgrab finden. Das Vorhandensein zweier Privatkapellen innerhalb eines de facto königlichen Grabes bezeugt die Stellung der Besitzer. Obgleich sie nicht selbst Mitglieder der königlichen Familie waren, hatten sie über Tia und Tia wichtige Verbindungen zum Hof.

Der Schacht und die Kammern von Iurudefs Grab waren vollgestopft mit Särgen und anderem Material. So stellten sie sich als mit die ergiebigsten Fundplätze unserer Grabungen des letzten Jahrzehnts in Saqqara heraus. Wir werden sie in Kürze untersuchen.

DER INNERE HOF

Wenn man durch ein zweites, stark zerstörtes Pylontor hindurchschreitet, gelangt man in einen großen, offenen Hof, der einstmals einen Säulenumgang besessen hat. Die quadratischen Pfeiler darin sind interessant, weil auf einigen von deren Fas- *Abb. 65*

Abb. 66 saden Tia (der Gatte) dargestellt ist, wie er den *djed*-Pfeiler stützt. Nun sind zwar Darstellungen des *djed* im Kontext des Totenkults gut belegt, dennoch gibt uns das Grab der beiden Tias erstmals Beispiele von noch an ihrem ursprünglichen Platz belassenen Pfeilern, auf denen die *djeds* abgebildet sind. Die genaue Bedeutung des *djed* ist noch nicht absolut gesichert; er könnte einen zurechtgestutzten Baum darstellen (etwa einen Teil eines Palmenstammes) oder vielleicht einen gekerbten Pfahl. Der König selbst pflegte zu Ehren des Gottes Ptah ein Ritual auszuführen, das als ›Aufrichten des *djed*-Pfeilers‹ bezeichnet wurde. Auch Osiris, der Gott der Unterwelt, wurde mit diesem Fetisch in Verbindung gebracht. Beamte wie Tia haben ohne Zweifel miteinander gewetteifert um die Ehre und das Ansehen, an irgendeinem Ritual in Verbindung mit dem *djed* teilnehmen zu dürfen, insbesondere solche Leute, die im memphitischen Gau lebten und arbeiteten, in dem Ptah als die bedeutendste Gottheit galt. Dadurch daß unsere Pfeiler an ihrem ursprünglichen Platz gefunden worden sind, wurde es möglich, die Blickrichtung dieser Abbilder zu studieren, was wiederum den an religiöser Symbolik interessierten Gelehrten Gelegenheit geben wird, die richtige Ausrichtung von versprengten Museumsobjekten ohne Herkunftsangaben zu ermitteln. Wir nehmen nämlich an, daß die Ausrichtung für die antiken ägyptischen Architekten und Grabeigentümer von Bedeutung war und daß sie sie deshalb unter dem Gesichtspunkt des Totenkults und des Rituals nicht dem Zufall überlassen haben.

Fast alle Wandverkleidungen resp. dekorierten Wandoberflächen des Hofes sind verschwunden. Einige lose Blöcke fanden sich im Schutt (genauer gesagt, bereits in der Antike ordentlich auf einer Seite aufgeschichtet, um sie gegebenenfalls abtransportieren zu können). Sie gaben uns Gelegenheit, einen Teil der Nordwand zu rekonstruieren. Auf dieser ist Tia (der Ehemann) abgebildet, wie er die Göttin Isis anbetet. Die verschiedenen losen Reliefs und Hohlkehlfragmente, die wir während unserer Arbeit zutage gefördert hatten, haben in der Tat den schlüssigen Nachweis erbracht, daß das leitende Dekorationsschema in diesem Grab dessen betonte Ähnlichkeit mit einem Totentempel noch verstärkt. Da es ein königliches Grab *ist* – denn die Prinzessin Tia gehörte durch Geburt, ihr Gatte durch Heirat dem Königshaus an –, konnten wir nicht die gleiche Art ikonographischer Darstellungen erwarten wie in den Gräbern der Regierungsbeamten und Privatbürger. Die angemessene Darstellungsform für die vergöttlichte Königsfamilie war es, sie bei der Anbetung der Staatsgötter zu zeigen, und dieses Thema wird in dem memphitischen Grab der beiden Tias vorrangig behandelt.

Abb. 66 Grabeigentümer Tia erhebt den *djed*-Pfeiler, dessen oberer Teil fehlt. Im Begleittext werden seine Titel sowie diejenigen seiner Frau, eine Schwester Ramses' II., angeführt.

Ein Teil der Ostwand des Hofes ist gut erhalten; auf ihm sehen wir, wie Tia und Tia Osiris, Horus, Isis und Atum anbeten und ihnen Opfer darbringen. Der letztere ist ein alter Gott von Heliopolis. Eine Spende von sieben heiligen Ölen wird der erstgenannten Gottheit dargebracht.

Als wir den Hof 1982 räumten, fanden wir dort zwei Statuen noch an ihrem Platz: Es handelt sich um eine Triade in der Südostecke und eine Dyade gegen die Ostwand zu, nahe der Tür. Da Statuen Mittelpunkte des Totenkults waren, stellte die Entdeckung selbst keine große Besonderheit dar, denn alle wichtigen Gräber waren mit Statuen ausgestattet. Das Ungewöhnliche an diesen Exemplaren war ihr unfertiger Zustand. Der Steinmetz hatte sie kaum grob umrissen, dennoch sind seine endgültigen Absichten gesichert: Die eine Gruppe hätte sich als eine Göttertriade herausgestellt (Ptah, Sechmet und Nefertem wären in einem memphitischen Umfeld angemessen gewesen). Der andere Block sollte eine Doppelstatue werden, denkbar wären die Grabbesitzer. Spuren am Stein von rotem Ocker, der als Markierungsfarbe diente, zeigen, wo der geübte Bildhauer seinen Meißel ansetzen sollte. Man hätte erwartet, daß so bemerkenswerte Grab-Ausstattungen in einer Werkstatt fertiggestellt worden wären – in unserem Fall im nahe gelegenen Memphis oder allenfalls noch in einem Atelier irgendwo in der Nekropole von Saqqara. Aber da alle Steinmetzarbeit an den Grabreliefs und den Inschriften in den Gräbern *in situ* erfolgten, auf Blöcken, die im voraus auf ihren Platz gebracht und dort von den Maurern ›zugerichtet‹ worden waren, hätte es mich nicht überrascht, wenn die Grabstatuen der beiden Tias im Bauwerk selbst fertiggestellt worden wären. Die grobe Umriß-Skizzierung wäre dann im Steinbruch erfolgt, um das Problem von Gewicht und Transport auf ein Minimum zu reduzieren.

Von der Verkleidung der Süd- und Nordwand ist das meiste weggerissen. Die antiken Räuber waren in diesem Grab besonders aktiv gewesen. Wir fanden den unteren Teil einer Stele an die Südwand gelehnt. Ihr Gegenstück, das ursprünglich einmal einen Teil der Nordwand gebildet hatte, befindet sich seit dem neunzehnten Jahrhundert in der ägyptischen Sammlung von Florenz und ist sicher von Antikenjägern aus dem Schutt im Grab herausgefischt worden.

Auf der Westwand des Hofes sind die Opfernden abgebildet, die ihre Gaben entweder tragen oder die Opfertiere zur zentralen Kultkapelle führen. Es handelt sich dabei um eines der alltäglichsten ikonographischen Themen der ägyptischen Gräber, aber wie immer, so kommt auch hier die Fertigkeit des individuellen Künstlers gerade bei einem Thema zum Tragen, das der Theorie nach abgegriffen ist. Einige der Gabenbringer werden in einer Pose gezeigt, in der sie sich auf eine seltsam
Abb. 67–70 geneigte Art verbeugen. Die zum Schlachten herbeigeführten Tiere tragen Sympathie weckende, ja sogar regelrecht komische Gesichtszüge.

Abb. 67 Eine Prozession von Opferträgern bewegt sich in Richtung auf die Opferkammer des Grabes der beiden Tias. Ein Kalb und eine junge Oryx-Antilope sind Bestandteil des Opfers. In der Szene darüber verehrt der Grabherr eine Gottheit.

Abb. 68 und 69 Details von Abb. 67: (links) ›der Diener Teneramun‹ aus dem Gefolge der beiden Tias; (rechts) in gekrümmter Pose ein Opferträger, der als ›der Diener Djedamunnacht‹ bezeichnet wird.

Abb. 70 Eine junge Oryx-Antilope wird als Opfer zum Altar in der Opferkammer des Grabes von Tia und Tia geführt.

KAPELLENVORRAUM UND KULTKAPELLE

Plan Abb. 64, Nr. 7 und 8

Wir müssen uns nicht zu lange in dem Vorraum der Kapelle und dem eigentlichen Opferraum des Baudenkmals aufhalten, denn die anstehende Architektur dieses Teils des Grabes ist im Altertum weitestgehend abgetragen worden. Die Südwand des Vorraumes ist aber mit Szenen ausgeschmückt, die die königliche Famlie zeigen und uns den Namen von einer der zwei Töchter von Tia und Tia ([Mut]metennefer) mitteilen. Sie ist uns sonst historisch nicht bekannt.

Die antiken Steinräuber waren Könner, was das Abtragen des von uns beschriebenen Monuments betrifft. Warum sie einen Raum (nämlich auf der Südseite des Kapellenvorraums) ausgespart haben, bleibt ein Geheimnis, aber Räuber sind gewohnheitsmäßig unsystematisch bei ihrer Arbeit. Dafür gibt es mehrere Gründe, um nur einige davon zu nennen: die Verfügbarkeit von Arbeitskraft, den Zeitdruck, die Gefahr, inmitten des Tuns ergriffen zu werden. So verdanken wir dem Zufall im Grab der Tias die Erhaltung einer bemerkenswerten Grabkapelle, nicht vollständig, aber ein guter Teil ihrer Dekoration ist intakt, und das wirft ein willkommenes Licht auf den Kult für die vornehmen Grabeigentümer. Die Kapelle (*Nr. 6 auf dem Plan*) grenzt an die Südwand des Kapellenvorraums. *Abb. 71*

Abb. 71 Kapelle A im Grab der beiden Tias. Blick nach Westen. Der Sockel im Hintergrund des Raumes diente ursprünglich als Postament einer Statue eines Apis-Stiers. Ein Teil seines Hinterleibes wurde am Eingang der Kapelle rechts im Vordergrund gefunden.

DIE APIS-KAPELLE

Abb. 72 Zur Linken, also an der Südwand vom Eingang aus, sehen wir Tia und Tia in ihrer Totenbarke, die durch eine andere Barke gezogen wird. Deren letztes Ziel ist der uralte, heilige Bezirk von Abydos, das Zentrum des Kults des Unterweltsgottes Osiris. Es geschah in Wirklichkeit wohl nur selten, aber der Theorie nach sollte der Verstorbene zu diesem Ort gebracht werden, um eine Anbetung am Tempel des Osiris zu vollziehen. Diese heilige Stätte wurde in den Texten auch sehr oft ›Treppe des Großen Gottes‹ genannt. Im Falle der Tias sehen wir die beiden nicht in ihrer mumifizierten Gestalt unter dem Begräbnisbaldachin, sondern als lebende Personen (oder allenfalls als Statuen). Sie sitzen in offizieller Haltung, ihr treuer Diener Iurudef bedient sie. Deutlich wird die Pferdeliebe des königlichen Paares sichtbar; an Bord der Zugbarke sind ihre beiden Reitpferde in speziell gebauten Miniaturställen *Taf. 10c* untergebracht. Das Boot selbst ist bemannt mit einem Kapitän oder Ausguckposten, ferner Steuermann und Matrosen, von denen einige in der Takelage herumklettern. Einzelne von ihnen werden benannt, das gibt der Szene Realistik, sie können auch im wirklichen Leben Diener der beiden Tia gewesen sein. Unten im Nilwasser sehen wir Fische, ein Krokodil, Vögel und Wasserpflanzen. Dieser Teil des Reliefs weist starke Anklänge an entsprechende Fluß- und Schilfdickicht-Szenen in den Mastabagräbern des Alten Reichs auf. Der begabte Künstler unseres Reliefs, der im Genre-Stil der Tradition des Neuen Reichs arbeitete, hatte vermutlich Zugang zu dem einen oder anderen der großen Saqqara-Gräber der Fünften oder Sechsten Dynastie gehabt. (Das waren in der Zeit Ramses' II., als das Grabmal der Tias dekoriert wurde, bereits altehrwürdige Monumente.) Die Mastaba des Mereruka, nur wenig nördlich der Pyramide des Teti, ist eines von mehreren Beispielen aus der Nekropole. Solche Flußszenen sind zwar für das Neue Reich ungewöhnlich, aber im Alten Reich nicht unüblich.

Abb. 71, 73, 74 Taf. 10a.b Gegenüber, an der Nordwand der Kapelle, zeigt eine sehr gut erhaltene Szene Tia und Tia hinter einem üppig gedeckten Opfergabentisch. Sie huldigen einer Prozession von Gottheiten, darunter einigen, die mit dem Friedhof von Abydos assoziiert werden. Auffallend fein gemeißelt und bemalt ist jener Teil des Reliefs, der an den Eingang anschließt. Man fühlt sich an die gleichzeitigen Arbeiten im Tempel Ramses' II. in Abydos erinnert. Tatsächlich könnten dieselben Künstler beide Reliefserien ausgeführt haben.

Abb. 71 Von der Dekoration der Nordwand verschwand allerdings seinerzeit viel hinter einer fast lebensgroßen Statue eines Stieres, die noch dazu auf einem Sockel erhöht in der Mitte und im hinteren Teil der Kapelle stand: Wir fanden Fragmente des Hin-

Abb. 73 Teil einer Götterprozession. Auf diesem Teil des Reliefs sind die Gottheiten Osiris-Anedjti, Isis und Horus dargestellt.

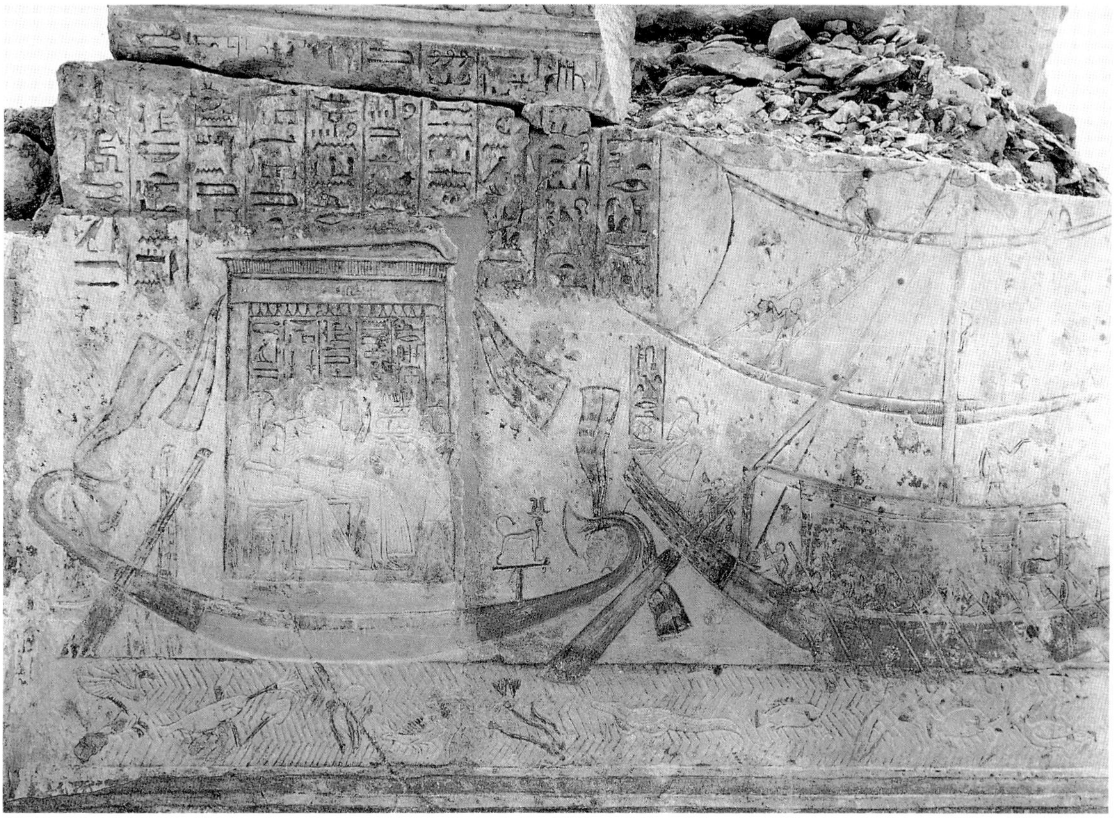

Abb. 72 Tia und seine Frau machen im Rahmen des Begräbnisrituals eine Nilfahrt nach Abydos, um im Tempel des Osiris zu beten. Sie sitzen in einer in der Mitte des linken Schiffes errichteten kapellenartigen Kajüte. Das Fahrzeug wird von einem anderen, mit Ruderern bemannten Schiff geschleppt. Der treue Diener der Tias, Iurudef, steht am Heck des Zugschiffes, auf dem sich auch ein Miniaturstall mit zwei Pferden befindet.

Abb. 75 Grabanlage der beiden Tias: Blick auf die Oberbauten nach Osten in Richtung auf den Nil und Memphis. Im Vordergrund befindet sich eine teilweise erhaltene kleine Pyramide, die hinter der Opferkammer errichtet wurde. Zur Zeit dieser Aufnahme warteten der äußere Hof und der Pylon-Haupteingang zum Grab gegen Osten zu noch auf ihre Freilegung.

gen memphitischen Nekropole, wo man, wie wir gesehen haben, die frei stehenden Gräber in Form kleiner Tempel gebaut hat, wurde die Pyramide, immer noch aus Schlammziegeln, oben auf die steinernen Dachabdeckplatten der Hauptkapelle am Westende der Gesamtanlage aufgesetzt. Das ergibt sich ganz klar aus den Darstellungen der Grabkapellen von Saqqara auf den Reliefs der Achtzehnten Dynastie. In der anschließenden Ramessidenzeit, als man wichtige Gräber zur Gänze aus Stein erbaute, wurde die Pyramide vom Kapellendach (wo sie zu schwer gewesen wäre) nach Westen auf ein angrenzendes Stück Land versetzt. Das ist bei dem Grab der Tias der Fall. Östlich von uns am Rande des Wüstenabhangs grabende ägyptische Kollegen haben entsprechende Steinpyramiden gefunden, die an die großen, von ihnen während des letzten Jahrzehnts ausgegrabenen Ramessidengräber angebaut sind.

Bei der Grabpyramide des Neuen Reichs handelt es sich um eine ›Schein‹-Pyramide, denn dort wurde keine Vorkehrung für ein Begräbnis im Inneren getroffen. In der Tat sind alle bisher in Saqqara ausgegrabenen Exemplare aus solidem Mauerwerk mit einer Füllung aus unbehauenen Steinen. Der Idee nach hätten sich die Grabkammern unter der Erdoberfläche eigentlich direkt unterhalb der Kultkammer und der dazugehörigen Pyramide befinden müssen. Zu letzterer gehörte zwingend das Pyramidion als Abschlußstein, an dem die Strahlen der Sonne sich am frühen Morgen brechen konnten.

DAS VERLORENGEGANGENE PYRAMIDION VON TIA UND TIA

Dank eines merkwürdigen historischen Zufalls ist der Abschlußstein der Pyramide der Tias der Wissenschaft seit dem achtzehnten Jahrhundert bekannt. Er wurde erstmals 1737–39 in einer Plattensammlung ohne gedruckten Text von dem schottischen Reiseschriftsteller Alexander Gordon veröffentlicht. Das Pyramidion, das 1722 von Alexandria nach England gelangt sein muß, dürfte zu den frühesten ägyptischen Antiquitäten gehören, die Großbritannien erreicht haben. Gordon bildet jede der vier Seiten des Pyramidions ab, und die Zeichen auf den publizierten Zeichnungen können relativ leicht erschlossen werden, obgleich diese Stiche hundert Jahre vor der Entzifferung der Hieroglyphen angefertigt worden sind, als noch kaum etwas über ägyptische Kunst und Architektur bekannt gewesen ist. Es gibt keinen Zweifel, daß Tia und Tia die Eigentümer dieses Pyramidions waren, und es muß ursprünglich aus deren Grab in Saqqara herrühren. Mehr als einmal bis zum Ende des achtzehnten Jahrhunderts wurde in Publikationen darauf Bezug genommen. Danach entschwindet es aus der Geschichte. Zum letzten Mal ist es registriertermaßen im Jahr 1792 ›gesichtet‹ worden. Damals war es im Garten des Wohnsitzes von Sir James Tylney Long, Baronet, in Wanstead in Essex aufgestellt. Zum damaligen Zeitpunkt scheint es als Bestandteil der Gartenausstattung gedient zu haben. Das Haus wurde vor langer Zeit abgerissen und der Landbesitz in einen weitläufigen modernen Friedhof inkorporiert, der sich über viele Ar Land erstreckt. Wäre es denkbar, daß das im dreizehnten Jahrhundert v. Chr. in der Zeit Ramses' des Großen, des Pharaos der Unterdrückung, gemeißelte, lange verlorengegangene Pyramidion von Tia und Tia nun einem englischen Friedhofsgrab des neunzehnten Jahrhunderts einverleibt worden ist? Das ist nicht ausgeschlossen, auch wenn alle Bemü- *Abb. 76*

Abb. 76 Die vier Seiten des verlorengegangenen Pyramidions der beiden Tias, wie sie im achtzehnten Jahrhundert von Alexander Gordon gezeichnet und veröffentlicht worden sind. Ursprünglich einmal befand es sich am Scheitelpunkt der Pyramide, die hinter der Opferkammer des Grabes errichtet worden war.

hungen, das Pyramidion aufzuspüren, bisher fruchtlos geblieben sind. Das bedeutet, daß für die erste wissenschaftliche Publikation des Grabes dieser Prinzessin und ihres Gatten, die gerade geschrieben wird, zur Illustration und als Beleg ein Werk herangezogen werden muß, das nur wenige Gelehrte kennen und das vor genau zweieinhalb Jahrhunderten veröffentlicht wurde! So etwas mag uns beizeiten daran erinnern, daß das Material und die Denkmäler, die Ägyptologen heute aufnehmen, möglicherweise einmal die einzige Belegquelle sein werden, auf die sich zukünftige Generationen stützen können.

Kleinere Gräber in der Nekropole von Memphis

Wir haben gesehen, welche Fülle von Informationen über verschiedene Aspekte des öffentlichen und privaten Lebens und ebenso über das Jenseits uns die großen Gräber des Neuen Reichs auf den Friedhöfen von Memphis bieten. Aber eines der Ziele unserer Mission war es gewesen, nicht nur die Karrieren hochrangiger Verwaltungsbeamter und Armeeoffiziere zu beleuchten, sondern auch diejenigen von Subalternen und Handwerkern.

Es war zu erwarten gewesen, daß wir die Grabstätten von Verwandten und Leuten in abhängiger Stellung in den und rund um die Gräber der Großen finden würden. Dennoch waren wir überrascht, als wir Grabkapellen von Leuten, die in der administrativen Hierarchie ziemlich weit unten stehen, Seite an Seite in der Nekropole mit einigen der prestigeträchtigsten Grabdenkmäler des Neuen Reichs fanden, wie etwa denen von Haremheb, den Tias oder Maja. Ob dieser Befund sich auf das kleine Wüstengebiet beschränkt, das wir bisher angeschnitten haben, oder ob, wie ich eher vermute, dies für die gesamte Nekropole gilt, bleibt als Frage für die Zukunft.

Aus den überlieferten Texten der kleineren Gräber läßt sich kein Hinweis erschließen, daß ihre Besitzer mit den hohen Beamten verwandt gewesen wären. Vielleicht waren sie im wirklichen Leben Nachbarn oder abhängige Leute in der Stadt Memphis gewesen, und sie hätten dann einfach diese näheren Umstände für das Jenseits verewigt. Manche von ihnen könnten auf der ›Gehaltsliste‹ der Familie des Verstorbenen verzeichnet gewesen sein, dem sie als Totenpriester und Grabdiener nach dem Tod des hochgestellten Grabeigentümers gedient haben mögen. Die Texte in den kleinen Grabkapellen deuten nichts dergleichen an. Alle diejenigen, die wir bisher ausgegraben haben, verzeichnen die Namen und Titel niederer Beamter und Gewerbetreibender. Aber theoretisch hätte nichts sie daran gehindert, die Verpflichtung zu Totenopfern in Gestalt von Speise, Trank und Weihrauch für die gestifteten Festtage an den Gräbern der hohen Beamten zu übernehmen.

Obgleich wir feststellten, daß die Grabkammern der kleinen Gräber unvermeidlicherweise im Altertum ausgeraubt worden sind – manche von ihnen müssen Objekte aus Edelmetall und andere Wertgegenstände, die es zu stehlen lohnte, besessen haben –, haben sich im großen und ganzen die Oberbauten recht gut erhalten. Es gab nicht allzuviel Steinmauerwerk in ihnen, das sich zum Zwecke der Wiederverarbeitung abzutragen gelohnt hätte. Und dann war auch der Stein sowieso gewöhnlich nicht von hoher Qualität. Darin unterscheidet sich die Architektur der kleinen Gräber von den edlen Kalksteinverkleidungen der Bauwerke der hohen Beamten, zumindest derjenigen der späten Achtzehnten Dynastie. Diejenigen der Neunzehnten waren trotz ihres äußerlichen Glanzes in fertigem Zustand in Wirklichkeit schlecht gebaut, aus einem eher minderwertigen Kalkstein, der unter ständigem Witterungseinfluß leicht ausschwitzte und brach.

Untersuchen wir also die kleinen Gräber des Neuen Reichs, die wir bisher in der Nekropole von Memphis gefunden haben, um zu erfahren, welche Art Informationen sie über die Bewohner von Memphis in dem Zeitraum von eineinviertel Jahrhundert hergeben, der die Regierungszeiten von Tutanchamun und Ramses II. überspannt. Wir werden sie nicht in der Ausgrabungsreihenfolge studieren, sondern in ihrer chronologischen Reihung.

DAS GRAB DES RAMOSE, EINES MILITÄRS

Ramoses Haupttitel war militärischer Natur – er war Repräsentant der Armee –, und er scheint am Ende der Achtzehnten Dynastie gelebt zu haben, war also ein Zeitgenosse von Haremheb und Maja. Sein aus Schlammziegeln gefertigtes Grab *Abb. 78* umfaßte ursprünglich zwei große, offene Höfe mit einer Opferkammer am westlichen Ende, die von zwei seitlichen Kapellen flankiert wurde: Es entsprach also tatsächlich exakt dem Plan eines archetypischen memphitischen Grabes des Neuen Reichs. Aus Stein waren in diesem Bauwerk die Stelen, die Türpfosten und die Türstürze. Die Opferkammer war ebenfalls mit Kalksteinblöcken ausgekleidet. Aber ob diese jemals so etwas wie Texte oder Szenen getragen haben, werden wir niemals mehr erfahren, denn sie sind alle abgetragen worden. Ein Partikel wurde lose im Schutt des Grabes gefunden mit dem Namen und Titel des Ramose in roter Tinte darauf: Der Meißel des Graveurs hat den Stein nie berührt. Dies könnte ein Hinweis darauf sein, daß Ramose vorzeitig gestorben ist, noch ehe das Grabmonument fertiggestellt werden konnte. Die Hauptstele, die den Mittelpunkt des Totenkultes abgegeben hat, kann im letzten Jahrhundert durchaus noch an ihrem Platz in der Opferkammer gestanden sein. Jedenfalls wurde sie vermutlich um 1820 von Saqqara ent-

Abb. 77 Stele des Paser. In der Lünette, dem oberen Bogen, verehren der Eigentümer und dessen Bruder Tunrai Osiris, Isis und ›Hathor, die Herrin der südlichen Sykomore‹, eines Tempels in Memphis. Im untersten Register sitzen Paser und seine Gattin Pipui ihrer Familie gegenüber. Aus dieser Stele lassen sich die Anfänge der Genealogie einer vornehmen memphitischen Familie rekonstruieren.

fernt und ist jetzt Bestandteil der schönen ägyptischen Sammlungen in Berlin. Sie trägt den Namen und die Titel des Ramose, der oberhalb eines Schreins abgebildet ist, den der schakalköpfige Gott Anubis abstützt oder ein Priester, der den Gott darstellen soll. Es gibt immer eine große Befriedigung, wenn man ein Stück einer Sammlung genau seinem Herkunftsort zuweisen kann, aber wie wußten wir, daß die Berliner Stele Bestandteil des Grabes von Ramose gewesen ist? Die Antwort lautet: Weil wir selbst den unteren Teil einer weiteren Stele von ihm an ihrem Standort an der Westwand des äußeren Hofes seines Grabes gefunden haben. Dieses Fragment ist außerordentlich narbengetüpfelt und verwittert, und zwar so sehr, daß wir zunächst schier verzweifelten, da wir überhaupt nichts davon lesen konnten. Bald jedoch war unser Philologe in der Lage, gewisse Elemente des Namens und Titels des Besitzers auf der untersten Zeile der Inschrift zu entziffern. Dann war es ein leichtes, die Handbücher durchzusehen, ob irgendwelche anderen Stücke oder Objekte vom Grab des Ramose bekannt seien. Die Berliner Stele, die den gleichen Namen und die gleichen Titel aufweist wie unser Stelenfragment, konnte auf diese Weise wieder ihrem Standort zugewiesen werden, dem jüngst ausgegrabenen Monument von Saqqara. Es ist höchst unwahrscheinlich, daß Ramose seine Stele irgendwo anders hatte aufstellen lassen. Aus solchen Informationsfetzchen beginnen wir ein Corpus an Wissen über die Gräber und ihre Eigentümer aufzubauen, von Material, das sich *in situ* findet, und von Stücken, die im letzten Jahrhundert gefunden wurden und heute weltweit in den Museen verstreut sind.

Für die Aufrechterhaltung des Totenkultes und für die Reparaturen an den Gräbern hingen die verstorbenen Beamten von ihren Verwandten ab, sofern sie welche hatten, und von den bezahlten Totenpriestern. Ramoses Grab ging es einige Zeit nach seinem Tod ziemlich schlecht. Der äußere Hof wurde Ziegel für Ziegel abgetragen, und über seiner Stätte wurde die Steinpyramide der Prinzessin Tia und ihres Gatten erbaut, die Mitglieder der königlichen Familie Ramses' II. gewesen sind. Es wäre ein freundlicher Gedanke, den wir aber nicht belegen können, daß der Ramose, dessen Grab wir gefunden haben, derselbe gewesen ist wie jener Ramose, dessen Name im benachbarten Grab des Haremheb erwähnt wird. In dessen Grab ist er sein Privatsekretär und als sein Armeeschreiber bezeichnet worden. Wenn diese beiden Ramose identisch sind, und das ist keineswegs unwahrscheinlich, dann ist er zum Zeitpunkt, als er sein Grab in Saqqara herrichten ließ, in den Rängen der Armee zu etwas höheren Graden aufgestiegen, vielleicht eben durch seine Verbindung zu dem bedeutendsten Militär seiner Tage. Es gibt keine Gewißheit in dieser Frage. Tatsächlich hatten wir an einer früheren Stelle dieses Buches darüber spekuliert, ob der Ramose in Haremhebs Grab etwa ebenjener Paramessu gewesen ist, der dann zum zukünftigen Pharao Ramses I. aufstieg (vgl. S. 80).

Jetzt, nach der Freilegung des Ramose-Grabes, haben wir eine ziemlich gute Vorstellung, wie der architektonische Grundplan dessen ausgesehen hat, was man wohl als typisch memphitische Grabkapelle eines Beamten der mittleren Ränge in

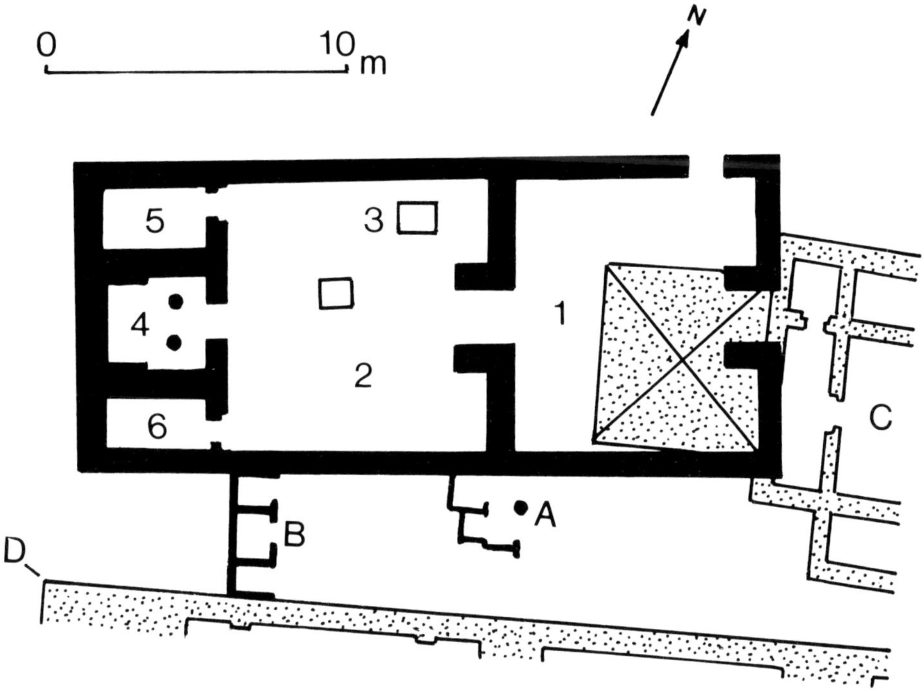

Abb. 78 Plan des Oberbaus des Ramose-Grabes, aus dem der Zusammenhang mit den Grabkapellen von Chai (A), Pabes (B) Tia und Tia (C) und Haremheb (D) hervorgeht. (1) Äußerer Hof, weitgehend durch die Pyramide der beiden Tias überbaut. (2) Innerer Hof mit dem Hauptschacht in der Mitte. (3) Schacht, der vermittels vorhandener Grabräubertunnel im Jahr 1986 den Zugang zu den unterirdischen Anlagen gewährte. (4) Opferkammer. (5, 6) Seitenkapellen.

der Zeit des Tutanchamun und kurz danach bezeichnen könnte. Ramoses Totendenkmal ist eine sehr vereinfachte Form der Grabbauten seiner bedeutenden Zeitgenossen Haremheb und, wie wir sehen werden, Maja. Es muß Dutzende von Gräbern wie das des Ramose geben, die unter dem Sand der Nekropole von Saqqara verborgen liegen und auf ihre Ortsbestimmung und Untersuchung warten. Einer der beiden Schächte im Haupthof seines Grabes bricht durch zu den unterirdischen Teilen eines Nachbarbauwerks, und unsere Untersuchungen dort im Jahr 1986 und darauf haben ein sehr aufregendes neues Kapitel in der Geschichte von Memphis, ja sogar in der Geschichte Gesamtägyptens aus der Zeit Tutanchamuns aufgeschlagen. Wir werden es im nächsten Kapitel behandeln.

DAS GRAB DES PASER

Paser, seines Zeichens Baumeister in der Regierungszeit Ramses' II., kam aus einer wohlbekannten memphitischen Familie, d. h., sein Name war seinen eigenen Zeitgenossen gut bekannt und ist zufälligerweise auch der heutigen Wissenschaft geläufig. Das kommt daher, daß eine große Stele, die uns Detailkenntnis über Paser und seine Familie vermittelt, seit eineinhalb Jahrhunderten den Ägyptologen bekannt
Abb. 77 ist. Auch der Herkunftsort der hier zu behandelnden Stele, die eindeutig aus Saqqara stammt, war schon bekannt, bevor wir sie wieder ihrer Grabkapelle zuordneten. Sie gelangte 1835 in die Sammlungen des British Museum. Die Gelehrten waren an ihr interessiert, weil Paser auf dieser Stele als Bruder eines bestimmten Vorlesepriesters Tunrai bezeichnet ist, dessen Grab wir noch finden müssen, wobei es

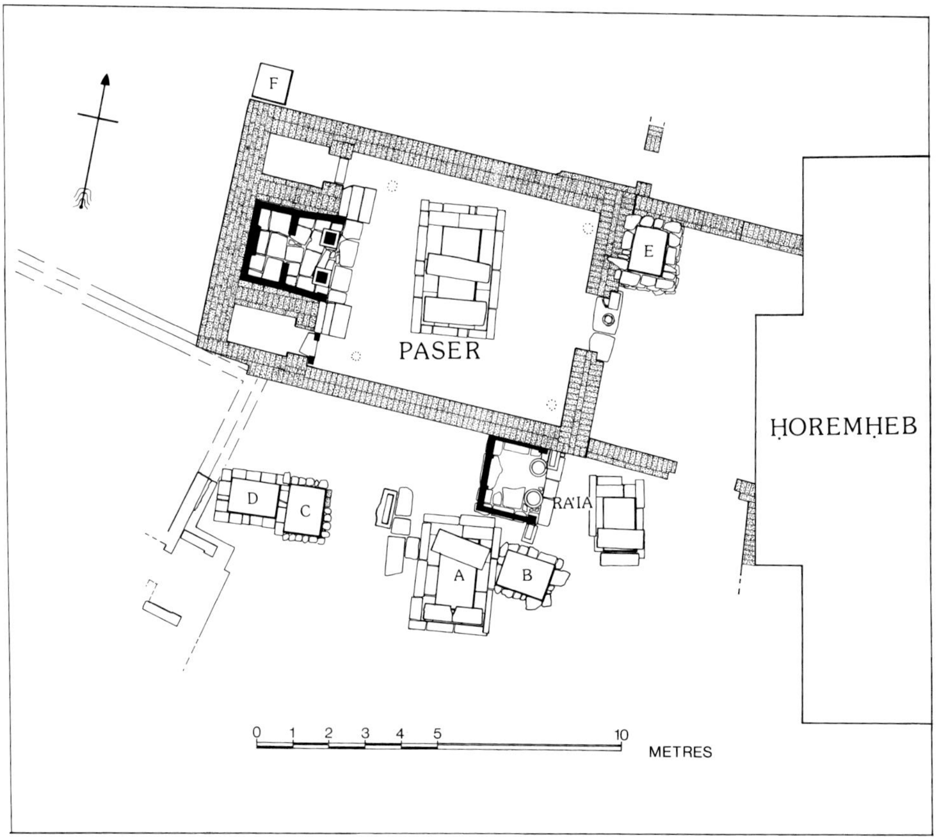

Abb. 79 Grundrißplan von Oberbauten der Grabkapellen von Paser und Raja, aus denen ihre Zuordnung zum Grab des Haremheb hervorgeht. Die Buchstaben A bis F deuten Schächte an, die bereits im Altertum zerstört worden sind.

irgendwo im gleichen Gelände wie das des Paser liegen muß. Bevor wir untersuchen, warum die Grabstätte von Tunrai wichtig ist, wollen wir einen Blick auf das Denkmal seines Bruders werfen, das wir 1980 unmittelbar westlich des Grabs von Haremheb orten konnten und freilegten.

Pasers Grabmal ist etwas später zu datieren als die Grabkapelle des Ramose, aber *Abb. 10*
der Entwurf ist keineswegs unähnlich. So wie Ramoses Bau ist auch dieser aus *Nr. 2*
Schlammziegeln, er hat allerdings nur einen und nicht zwei offene Höfe. Auf der *Abb. 79*
Westseite des Hofes liegt die zu erwartende Kultkapelle oder Opferkammer, flankiert von den Seitenkapellen. Wir fanden diesen Teil des Grabes zerstört vor, die Kalkstein-Verkleidung der Opferkammer war zerschlagen und rundum verstreut. Wir konnten sie wieder zusammenfügen und vermögen uns – so wie beim Grab des Ramose – jetzt gut ein Bild des ursprünglichen Aussehens einer typisch mittelständischen memphitischen Grabkapelle zu machen, diesmal aus der Regierungszeit des langlebigen Ramses II. Damit hat diese Form des Grabbaus eine baugeschichtliche Tradition von mindestens hundert Jahren gehabt. Spätere Gräber der Ramessidenzeit scheinen, wie wir sehen werden, nicht einem so einheitlichen standardisierten Bauplan gefolgt zu sein. Außerdem wurden sie im großen und ganzen eher aus Kalksteinen als aus Schlammziegeln gebaut.

Genealogie des Paser

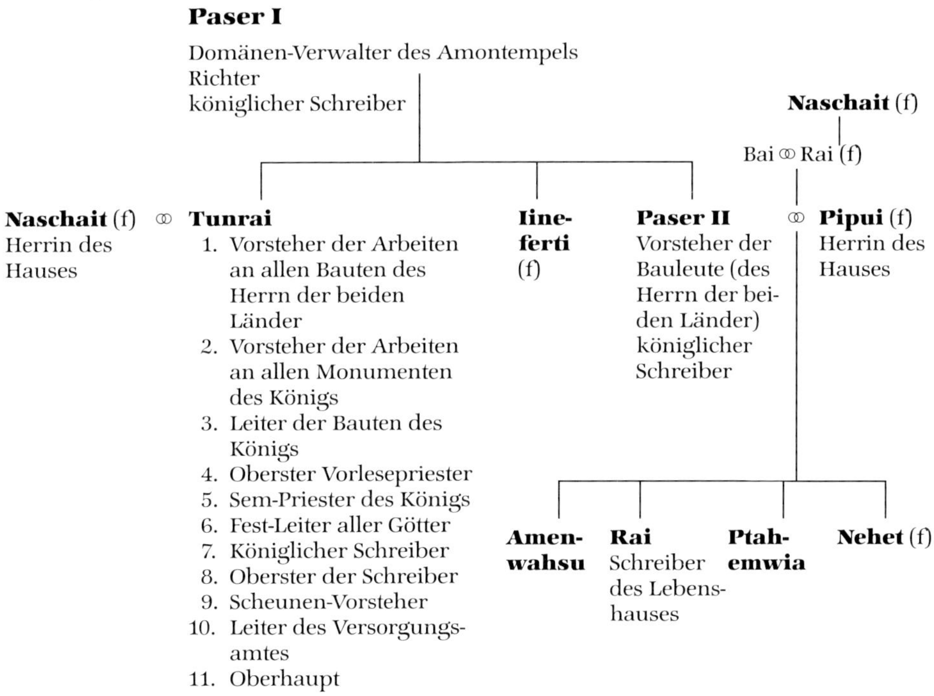

Man hätte nun erwartet, daß ein Baumeister mit Verbindung zum Hof (durch seinen Bruder Tunrai) wenigstens sein eigenes Grab noch vor seinem Tod fertiggestellt hätte. Das war offensichtlich nicht der Fall. Die große Stele, die wir in umgestürztem Zustand vorfanden, die aber ursprünglich an der Westwand der Kultkammer befestigt gewesen ist, war nur in ihren Umrissen dekoriert. Der Bildhauer, der die Arbeit hätte vollenden sollen, hatte nur ein paar unzusammenhängende Versuche unternommen, einige der Umrisse herauszumeißeln. Und diese Stele hatte doch den Mittelpunkt von Pasers Totenkult nach seinem Hinscheiden darstellen sollen! Vielleicht war Paser zu beschäftigt gewesen, die Gräber anderer Beamter in Saqqara zu bauen, als daß er in der Lage gewesen wäre, die Vollendung seines eigenen Denkmals richtig zu überwachen. Er könnte natürlich auch überraschend gestorben sein, und seine Familie hat sich dann nicht um die Fertigstellung der Stele gekümmert. Jedenfalls besaß Paser noch mindestens zwei weitere Stelen. Und vor jeder von ihnen muß sich ein Opfertisch befunden haben. Eine dieser Stelen fehlt uns noch immer; die andere, die auf der Nordseite des Hofes an dessen Westwand aufgestellt war, ist die oben erwähnte Stele des British Museum. Eine über die von uns wiedererrichtete Architektur des Hofes montierte Photographie zeigt, wie das zu Pasers Zeit ausgesehen haben muß.

Abb. 77
Abb. 80

Der Hof, in dem die Stele aufgestellt worden war, wurde von uns sorgfältig mit Bürsten gereinigt. So konnten wir nachweisen, daß ursprünglich einmal vier kleine Bäume oder Büsche dort gepflanzt gewesen sind, einer in jeder Ecke. Deren Blätterwerk hat sicher dem Geist des Paser willkommenen Schatten geboten und auch den Seelen seiner gemeinsam mit ihm dort bestatteten Familienangehörigen. In der Vorstellung der Ägypter wurde der ›Schatten‹ des Verstorbenen zu einem kleinen menschenköpfigen Vogel. Als solcher konnte er den Grabschacht hinaufflattern, um das Kommen und Gehen in der Oberwelt zu beobachten, die der Tote, wohl eher zögerlich, verlassen hatte.

Der unterirdische Anteil an Pasers Grab war nun wirklich äußerst einfach gestaltet: grob ausgehauene Räume ohne jede Dekoration, in denen der Sarkophag des Eigentümers und dessen Totenbeigaben abgestellt waren. Diese Räume sind nach Pasers Tod zu einer unbekannten Zeit geplündert worden, und der ganze Komplex wurde dann für die Beerdigungen verarmter memphitischer Bürger wiederverwendet. Anscheinend geschah dies hauptsächlich in der Dreißigsten Dynastie, dem letzten rein ägyptischen Königshaus (4. Jh. v. Chr. oder etwas früher).

TUNRAI, EIN HERAUSRAGENDER BÜRGER VON MEMPHIS

Beschriftete Blöcke aus dem Grab des Bruders von Paser, Tunrai, sind im letzten Jahrhundert in die Sammlungen des Kairener Museums gelangt. Sie kamen offensichtlich von Saqqara, aber das Grab ist niemals ordentlich gesäubert und doku-

Abb. 80 Grabkapelle des Paser, Blick nach Westen in Richtung auf die Opferkammer, die zentrale Stele und die Seitenkapellen. Die große Stele rechts war 1835 vom Britischen Museum erworben worden. Im Vordergrund der zu den Grabkammern führende Schacht; die beiden Deckplatten sind noch in ihrer ursprünglichen Stellung.

mentiert worden, und seine genaue Lage ist bis heute unbekannt geblieben. Das wichtigste Dokument seiner Grabkapelle war eine Königsliste von der Ersten Dynastie bis zu Ramses II., in dessen Zeit Tunrai wirkte. Diese Tatsache macht ein Monument für uns bedeutsam, das sonst vielleicht nur Durchschnitt wäre. Die vollständigste den Forschern bisher bekannte Liste der ägyptischen Herrscher ist der Turiner Königspapyrus, der seinen Namen daher hat, daß der zerdrückte und fragmentarische Papyrus, auf dem die Namen der Könige schriftlich verzeichnet sind, in der ägyptischen Sammlung von Turin aufbewahrt wird. Auch er stammt aus der Regierungszeit Ramses' II., wie die meisten anderen noch existierenden ägyptischen Königslisten. Die Ramessiden waren Emporkömmlinge, Parvenus , sie hatten keine königlichen Vorfahren. Da überrascht es nicht, daß diese stolze und mächtige Dynastie das Bedürfnis empfand, sich an die mächtigen Pharaonen der Vergangenheit anzuhängen. So wurden Totenkulte für verstorbene Könige auf Ramses' II. Veranlassung eingerichtet, und die Auswahlliste der Monarchen, die in Tunrais Grab in Saqqara verzeichnet war, war sicher auf Befehl des Königshofes von Memphis zusammengestellt worden. Eine der wesentlichsten Pflichten Tunrais bestand in seiner Funktion als oberster Vorlesepriester der toten und vergöttlichten Herrscher. Wie auch bei anderen Königslisten waren gewisse Pharaonen, wie Hatschepsut und Echnaton und die übrigen durch den Aton-Kult befleckten Herrscher (inklusive Tutanchamun), aus dem offiziellen Herrscher-Kanon eliminiert worden. So, wie sie heute im Museum von Kairo zusammengesetzt sind, sind die Blöcke, auf denen die königlichen Namen eingemeißelt sind, aus ihrem Kontext herausgerissen. Es wäre von beträchtlichem Interesse, wenn wir erkennen könnten, wie die Königsliste sich in das Gesamtschema der Dekorationen an Tunrais Monument einfügt. Darüber hinaus wüßten wir gern, welche anderen Details aus seiner Familie und seinen offiziellen Pflichten dort aufgezeichnet worden sind. Vielleicht werden wir ja selbst noch in Zukunft das Glück haben, auf das Grab zu stoßen. Es wäre keineswegs überraschend, wenn Familien nahe beieinander ruhen würden; Tunrais Grab sollte nicht allzuweit entfernt sein von dem seines Bruders Paser. Die vier Kanopenkrüge, die einmal Tunrais Eingeweide enthielten, befinden sich im New Yorker Brooklyn Museum. Das sieht danach aus, als habe man die Grabkammern im letzten Jahrhundert betreten, es sei denn, man hat die Krüge im Schutt der Graboberbauten gefunden. Man darf bezweifeln, daß das Ausräumen von Tunrais Grabkapelle systematisch erfolgt ist. Es können daher noch weitere wertvolle Daten ihrer Entdeckung harren. Zum Beispiel wäre es instruktiv für uns zu erfahren, ob der Posten eines Vorlesepriesters für die Ahnen-Könige in den Familien von Paser und Tunrai vom Vater auf den Sohn überging oder ob überhaupt einer der anderen diversen administrativen Titel des Tunrai auf seine Nachkommen vererbt worden ist, falls er welche gehabt hat. Die Genealogie auf S. 153 verdeutlicht, wie die Anfänge eines Familienstammbaums sich auf der bis heute zur Verfügung stehenden Dokumentation mit Hilfe von bereits seit längerem bekannten Materialien sowie unserer in Pasers Grab gefundenen Unterlagen aufbauen lassen.

Die Größe dieses Grabes vermittelt den Eindruck, daß Tunrais Bruder Paser nicht zu den Baumeistern der obersten Rangstufe gezählt haben kann – das wäre beispielsweise jemand, der mit der Errichtung eines mächtigen Tempels oder eines königlichen Denkmals beauftragt gewesen wäre. Er scheint eher sein Leben im tagtäglichen Umgang mit den Bauarbeitern verbracht zu haben; er hat vielleicht Wohnanlagen für Lebende und Tote errichtet und war auch an kleineren öffentlichen Arbeiten beteiligt gewesen. Wenn er sein ganzes Leben in dieser Stellung verbracht hat, wollte er sich wohl kaum im Jenseits als Tagelöhner wiederfinden, der Kanäle aushebt, Felder bewässert oder Lagen von Ziegelsteinen an einem Bauplatz aufhäuft. Vor diesem Risiko standen selbst hohe Beamte; aber alle Amtsinhaber, zu denen auch Paser (und zweifelsohne Tunrai) gehörten, betraten das Jenseits im Vertrauen darauf, daß ihre Uschebtis (Stellvertreter für Arbeitseinsätze) alle diese Arbeiten und manches mehr an ihrer Statt erledigen würden.

DAS GRAB DES RAJA, EINES MEMPHITISCHEN MUSIKERS

Der winzige Steinbau der Kapelle des Raja schließt sich nahtlos an die Südseite der äußeren Wand des Hofes von Pasers Grab an. Raja hatte die Position eines Obersten der Sänger von Ptah-Herr-der-Wahrheit in der Stadt Memphis inne. Es gibt nur noch sehr geringfügige Reste vom großen Tempel des Schöpfergottes Ptah, der täglichen Wirkungsstätte des Raja; ein paar verworfene Steine, die sich noch dazu einen Teil des Jahres unter Wasser befinden, das ist alles, was von einem der größten religiösen Gebäude des Alten Ägypten übriggeblieben ist. *Abb. 10 Nr. 1* *Abb. 79*

Rajas Grabkapelle ist so klein, daß ein Besucher (oder in früheren Zeiten ein Kultträger) nur eben aufrecht darin stehen kann. Ein Totenpriester hätte noch gerade soviel Platz gehabt, um seine rituellen Aufgaben zu erfüllen, aber kaum mehr. Die Kapelle selbst hat eine quadratische Form, die Stirnseite ist offen, wobei zwei Säu- *Abb. 81, 82*

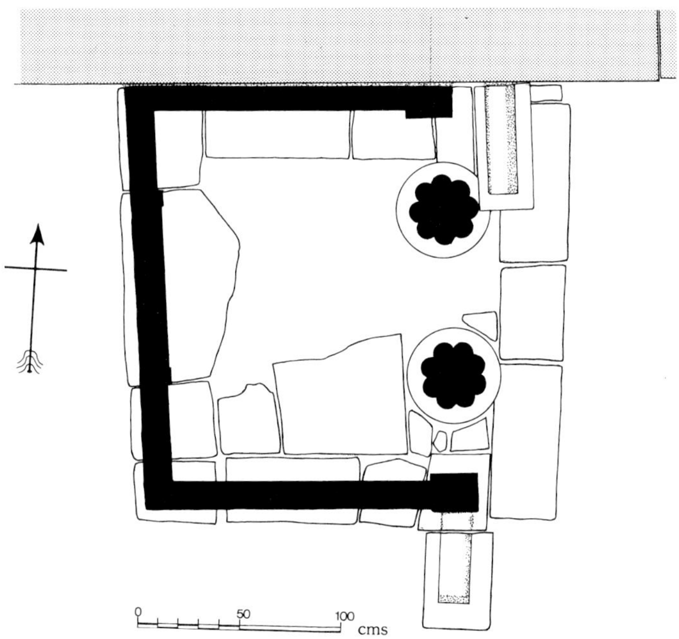

Abb. 81 Grundriß des Oberbaus des Raja-Grabes. Die darin oben gezeigte dicke Wand ist Teil der Südwand des gleichzeitigen Grabes von Paser.

len seitlich des Eingangs postiert sind. Eine gegen die Westwand hin aufgestellte Stele bildet einen integralen Teil der Grabdekoration. Sicher war das Dach aus flach aufgelegten Kalksteinblöcken geformt, auf denen ihrerseits wieder eine kleine Pyramide aus Ziegeln aufruhte. Wir kennen dies inzwischen als charakteristisches architektonisches Merkmal der Grabkapellen der Ramessidenzeit in der memphitischen Nekropole. Es muß in der Zeit Ramses' II., als Raja gelebt hat, und noch früher, in der späten Achtzehnten Dynastie, einmal ein veritabler ›Wald‹ von Kleinpyramiden auf den Friedhöfen von Saqqara existiert haben. Raja war ein Zeitgenosse von Paser und Tunrai. Es ist aber nicht bekannt, ob er ein Verwandter dieser beiden Beamten oder einer ihrer Nachbarn in der Stadt Memphis gewesen ist. Aus der Tatsache, daß sein Grab an das des Paser angrenzt, darf man allerdings auf gewisse verwandtschaftliche Beziehungen schließen. Wir haben keinen Anlaß zu bezweifeln, daß die beiden Grabkapellen genau zeitgleich sind, obgleich diejenige des Raja auf einer gegenüber dem Paser-Monument leicht erhöhten Schotterung aufruht. Das hat wahrscheinlich keine chronologische Bedeutung, sondern war das Ergebnis von Maßnahmen zum Ausgleichen des Bodens, damit darauf die Mauern der Kapelle des Raja errichtet werden konnten.

Für so ein kleines Grab ist die Dekoration beachtlich. Da sie fast vollständig erhalten ist, gibt sie uns eine gute Vorstellung vom ursprünglichen Aussehen dieses Monuments. Wir haben bereits früher festgestellt, daß in der Zeit vor Ramses II. die memphitischen Grabkapellen mehr oder minder einem Typus folgen; seit Ramses' II. Regierungszeit bildete sich eine Reihe verschiedener Grabtypen heraus, innerhalb deren das Grab des Raja das erste seiner Art ist, das in Saqqara ausgegraben wurde. Wir werden erst mit der Zeit sagen können, ob diese Grabkapellen in der Nekropole oft gebaut wurden. Wenn sie häufig sind und wenn sie dann auch noch so schön dekoriert und informativ sind wie diejenige Rajas, dann erwartet uns unter den Sanddünen der Wüste ein Schatzhaus des Wissens über die Einwohner von Memphis während der Ramessidenzeit.

Die Existenz von Paser war (durch die Stele im British Museum) bereits bekannt. Raja andererseits war uns bis zur Entdeckung seines Grabes in Saqqara unbekannt. Es besteht allerdings eine winzige Möglichkeit, daß zu einem früheren Zeitpunkt seiner Karriere für ihn eine Stele in Abydos (heute in Liverpool) in einem Kenotaph nahe dem Tempel des Osiris, des Herrschers der Unterwelt, errichtet worden ist, die einem Musiker gleichen Namens zuzuweisen ist.

Abb. 88 Auf der Nordwand seiner Kapelle in Saqqara sehen wir Raja und seine Frau Mutemwia bei der Entgegennahme der Opfer von ihrem Totenpriester. Darunter verehren der Grabherr und seine Familie eine Statue des Schakalgottes Anubis. Ein Kalb wird zur Opferung herangeführt. Mutemwia trägt den Titel Sängerin des Amun. Das ist ein üblicher Titel für Frauen von Rang im Neuen Reich. Diese hatten zwar Bedeutung in der Tempelhierarchie und im Heim, aber keinen Platz in der Verwaltung von Ägypten insgesamt. Es gab etliche Amunskapellen in Memphis,

Abb. 82 Grabkapelle des Raja mit Blick nach Westen. Im Vordergrund befindet sich der Schacht, durch den der Zugang zu den unterirdischen Anlagen erfolgt. Eine Deckplatte liegt noch an ihrem Platz auf der Einfassung. Oben links sind Überreste weiterer zerstörter Grabkapellen erkennbar.

und wir müssen uns vorstellen, daß Mutemwia in einer von diesen ihre Tätigkeit ausübte. Ihre Pflichten haben dann darin bestanden, vor dem Gott zu singen und vermutlich ein Instrument zu seiner Unterhaltung zu spielen, wobei er durch ein Bildnis in seinem Schrein vertreten war. Die eigentliche Statue der Gottheit war sakrosankt und den Blicken der Masse entzogen. Nur dem Pharao und den rituell reinen Priestern war ihr Anblick gestattet.

Als Mittelpunkt des Totenkultes für Raja und Mutemwia (sie war mit ihm zusammen in den unterirdischen Teilen des Grabes beigesetzt) fungierte die Stele, die die Westwand der Kapelle ausfüllte. Deren oberstes Stück fehlt teilweise. Auf diesem

Abb. 83 Opfergaben werden Raja und seiner Ehefrau Mutemwia von deren Vorlesepriester Schedamun dargebracht. Ein Äffchen klettert in den Verstrebungen von Mutemwias Stuhl herum. Die von den Grabbesitzern getragenen Kostüme sind charakteristisch für die Ramessidenzeit.

Teil war der Grabbesitzer dargestellt, wie er Osiris anbetet, und hinter seiner sitzenden Figur stehen Isis und Nephthys, die Schwestern der Gottheit. Darunter empfangen Raja und Mutemwia ihrerseits Opfer. *Abb. 83* Diese zweigeteilte Anordnung eines Grabsteines ist typisch für das Saqqara der Ramessidenzeit, wobei die Ränder normalerweise wie ein Rahmen gestaltet sind, der oben in einer Hohlkehle ausläuft.

Auf beiden Seiten der Stele verharrt der Grabeigentümer, in großem Maßstab dargestellt, in Anbetung vor der Gottheit. In einem Fall bietet er ein Pektorale als Brustschmuck für die Statue des Gottes dar. Soweit entsprechen die Szenen der Regel und sind daher alltäglich an ägyptischen Baudenkmälern zum Totenkult. Es

Abb. 84 Im obersten Register dieses Reliefs wird Raja als blinder Musiker dargestellt, der die Harfe vor den Statuen von Ptah und Hathor in einem der Tempel von Memphis schlägt. Darunter wird der Katafalk des Grabherrn von Rindern zur Jenseitsstätte gezogen. Im untersten Register umarmt Mutemwia die Mumie ihres Gatten, die von Anubis oder einem ihn darstellenden Priester gestützt wird. Andere Priester vollziehen das Mundöffnungsritual an der Mumie, durch welches Raja in die Lage versetzt wurde, im Jenseits zu atmen, zu sprechen, zu essen und zu trinken. Klageweiber und Mitglieder des Tempelchores nehmen auch an der Zeremonie teil.

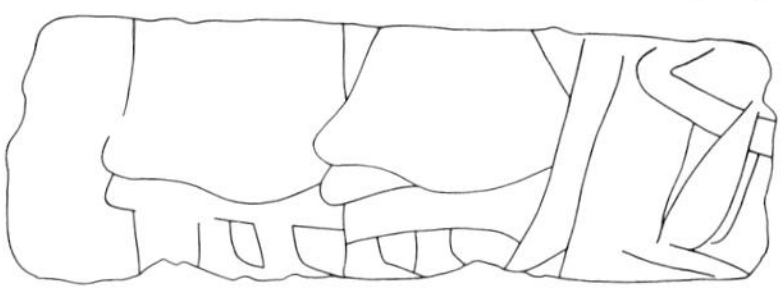

Abb. 84 ist die praktisch vollständig erhaltene Südwand, die die besondere Aufmerksamkeit für diese winzige Kapelle erweckt. Auf ihr vollzieht Raja seine amtlichen Pflichten in jenem Tempel des großen Schöpfergottes Ptah, dessen zerstörte Grundmauern, wie wir bereits gesehen haben, teilweise noch im nahe gelegenen Memphis übriggeblieben sind.

Abb. 85 Zuoberst, in einem sehr gut erhaltenen Register, spielt Raja, Oberster der Sänger, die Harfe vor den Statuen von Ptah und der kuhköpfigen Göttin Hathor, Herrin der Sykomore. Es handelt sich um eine sehr feine Arbeit, und von der Farbe ist noch viel erhalten. Das Interesse an der Szene wird noch dadurch erhöht, daß der Spieler als blinder Mann dargestellt wird, während er auf der gegenüberliegenden Nordwand ganz im Besitz seiner Sehkraft ist. Fast ohne Ausnahme werden Harfner in der ägyptischen Kunst als Blinde dargestellt; manchmal muß das der tatsächlichen Wirklichkeit entsprochen haben, denn der Musikerberuf war im Altertum eine der wenigen Tätigkeiten, die ein Blinder mit Gewinn ausüben konnte. Wir haben aber einige Hinweise, daß manchmal in der ägyptischen Malerei und Reliefkunst eine *symbolische* Blindheit angesprochen ist. Dahinter liegt eine Argumentationsweise, daß, wie bereits weiter oben angedeutet, nur die ›Reinen‹ unter Einschluß des Gottkönigs Pharao das Bildnis der Gottheit schauen durften. Einige Reliefs der Amarna-

Abb. 85 Raja vor Ptah und Hathor. Der Gott hält sein *was*-Szepter in der Hand, wohingegen die Göttin mit der einen Hand ihr Halsband dem Toten entgegenstreckt, in der anderen hält sie ein *anch*-Zeichen, Symbol des Lebens. Ausschnitt aus Abb. 84.

Abb. 86 Blinde Mitglieder des Chores eines der memphitischen Tempel, die an den Totenfeiern für Raja teilnehmen. Ausschnitt aus Abb. 84.

Abb. 87 Teil des Bestattungsrituals für Raja. Sein Totenpriester Schedamun bringt ihm rituell Weihrauch dar und reinigt ihn mit Wasser, während die entsprechenden magischen Sprüche durch einen assistierenden Priester von einem Papyrus abgesungen werden. Detail von Abb. 84.

zeit vom Großen Tempel des Aton in Karnak zeigen Musiker sogar mit Augenbinde, vermutlich, damit sie nicht mit Blindheit geschlagen würden, falls ihr Blick zufällig den *benben*-Stein treffen würde, das Symbol des Sonnengottes in seinem Allerheiligsten im Tempel. Wenn wir annehmen, daß unser ehrenwerter Mann nicht wirklich blind war, was wir meiner Meinung nach müssen, dann müssen er und sein Chor in Ausübung ihrer angenehmen Pflichten im Heiligtum des Ptah von Memphis sich so aufgestellt haben, daß die Gottheit in der Lage war, sich an der Darbietung zu erfreuen (wobei die Tür zum Schrein offengestanden haben muß), ohne daß sie dabei gesehen wurde. In Rajas Grab ist ein höchst ungewöhnliches Detail festgehal-
Abb. 86 ten: Der Chor (oder ein Teil davon) wird im untersten Register der beschriebenen Szene dargestellt. Dort werden sie als Trauernde, Teilnehmer an der Beerdigung des Raja, wiedergegeben. Es sind nur Männer, alle werden mit den geschlitzten Augen der Blinden gezeichnet, aber wir können nicht sagen, ob sie im realen Leben mit Blindheit geschlagen waren. Sie werden namentlich aufgeführt, und Teile jenes Gesanges, den Raja vor Ptah in der Szene des obersten Registers gesungen hat, sind ebenfalls erhalten, aber der einzige Satz des fragmentarischen Textes, der etwas Sinn ergibt, lautet: ›... wir verachten nicht den Landepflock‹.

Rechts von den blinden Trauernden werden Teile der Totenfeiern für den Verstorbenen gezeigt. Auch diese Szenen sind alltäglich in ägyptischen Gräbern und entsprachen den Erwartungen. Aber der Künstler gibt fast immer der Episode ein individuelles Gepräge. Für ein so kleines Grabmal ist die Qualität der handwerklichen Arbeit der Szene in Rajas Grab erstaunlich gut. Die Mumie des Verstorbenen wird von Anubis (oder von einem Priester, der ihn darstellt) in Vorbereitung ihrer Bestattung in der unterirdischen Grabkammer in Empfang genommen. Mutemwia hat einen Arm um die Seite ihres Gatten geschlungen, mit dem anderen ist sie dabei, Staub über ihr Haupt zu streuen, und zögert, ihn freizugeben. Zur Linken weinen und klagen einige hinterbliebene Familienmitglieder und ohne Zweifel auch bezahlte professionelle Klageweiber, die, wie Mutemwia, Staub über sich streuen. Da die Prozedur der Einbalsamierung siebzig Tage währte und Raja folglich fast zweieinhalb Monate tot gewesen ist, hat man doch seine Zweifel an der Echtheit solcher Gesten und Äußerungen von Trauer. Auf jeden Fall war das Relief vermutlich schon vor Rajas Tod ausgeführt worden.

Zu einem ägyptischen Begräbnis war ein bestimmtes Ritual an der Mumie zwingend erforderlich, das sogenannte Mundöffnungsritual. Dieser Ritus stellte sicher, daß der Verstorbene in der Lage sein würde, mit diesem Organ, dem Mund, alle jene Funktionen wahrzunehmen, die er im lebenden Zustand auch ausgeübt hatte,
Abb. 87 einschließlich Atmung, Sprechen, Essen und Trinken. Raja hat pflichtschuldigst alle Vorsorge für den Dienst der erforderlichen priesterlichen Funktionäre getroffen, und wir sehen sie dabei, wie sie ihre Aufgaben vor der Mumie wahrnehmen. Einer hält ein Libationsgefäß und bringt Weihrauch dar, ein anderer entrollt eine Rolle oder ein Zeremonialbuch, aus dem die magischen Sprüche rezitiert wurden,

Abb. 88 Die vor einem Opferstand sitzenden Grabeigentümer empfangen eine Weihrauch- und Libationsspende. Die Tochter sitzt unter dem Stuhl ihrer Mutter und hält einen Vogel in ihrer Hand. Im darunter befindlichen Register verehren Raja und Mutemwia zusammen mit weiblichen Familienmitgliedern eine Figur des Schakalgottes Anubis in einem Schrein.

die das Öffnen des Mundes bewirken würden. Dechseln in Miniaturausführung und einen schlangenförmigen Stab kann man zusammen mit dem Kästchen, in dem sie verwahrt werden, zwischen den Priestern stehen sehen.

Im mittleren Register dieser Wand befindet sich eine beschädigte Szene, auf der Raja in seinem Sarg auf einem Katafalk gezeigt wird, der von Rindern in die Unterwelt gezogen wird. Der Begleittext begrüßt den Verstorbenen in seiner neuen Behausung: »Zum Westen, zum Westen, o Gepriesener, zum Westen, zum Westen, der Stätte der Stille, dem Bezirk der Wahrheit«.

Abb. 88 An der Nordwand der Kapelle empfangen die Besitzer des Grabes Trankopfer und Weihrauch. Wie schon vermerkt, bringen im Register darunter Raja und Mutemwia einer Figur des schakalgestaltigen Gottes Anubis in einem Schrein ihre Verehrung dar. Dabei werden sie von weiblichen Familienmitgliedern begleitet. Details wie diese geben wertvolle Hinweise auf die Zusammensetzung memphitischer Familien des Neuen Reichs. Oft genug sind es Frauen, vermutlich unverheiratete, die im Haushalt ihrer Brüder lebten. In den Schächten, die zu diesem kleinen Grab gehörten, befand sich das, was üblicherweise noch zur Ausstattung einer Grabstätte gehört, einschließlich einer wunderbaren Einlegearbeit eines menschlichen Antlitzes.

DAS GRAB DES CHAI, EINES MEMPHITISCHEN ›TECHNIKERS‹

Abb. 89 1986 legten wir hinter dem Grab der beiden Tias die Reste einer zweigeteilten oder Doppelraumkapelle eines Beamten namens Chai frei. Er war vermutlich ein Zeitgenosse von Paser und Raja, der in der Regierungszeit Ramses' II. in Memphis lebte. Sein Haupttitel war der eines Goldwäschers des ›Herrn der beiden Länder‹. Als solcher hatte er eine wichtige Funktion in Verbindung mit einem wertvollen Mineral, das für die ägyptische Wirtschaft unabdingbar war. Ein großer Teil des ägyptischen Goldes jener Zeit – jenes Metalls, das Ägypten soviel Macht schenkte und es zu einem von den anderen Ländern des Vorderen Orients umworbenen Land machte – konnte in der östlichen Wüste unter relativ leichten Bedingungen geschürft werden. Eine weitere Quelle war Nubien, das unendliche Land im Süden, von wo es als Tribut kam und zweifelsohne auch als Tauschmittel gegen die hochbegehrten ägyptischen Güter. Chai hatte also einen verantwortungsvollen Posten. Aber er sagt uns nicht, ob er seinen Pflichten unter der brennenden Sonne und den strapaziösen Bedingungen der östlichen Wüste nachgekommen ist. Vermutlich war seine Aufgabe die Aufsicht über die Behandlung und das Ausschmelzen des Minerals, sobald es in die Werkstätten von Memphis gelangt war. In seiner kleinen Grabkapelle im südlichen Raum stellt er eine Szene in gerade solch einer Werkstatt dar. Wir
Abb. 90 sehen, wie Rohmasse in einer Pfanne geschmolzen wird; die Hitze des Feuers wird durch den Gebrauch eines Fußblasebalgs verstärkt, der mit Händen gesteuert wird. Links hantiert ein Handwerker mit einer Zange, während darüber zwei weitere (von denen einer als Vorarbeiter bezeichnet wird) fleißig an der Arbeit sind. Auf der rechten Seite der Darstellung schöpfen zwei Männer das Mineral in Pfannen. Chai, lässig auf seinen Stock gelehnt, beaufsichtigt die Szene.

Chai und seine Frau bringen im oberen Register dieser Wand Osiris sowie dem Sonnengott Re-Harachte ihre Verehrung dar. Darunter steht Chai mit einer auf der

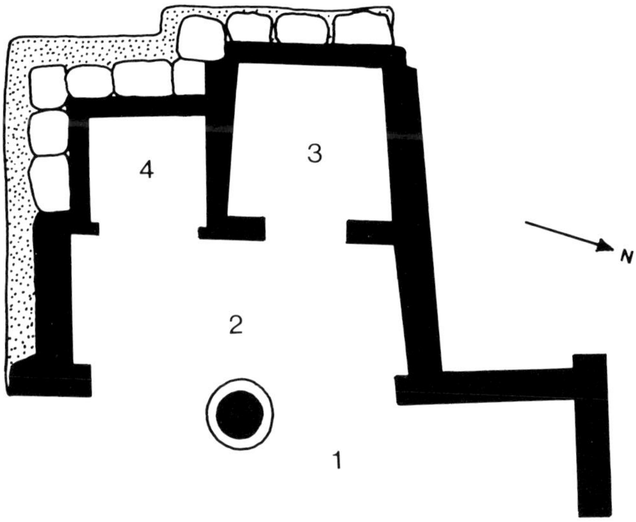

Abb. 89 Plan des Oberbaus der Grabkapelle des Chai. (1) Der Vorhof. (2) Kapellenvorraum. (3, 4) Kapellen.

linken Seite geschulterten Schmelzpfanne in Anbetung vor Hathor, der ›Herrin der südlichen Sykomore‹ (so der Name eines ihrer Tempel in Memphis).

Das Relief ist nur roh herausgearbeitet (wie so oft Genreszenen in ägyptischen Gräbern), und dennoch enthüllt es uns eine Menge. Unter anderem zeigt es uns

Abb. 90 Szene aus einer Goldarbeiter-Werkstatt in Memphis. Chai, in der Hand den langen Stock, beaufsichtigt die Arbeiten, einer der Handwerker bedient einen Blasebalg mit seinen Füßen.

einen Vorgang, der in den staatlichen Faktoreien von Memphis oft genug stattgefunden haben muß. Man kann nur hoffen, daß es der gerade laufenden Expedition der Egypt Exploration Society gelingt, bei ihren Grabungen im Stadtgebiet in einer ›industriellen Zone‹ der Ramessidenzeit eine solche Metallschmelze zu lokalisieren.

Andere Wände der Grabkapelle sind mit den üblichen Ritualszenen versehen, die immer auf ägyptischen Grabmonumenten abgebildet sind – einschließlich der Verehrung von Göttern und dem Darbringen von Speise- und Trankopfern für den Grabherrn und seine Ehefrau. Auf magische Weise würden diese Handlungen in alle Ewigkeit weiter vollzogen werden. Eine Wand im südlichen Raum des Chai-Grabmals liefert uns Detailangaben zu seiner Familie, die vollzählig namentlich genannt und dargestellt wird. Solche Reliefs mögen auf den ersten Blick banal sein. Dennoch helfen sie uns, ein Bild des häuslichen Ambiente des Verstorbenen zu entwerfen. Gleichzeitig vermitteln sie uns weitere Namen für unsere Prosopographie, das »Who's who« der Stadt Memphis zur Zeit des Neuen Reichs. Eine andere Wand, im nördlichen Raum, bietet uns eine Darstellung seines Begräbnisses. Als besondere Zugabe birgt diese Szene ein interessantes Detail: eine schematische Darstellung seiner von uns freigelegten Grabkapelle in Saqqara, vor der seine Mumie in Erwartung der letzten Riten aufgestellt ist. Das Dach der Grabkapelle wird mit dem Pyramidenüberbau gezeigt. Da letzterer aus Schlammziegeln errichtet war, war er auch einer der ersten Bestandteile, die im Altertum bei einem Teilabriß der eigentlichen Grabkapelle der Zerstörung anheimfielen. Das Pyramidion, also den Schlußstein, konnten wir bisher nicht finden; möglicherweise ist es noch irgendwo dort in der Nähe. Es könnte aber ebenfalls als Baumaterial weggeschafft worden sein.

Einige Stücke aus Chais Grabausstattung fand man unten in den Grabkammern, vermengt mit einer großen Anzahl späterer Nachbelegungen samt deren Beigaben. Es hat den Anschein, als sei sein Sarg mit Blattgold überzogen gewesen: Möglicherweise war letzteres einer der für sein Amt unbedingt erforderlichen Werkstoffe. Außer einigen höchstrangigen Beamten dürften wohl nur wenige Personen Zugang zu diesem kostbaren Material gehabt haben. Und das meiste davon ist von den Plünderern dieses Grabes weggehackt worden – es lohnte sich, selbst hauchdünnes Blattgold zum Zweck des Einschmelzens zu sammeln – und wir fanden nur Bruchstücke von Chais einstmals sicher prächtigem Sarg. Dazu tauchten auch noch einige seiner Uschebtis auf.

Einer der in Chais Grab namentlich erwähnten Leute war sein Sohn Pabes. Wir hatten das Glück, seine Grabkapelle unmittelbar hinter der seines Vaters zu finden. Von weiteren Untersuchungen erwarten wir uns Aufschluß, ob solche familiären Gruppierungen von Gräbern in der ganzen Nekropole üblich gewesen sind.

DAS GRAB DES PABES, EINES MEMPHITISCHEN HÄNDLERS

Nach den Inschriften in seiner schlecht erhaltenen Grabkapelle scheint Pabes oder Pabasa im Handel engagiert gewesen zu sein. Sein Grabmal liefert uns wiederum einen ›neuen‹ Typus für die memphitische Nekropole. Es ist dreigeteilt, hat also drei Räume. Der mittlere diente als Ort des Kultes, an seine Westwand gelehnt befinden sich noch die stark verwitterten Überreste einer Stele. Die ramessidischen Monumente von Saqqara, soweit wir sie bisher freigeräumt haben, weisen eine eher minderwertige handwerkliche Qualität auf. Gebaut sind sie aus Kalksteinblöcken schlechter Qualität, lieblos zusammengekleistert, das Ganze kaschiert durch den reichlichen Gebrauch von Verputz. *Abb. 91*

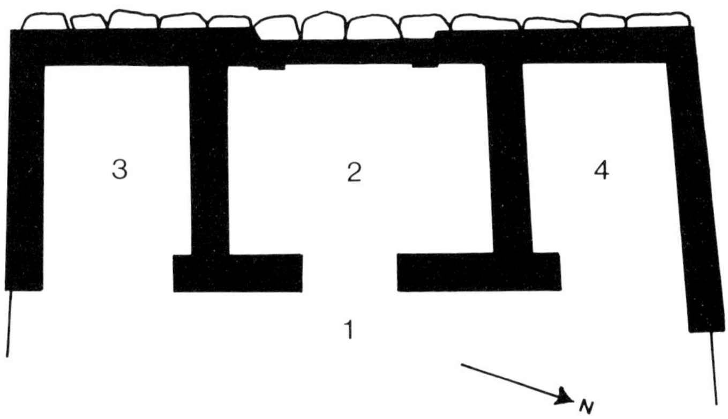

Abb. 91 Plan der Oberbauten der Grabkapelle von Pabes. (1) Vorhof. (2) Opferkammer. (3, 4) Seitenkapellen.

Unmittelbar nach ihrer Errichtung machten diese Gräber vermutlich einen attraktiven Eindruck, aber solche Bauwerke zerfielen rasch, sobald sich einmal der Mörtel zwischen den Blöcken zu zersetzen begann. Wind und Wetter vollendeten dann die Arbeit. Für diesen Zustand ist das Grab des Pabes ein vorzügliches Beispiel. Dennoch blieb eine ganze Menge zu registrieren, als wir es 1986 fanden.

Aus unserer Sicht war, abgesehen davon, daß sein Name und sein Beruf dem ständig wachsenden Katalog memphitischer Personen des Neuen Reichs hinzugefügt werden konnten, die interessanteste Szene jene auf der Nordwand des nördlichsten Raumes der Kapelle. Das Relief ist sehr brüchig und verwittert, aber wir sehen darauf etwas, was wohl Teil der Docks von Memphis gewesen sein muß. Schiffe werden an Land gezogen, und Waren, darunter zumindest ein Gegenstand in Form *Abb. 92*

Abb. 92 Hafenszene aus Memphis. Im oberen Register bringen Arbeiter Güter zum Abwiegen, unter anderem auch einen Barren. Darunter wird ein Schiff mit umgelegten Masten längs des Kais beigezogen. Genreszenen dieser Art sind von großer Lebendigkeit, auch wenn sie im Vergleich mit den mehr konventionellen Szenen ägyptischer Gräber relativ unbeholfen gemeißelt sind.

eines Barrens, werden am Kai entladen. Das müssen sicherlich Produkte gewesen sein, mit denen Pabes im Rahmen seiner Arbeit zu tun gehabt hatte.

Wo sich die Hafenanlagen von Memphis vor und während der Ramessidenzeit befunden haben, ist noch unbekannt. Aus den Belegen der Zeit Thutmosis' III. in der Mitte der Achtzehnten Dynastie ersteht das Bild eines betriebsamen Handelsplatzes. Ganz sicher müssen seit den frühen Anfängen der dynastischen Geschichte die Hafenanlagen der Hauptstadt Memphis wie ein geschäftiger Bienenstock von Leben erfüllt gewesen sein. Jüngste Ausgrabungsarbeiten der Egypt Exploration Society haben Hinweise zur Lokalisierung des Areals der römischen Hafenanlagen gegeben, aber wie wir bereits gesehen haben, hat der Nil sich seit dem Altertum langsam ostwärts verlagert, daher müssen die Kai-Anlagen der Klassischen Periode nicht unbedingt an derselben Stelle liegen wie jene, an denen der Händler Pabes seine Güter einschiffte oder auslud. Doch so schematisch die Darstellung in seinem Grab ist, sie fügt unserer Kenntnis einiges hinzu, und wir erhoffen uns durch unsere Freilegung weiterer Grabkapellen der Nekropole in den kommenden Jahren noch andere Szenen mit Darstellungen von niederen Beamten, Kaufleuten und Handwerkern bei ihrer Arbeit.

Die Grabkammern des Pabes sind ausgeraubt worden, und ebenso wie im Grab seiner Eltern waren die unterirdischen Teile in späteren dynastischen Zeiten als Grabplatz für einfachere memphitische Bürger wiederverwendet worden. Wir fanden einige wenige Fragmente, die zu seiner Ausstattung für das zukünftige Leben gehörten, einschließlich der allgegenwärtigen Uschebtis.

Zum Abschluß unserer Untersuchung der kleineren Gräber wenden wir uns schließlich einem Bauwerk zu, das einem Mitglied des Gefolges der Prinzessin Tia und ihres Gatten gehört hat. Wir konnten ihn bereits im Grab seiner königlichen Herrschaften abgebildet sehen. Seine eigene Grabkapelle weist zwei hauptsächliche Besonderheiten auf: erstens ihre Lage und zweitens den enormen Anfall von Funden aus den Grabkammern, die in zwei Ebenen aus dem anstehenden Felsen herausgeschlagen worden waren.

DIE GRABKAPELLE DES IURUDEF

Während des gesamten Verlaufs der Geschichte haben die Herrscher, Adligen und hohen Beamten des Nahen Ostens und anderer Gegenden die Verwaltung ihrer Paläste und Landgüter Vertrauensleuten übertragen, die die Haushalte effizient und vertraulich bewirtschafteten und ihre Ländereien mit scharfem Auge unter Kontrolle hatten. Dies gilt sicher für das Alte Ägypten, wo Grabinschriften und Stelen häufig die Ergebenheit eines Beamten für seinen Herrn rühmend hervorheben. Obgleich uns Iurudef in seiner fast zur Gänze zerstörten Grabkapelle leider keinerlei Biographie hinterlassen hat, bekommen wir durch andere Hinweise klare Vorstellungen hinsichtlich seiner Stellung im Gefolge zweier der bedeutendsten Personen von Memphis, ja Gesamt-Ägyptens in der Zeit der Ramessiden: Tia und Tia, der Schwester und dem Schwager des großen Ramses.

Wir haben Iurudef bereits bei seiner Amtsausübung im Rahmen eines der Begräbnisriten für das königliche Paar betrachtet – während dessen ritueller Reise nach Abydos. Er wird außerdem noch an verschiedenen anderen Stellen im Grab der Tias abgebildet. Man vertraute ihm dermaßen, daß ihm das seltene Privileg eines Grabplatzes und einer Totenkapelle innerhalb der Abgrenzungen einer eigentlich königlichen Grabanlage in der Nekropole von Saqqara zugestanden wurde, nämlich der der beiden Tias.

Wir stießen auf den Grabschacht des Iurudef im Jahr 1984, als wir den äußeren Hof des Hauptgrabes räumten. Einzig ein mit Inschriften versehener Türpfosten und einige Stückchen Bauwerk waren noch an der Oberfläche übriggeblieben. Der Rand des Grabschachtes war rasch freigelegt, ein paar der Abdeckplatten befanden sich noch an ihrem Platz. Diese Tatsache verführte uns aber nicht zu der Hoffnung, daß die unterirdischen Räume seit Iurudefs Tod unangetastet geblieben sein könnten. Unsere bisherigen Arbeiten hatten gezeigt, daß alle Schächte der bisher von uns ausgegrabenen Grabanlagen geleert und die Grabräume betreten worden waren. Ein intaktes Grab von einiger Bedeutung kann kaum erwartet werden, da, besonders in Saqqara, die spezielle Lage der Grabschächte einigermaßen großer Bauanlagen ziemlich deutlich sichtbar war. Der Inhalt von Grabkammern hierorts und im ganzen übrigen Ägypten war vor Beraubung nur so lange sicher, wie die Nekropolenverwaltung ein wachsames Auge hatte und die Mächtigen der Zentralregierung ihre Autorität effektiv zum Tragen bringen konnten.

Wir beschlossen, eine Testgrabung in Iurudefs Grabschacht während der laufenden Grabungen am Grab der beiden Tias durchzuführen, damit wir uns ein Bild machen könnten, was uns in den folgenden Grabungskampagnen erwartete. Nach dem Entfernen von ein paar Körben voll Sand enthüllten sich uns beschädigte, aber bemalte Särge, anscheinend aus der Spätzeit (eine Meinung, die wir später revidieren mußten), senkrecht gegen die Seiten des Schachtes gelehnt, als seien sie aus den darunterliegenden Grabkammern entfernt worden, um den Zugang zu erleichtern. Unsere zweite Interpretation war zum damaligen Zeitpunkt, die Räuber hätten die Särge an die Oberfläche gezerrt, diese aller darin enthaltenen Wertgegenstände beraubt und anschließend wieder in den leeren Schacht zurückgeworfen. Das war zwar eine recht entmutigende Perspektive, dennoch wußten wir jetzt zumindest, daß *unten irgend etwas existierte*, wenn auch aus einer späteren Zeit als der des Iurudef. Die Frage blieb: Gab es noch irgend etwas von seiner Grabausstattung sowie der seiner Familie, oder war alles das, was einst liebevoll in den Kammern zu ihrem Gebrauch im Jenseits hinterlegt worden war, aufgebrochen und hinausgeworfen worden, als der Schacht und die Räume in späterer Zeit wiederverwendet worden waren?

Der Arbeitseinsatz unserer Arbeiter legte bald in einer Tiefe von 5 Metern Eingänge frei, die sowohl im Norden als auch im Süden zu Kammern führten. Und was für ein Anblick tat sich uns da auf! Die Räume waren vom Fußboden bis zur Decke mit Särgen vollgestopft, bei manchen davon standen die Deckel weit offen. Wir konnten auch Grablegen in Rohrmatten feststellen, dazu kamen freiliegende Skelette, deren Schädel uns aus der Dämmerung kläglich angrinsten. Es war ein veritables Beinhaus, aber, wie uns bald klarwurde, auch eine Schatztruhe weniger von wertvollen Gegenständen als an Information über eine größere Gruppe von Einwohnern von Memphis, die, seit sie dort, vermutlich vor dreitausend Jahren, zur Ruhe gebettet wurden, praktisch ungestört gebliebens sind.

Der Schacht selbst setzte sich noch unterhalb des 5-Meter-Niveaus fort, wir konnten also noch mehr Särge und Skelette weiter unten erwarten. Damit stellte sich uns natürlich ein größeres logistisches Problem, wie mit einer solchen Fülle von Skeletten und Begräbnismaterialien umzugehen sei. Wir beschlossen, die Freilegung all

Abb. 93 Blick in eine der Grabkammern der Grabkapelle des Iurudef. Die Abbildung belegt die Schwierigkeiten, denen die Ausgräber gegenüberstanden, als sie den Hort von seinen Särgen und den dazugehörigen Bestattungen räumen mußten.

dieser Kammern bis zur nächsten Grabungssaison 1985 zu verschieben. Wir blokkierten die Eingänge zu den Räumen, füllten den Schacht wiederum bis zum Rand an und setzten in aller Ruhe die Ausgrabung des Grabes der beiden Tias fort, die das Grabungsziel unserer Kampagne für 1984 gewesen war.

Wir müssen jetzt etwas vorgreifen und berichten, daß wir im folgenden Jahr alle Räume auf dem Niveau von 5 Metern Tiefe leergeräumt und den Schacht weiter hinunter bis auf die zweite Ebene in 9 Metern Tiefe von Schutt befreit haben. Von dort eröffneten sich weitere Räumlichkeiten, allerdings diesmal nur nach Süden. Alle Kammern, die oberen und die unteren, waren für die Beisetzung Iurudefs und seiner Familienangehörigen ausgehauen worden; diese Familie muß also ziemlich umfangreich gewesen sein. Bevor wir nun diskutieren, was wir aufgrund der Begräbnispraxis dieser Eindringlinge in die oberen Kammern des Grabes von Iurudef über die post-ramessidischen Einwohner von Memphis und deren Begräbnisriten herausgefunden haben, wollen wir zuerst einen Blick auf jenes Material in diesem Bauwerk werfen, das den ursprünglichen Grablegen zuzuordnen ist – jenen Iurudefs und seiner Verwandten aus der Zeit Ramses' II.

Die Ägyptischen Sammlungen der Welt sind voller Grabobjekte des Neuen Reichs, und die meisten davon stammen vermutlich aus der thebanischen Nekropole. Eine ganze Reihe von ihnen kann jedoch aufgrund der Ikonographie und besonders der Inschriften dem memphitischen Bezirk zugeordnet werden. Obgleich einige Stücke aus kontrollierten Grabungen stammen, wurde ein großer Teil dieses Materials im letzten Jahrhundert erworben, vorzugsweise von Antiquitätenhändlern. Von Objekten, die auf diese Art gekauft worden sind, kann man keine sicheren Details hinsichtlich ihrer Herkunft, ja selbst nicht hinsichtlich ihrer Datierung erwarten. Folglich besteht noch ein beträchtlicher Bedarf an Forschungsarbeit, die für die vielen Kategorien der vorhandenen Grabobjekte noch zu leisten ist. Natürlich schwankte die Quantität und Qualität der Grabbeigaben einschließlich der Amulette je nach Status und Vermögen der Verstorbenen. Unsere Ausgrabungen in Saqqara legen Jahr für Jahr viele Gegenstände aus dem Neuen Reich frei. Von ihnen ist eine große Anzahl datierbar, obgleich sie nicht exakt an der Stelle ihrer ursprünglichen antiken Niederlegung aufgefunden wurden. Gar nicht so selten kann man ihnen sogar ein sehr genaues Datum zuweisen. Im Laufe der Jahre hoffen wir ein umfangreiches Corpus von Objekten aller Art einschließlich der Keramik aufbauen zu können, das am Ende eine verläßliche Basis für Vergleiche mit dem reichlich vage datierten Material der Museumssammlungen abgeben kann. Die Objekte aus dem Grab des Iurudef sind so ein Anhaltspunkt. Daß er in der Regierungszeit Ramses' II. (ca. 1279–1212 v. Chr.) gelebt hat, wissen wir sicher aus Inschriften und Reliefs vom Grab der beiden Tias. Ungewißheit besteht aber darüber, ob er noch unter dem Vater dieses Pharaos, König Sethos I., geboren wurde. Als ein weiterer Beleg zur Sicherung seiner Lebensdaten – ohne Belang im gegenwärtigen Zeitpunkt – dient ein Skarabäus Ramses' II., der in einem der Räume der unterirdischen Bauanlage gefunden wurde.

Jeder Beamte, ja sogar jeder Privatbürger von einigem Wohlstand mußte sich mit einer ›Standard‹-Ausstattung an Totenmobiliar versorgen. Dazu gehörten offensichtlich selbstverständliche Gegenstände, wie ein Sarg oder Sarkophag aus Holz oder Stein, Kanopenkrüge für die Eingeweide, Uschebtifigürchen, vermutlich in einem eigens dafür hergestellten Kästchen, ein Herz-Skarabäus möglichst in einem Pektorale, Amulettfigürchen, Nahrungsvorräte in Tongefäßen, Getränke und im Ideal-

Abb. 94 *Uschebti*-Figürchen des Iurudef aus Serpentin. Er ist in seinem Alltagskleid dargestellt und nicht als eingewickelte Mumie. Auf seiner Brust ruht ein *ba*-Vogel, der den Geist des Verstorbenen symbolisiert. Der *ba*-Vogel hatte die Fähigkeit, aus der Grabkammer in die Welt der Lebenden zu fliegen, er stellte daher ein lebensnotwendiges Verbindungsglied zwischen dem Verstorbenen in seinem Sarg und der Außenwelt dar.

fall eine Kopie des Totenbuchs. Letzteres benötigte man als Führer durch die Unwägbarkeiten der Unterwelt. Die anderen im Grab beigelegten Gegenstände waren im großen und ganzen wünschenswerte Extras, dazu konnten Gegenstände des täglichen Lebens gehören, wie Schmuck und häusliche Möbelstücke, letztere oft genug durch Gebrauch etwas beschädigt und abgenutzt.

Aus der Liste obiger Objekte konnte sich Iurudef unter anderem folgender Gegenstände rühmen: ein schöner Sarg eines ungewöhnlichen Typs (ein Entwurf mit einem durchbrochenen Muster), einige Uschebtis, darunter ein Meisterstück dieser skulpturalen Kleinkunst, das Iurudef in seinem normalen Gewand und nicht als *Abb. 94* eingewickelte Mumie zeigt; ferner ein schön gearbeitetes Pektorale aus Fayence, dem der Herz-Skarabäus fehlt. Merkwürdigerweise fanden wir keinerlei Spuren von Kanopenkrügen, weder für ihn noch für die anderen mit ihm bestatteten Leute. Aus dem Skelettmaterial, das wir über mehrere unterirdische Räume verstreut gefunden haben, konnten unsere Kollegen von der Physischen Anthropologie herauslesen, wie viele Belegungen anzunehmen sind: mindestens vierunddreißig. Einige Knochen bestanden nur noch aus winzigen verkohlten Fragmenten, weil die obere Raumgruppe unter Feuer gesetzt worden ist, entweder durch die ersten Grabräuber oder durch die späteren Einwohner von Memphis, als sie kamen, um ihre verstorbenen Verwandten dorthin zur letzten Ruhe zu betten, wie wir weiter unten in diesem Kapitel noch sehen werden. Das Legen von Feuer mag ein Reinigungsakt gewesen sein. Glücklicherweise hatte das Inferno den Effekt, manche von Iurudefs Grabbeigaben zu konservieren, die wir unter der Schicht Asche in verhältnismäßig gutem Zustand fanden. Sie bedurften nur geringfügiger Reinigung und konservierender Pflege durch die Hand unseres Restaurators.

Da die Reliefs in der kleinen oberirdischen Kapelle fast vollständig verschwunden sind, sind die Uschebtis, die wir in den Kammern darunter fanden und die die Mitglieder der Familie des Iurudef namentlich bezeichnen, von besonderem Wert zur Gewinnung einiger Informationen zumindest über die Verwandtschaft, von

Taf. 9 a Osiris, der Gott der Unterwelt. Detail vom Deckel eines der bemalten Sarkophage ▷ aus dem Grab des Iurudef (vgl. Abb. 96).

Taf. 9 b Widder und geflügelte Kobra. Detail vom selben Sargdeckel.

Taf. 10 a Der Gott Osiris-Anedjti.

Taf. 10 b Tia, der Schwager Ramses' II., in Anbetung einer Prozession von Gottheiten.

Taf. 10 c Die Pferde von Tia und Tia. Detail von einer Szene aus dem Reliefzyklus der rituellen ›Abydosfahrt‹.

Taf. 9a

Taf. 9b

Taf. 10 a

Taf. 10 b

Taf. 10 c

Taf. 11 Maja in Anbetung vor Osiris: in zartem Flachrelief gemeißelter Block aus dem memphitischen Grab des Maja. Man kann die erhobene Hand seiner Frau Merit, die ihn begleitet, hinter seiner Schulter erkennen.

Taf. 12 Maja hält zwei Langstöcke als Zeichen seiner Amtswürde. Er trägt eine großartige Vollperücke, ein Collier, das aus vier Reihen von vielen Dutzenden goldener Lochscheiben besteht, ferner einen Anhänger an einer Kette und ein fein gefälteltes Gewand. Einen kleinen Zeremonialbart hat er unter das Kinn gebunden. Der Block befand sich *in situ*, als Lep-sius die Gegend 1843 besuchte. Das vereinigte EES/Leidener Team fand ihn im Schutt liegend.

Taf. 13 Eine Gruppe von Opfergabenträgern bringt Speisevorräte und andere Produkte für Maja und Merit. Solche Darstellungen von Geschenken garantierten eine ewig währende Versorgung mit Nahrungsmitteln für die Grabbesitzer, die unten im unterirdischen Teil des Grabes beigesetzt waren. Einer der Träger wird als ›Schreiber des Schatzhauses Sennefer‹, der andere als ›Sekretär des Vorstehers des Schatzhauses (Maja) Ptahmose‹ bezeichnet. Beide haben zweifelsohne in der Regierungskanzlei des Grabherrn gearbeitet.

Taf. 14a Ein Meisterwerk ägyptischer Kunst: Das Porträt des Maja aus einer der unterirdischen Grabkammern.

Taf. 15a Kopf des Osiris: Detail eines Reliefs in den unterirdischen Räumen des Maja-Grabes.

Taf. 15b Überblick über die den Zugang zu den Grablegen von Maja und Merit freigebende dekorierte Kammer H im Zustand ihrer Auffindung durch das EES/Leidener Team im Jahr 1986.

Taf. 14b Ein wiederverwendeter Block mit der Darstellung der Merit, der Gemahlin des Maja. Das Porträt ist Bestandteil der Dekoration des Eingangspylons des Grabs. Das ursprüngliche Relief mit dem Ausschnitt aus einer Fischfangszene entstammte dem Bildschmuck des Aufwegs zur Unas-Pyramide.

Taf. 15 a
Taf. 15 b

Taf. 16a Die Göttin Nephthys. Ausschnitt einer Szene in einer der unterirdischen Grabkammern des Maja-Grabes.

Taf. 16b Der Grabherr in Anbetung des Osiris. Wanddekoration in den unterirdischen Partien des Maja-Grabes.

der der eine oder andere vielleicht auf den fehlenden Reliefs abgebildet und namentlich genannt gewesen ist. Die Uschebtis geben uns die Namen einer Dame namens Aches (möglicherweise seiner Ehefrau), des Schreibers Ba-Anti, der Sängerin des Amun-Re Bakwerel, der Dame Hener und des Schreibers am Schatzhaus Tia. Dieser Schreiber war vermutlich ein Namensvetter des Arbeitgebers von Iurudef, des Ehemanns der Prinzessin Tia. Selbst vor unserer Entdeckung war eine Stele, auf der Iurudef genannt ist, bekannt. Sie muß in Saqqara im neunzehnten Jahrhundert gefunden worden sein und befindet sich heute im Orientalischen Museum der Universität Durham. Da sie ziemlich beschädigt und bestoßen ist, wurde sie bis vor kurzem nicht genau untersucht. Auf den ersten Blick ist sie nur eine ganz gewöhnliche Grabstele, ein Grabstein aus dem Alten Ägypten, wie sie zu Tausenden bis heute existieren. Prüft man aber die verwitterte Oberfläche genau, dann sieht man, wie im obersten Register die Prinzessin Tia und ihr Gemahl den sitzenden Osiris verehren, während im Register darunter Iurudef und sein Vater Pachar ein Bildnis der Hathor-Kuh auf einem Sockel anbeten. Iurudefs Vater Pachar (d. h. ›Der Syrer‹) ist anderwärts nicht bekannt. Tatsächlich hat er zwei Namen, der zweite lautet Amenemheb. Der ursprüngliche Standort dieser Stele gibt einige Rätsel auf, sie scheint nicht zu der Kapelle des Iurudef zu gehören. Wir können nur vermuten, daß sie irgendwo im Grab der beiden Tias aufgestellt gewesen ist, vielleicht in einer anderen kleinen, heute zerstörten Grabkapelle. Diese war als Gegenstück zu derjenigen des Iurudef gebaut worden und liegt ihr gegenüber an der Nordseite eines äußeren Hofs des Hauptgrabes. Auf jeden Fall wird die Verbindung Iurudefs mit dem königlichen Paar erkennbar – seinen Schutzherren zu Lebzeiten und sogar im Jenseits. Er hätte damit von ihrem Totenkult während eines als Umlaufopfer bezeichneten Rituals in sehr vorteilhafter Weise profitiert. Dieser Brauch ist uns aus den Tempelritualen vertraut, fand aber zweifellos auch im privaten Kult Anwendung. Dadurch wurden die Speisen und Trankopfer, die man auf den Altären abgestellt hatte, den Lebenden wieder zugeleitet. In den Tempeln wurden die Lebensmittel zunächst den in den betreffenden Schreinen wohnenden Göttern geopfert, dann den königlichen Vorfahren, die durch Statuen repräsentiert wurden, und fielen schließlich den am Kultdienst beschäftigten Priestern und deren Angestellten zu. Iurudef und seine Familie hätten entsprechend ihren Vorteil aus den Totenkulten von Tia und Tia gezogen, nachdem deren Seelen auf magische Weise die auf ihrem Grabaltar aufgestellten Köstlichkeiten verzehrt hatten. Ein ganzes Geflecht lebender Personen konnte so versorgt werden und obendrein die mit dem Verstorbenen begrabenen Verwandten, und dieser glückliche Zustand sollte bis in alle Ewigkeit anhalten.

SPÄTERE GRABBELEGUNGEN

Obgleich sie eigentlich außerhalb des Rahmens unserer Untersuchungen liegen, weil sie einer wesentlich späteren Periode der ägyptischen Geschichte zuzuordnen sind, müssen wir uns nun doch jenen Nachbestattungen in den oberen Kammern des Grabs von Iurudef zuwenden, die wir bereits mehrfach auf den vorangegangenen Seiten erwähnt haben.

Der überwiegende Teil unserer Kenntnisse des Lebens und der Sitten der einfacheren Leute oder ärmeren Klassen des Alten Ägypten stammt von den Reliefs und Inschriften, die von den oberen Rängen der Gesellschaft hinterlassen worden sind: der königlichen Familie, dem Adel, den allgegenwärtigen Beamtenklassen. Keineswegs selten pflegten die Diener und Arbeiter eines Mannes auf den Wänden seines Grabes abgebildet zu sein, wie sie ihren Pflichten im Haushalt, auf den Gütern oder in seinen Amtsräumen nachkamen. Sehr häufig waren solche einfachen Leute namentlich genannt, und ihre Obliegenheiten wurden angegeben. Auf den Grabreliefs finden sich sogar Gesprächsfetzen von ihnen verzeichnet. Aber hinsichtlich ihrer Sitten, ihrer Religion, ihrer Interessen, ihres Speiseplans und ihres allgemeinen Lebensstils sind wir nicht besonders gut informiert. Das ist der Grund dafür, warum eine Entdeckung wie das Versteck der Särge und Überreste von relativ unbedeutendem Volk, wie sie in Iurudefs Grab erfolgte, eher Anlaß zu Freude ist als zu Klagen. Man vergißt oft, daß Ägyptologen nicht nur damit beschäftigt sind, Schätze oder Kunstwerke ans Tageslicht zu bringen. Im Falle der Massenbestattung in Iurudefs Grabkammern hielt sich unsere eigene Befriedigung in Grenzen – aus dem eher ernüchternden Gedanken, daß wir eine äußerst diffizile Aufgabe vor uns hatten.

Wenn die antiken Totengräber oder Bestattungsunternehmen systematisch vorgegangen wären, als sie die Särge ablegten, wäre unsere Arbeit relativ einfach gewesen, obgleich das Befördern plumper (und zugleich, wie wir sehen mußten, zerbrechlicher) Särge aus den Räumen und den Schacht hinauf nicht leicht war. In der Überlegung, daß man das, was den Schacht hinuntergewandert ist, theoretisch auch wieder hinaus- und heraufbefördern können müßte, gingen wir daran, eine Art Holzwiege zu bauen, in die man die Särge und ebenso die Riedmatten-Bestattungen und einzelne nicht verhüllte Skelette hineinlegen könnte, um sie an die Oberfläche zu ziehen. Das Verfahren ließ sich einigermaßen gut an, und die Räume konnten ohne nennenswerten Schaden freigeräumt werden. Es gab allerdings einige schwierige Momente, als wir befürchten mußten, daß der eine oder andere ehemalige Bürger von Memphis aus der Trage herausgleiten und den Schacht hinunterdonnern würde, zugleich mit einem Schauer von Holzsplittern und Mumienbinden.

Abb. 93 Da die Einordnung – oder besser zufällige Verkeilung – der Särge in den Räumen von chronologischer Relevanz war (obgleich uns immer noch nicht eindeutig klar ist, ob das gesamte Material auf einmal oder über einen längeren Zeitraum hinweg dort abgelegt worden ist), war es wichtig, die Zuordnung der verschiedenen Särge und losen Begräbnisse zueinander zu verzeichnen. Das war eine umfangreiche Arbeit, wenn man bedenkt, daß viele Behältnisse aufgesprungen oder die Deckel abgerissen worden waren – und manche Bestattungen hatten sich bereits ganz aufgelöst. Erhöhtes Risiko verursachte die Schwierigkeit, in einem sehr beengten Raum knöcheltief in feinstem Mumienstaub arbeiten zu müssen. Dennoch wurde die Aufgabe innerhalb einer Saison, also innerhalb von zweieinhalb Monaten zufriedenstellend bewältigt. Die Expedition war nun zwecks weiterer Analyse und Studiums im Besitz von einer Reihe von Holzsärgen; einige davon waren recht schön gearbeitet, andere sehr schlicht.

Der Leser mag sich gewiß fragen: Warum ist die Untersuchung solcher Särge wichtig, sind unsere Museen nicht bisher schon voll solcher Stücke? Wir wollen jetzt versuchen, diese Frage zu beantworten.

Die Särge

Sicher sind die öffentlichen Sammlungen reichlich angefüllt mit Beispielen von Särgen fast aller Perioden der ägyptischen Geschichte. Aber die meisten davon – zumindest jene, die normalerweise ausgestellt werden – sind ›Museumsstücke‹, d. h., sie sind fein gearbeitet oder haben ausgearbeitete, manchmal wundervolle Dekoration. Solche Särge müssen immer das Vorrecht einer Minderheit der ägyptischen Bevölkerung gewesen sein: der Wohlhabenden, der Beamten- und Priesterklassen. Einfacheres Volk begrub seine Toten in schlichtgebauten und oft ungelenk bemalten Särgen oder in Schilfmatten. Bis auf ein oder zwei Ausnahmen gehört unser frisch gewonnenes Material zu diesen Klassen, aber die gefundenen Sargtypen fallen in Kategorien, die praktisch überhaupt noch nicht untersucht worden sind; ja, Ausgräber vergangener Zeiten neigten dazu, solches Material einfach beiseite zu werfen, weil es, besonders wenn es beschädigt war, keinen wissenschaftlichen oder eigenen Wert zu haben schien. Das ist nun sicher eine Schleuklappensicht. Die Folge ist, daß wir selbst, als wir die neuen Funde untersuchten und für die Publikation vorbereiteten, Probleme hatten, paralleles und datiertes Material aus dem memphitischen Bereich, ja selbst aus anderen Teilen Ägyptens zu finden.

In der innersten Kammer der südlichen Gruppe von Räumen der oberen Ebene von Iurudefs Schacht fanden wir zwei große Särge Seite an Seite, zwischen ihnen ein Tongefäß. Der Topf ist unser einziger Hinweis für die Datierung des Sargverstecks, aber da gibt es wieder ein Problem für uns. Bis in jüngste Zeit war das Studium ägyptischer Keramik – die wissenschaftliche Erschließung von Tonware in allen ihren Erscheinungen – im Vergleich mit den Keramik-Studien zu anderen

Regionen des antiken Nahen Ostens eine unterentwickelte Wissenschaft. Natürlich hat man Tonware während der Ausgrabungen in Ägypten aufgezeichnet, aber oft nur ganz flüchtig, so daß die Ergebnisse manchmal keine Information hergaben. Viel Scherbenmaterial wurde regelmäßig als wertlos weggeworfen. Dafür gab es verschiedene Gründe, und es ist glücklicherweise heute eine Sache der Vergangenheit. Ein Grund ist, daß Tonscherben bei einer ägyptischen Grabung in wahrhaft alarmierenden Mengen anfallen. Wem nur begrenzt Experten und Finanzen zur Verfügung standen, der ließ sie in der Vergangenheit mit einigen Ausnahmen unregistriert und unveröffentlicht. Computertechniken haben das Problem erleichtert, wie man die Informationen zur Tonware und ihrer Verteilung auf einem Siedlungsgebiet oder einem Friedhof verwaltet; selbst damit erfolgt die Registrierung von Scherbenmaterial häufig genug nur in Auswahl, auch auf einer gut geleiteten Grabung. Ägyptologen haben nur wenige verläßliche Sammelwerke zur Keramik, anhand deren sie ihre eigenen neuen Funde vergleichen und datieren können. Der entscheidende Einzelkrug, den wir eben erwähnten, hat sich nicht gerade leicht mit Genauigkeit datieren lassen; unsere derzeitige Tendenz geht dahin, daß er in der Einundzwanzigsten Dynastie (ca. 1069–945 v. Chr.) hergestellt und vermutlich auch zwischen den Särgen abgestellt worden ist. Das würde damit übereinstimmen, wie die Särge nach unserem Eindruck zu datieren sind. Teile, besonders die Perücken der Kopfpartien, erinnern an datierte Särge und Statuen der Zwanzigsten Dynastie oder späten Ramessidenzeit. Wenn unsere Forschungen abgeschlossen sind, sollte es möglich sein, unserem Material eine einigermaßen genaue Datierung zuzuweisen. In der Zwischenzeit haben wir die einzelnen Särge mit großer Sorgfalt aufgenommen, damit die Kustoden der Museumssammlungen und andere interessierte Gelehrte am Ende erstmals ein umfangreiches Corpus an Särgen zur Verfügung haben, die für einfache Einwohner von Memphis in einem bestimmten Augenblick der Stadtgeschichte hergestellt worden sind.

Während der Feldaufnahme dieser Särge haben uns zwei Hauptgesichtspunkte geleitet: der technische (wie sind sie hergestellt worden) und der ikonographische (wie sind sie dekoriert worden). Die Untersuchung der wenigen Objekte, die sich innerhalb der Särge fanden, sowie die eigentlichen Mumien und Skelette mußten warten.

Es mag den Leser überraschen zu erfahren, daß trotz des umfangreichen bereits erschlossenen Wissens über altägyptische Techniken noch ungeheuer viel dazu erforscht werden muß. Zum Beispiel sind nur wenige Gegenstände von dem größten Fund, der je in Ägypten gemacht worden ist – nämlich den Schätzen Tutanchamuns –, in allen Einzelheiten daraufhin analysiert worden, wie die Handwerker sie zusammengefügt haben. Bis in jüngste Zeit war die Technik der Sargherstellung ein fast total vernachlässigtes Gebiet, aber die Untersuchung der Schreinerarbeit an solchen Gegenständen sagt uns viel hinsichtlich der Arbeitsmethoden antiker Handwerker. Eine Holzanalyse unserer vorliegenden Stücke steht noch aus, aber die Schreiner haben kaum teures Importholz verwendet, selbst wenn es solches in der Einundzwanzigsten Dynastie gegeben haben sollte. So gut wie sicher mußten sie sich mit am Ort verfügbarem Material begnügen. Sehr geschickt verbanden sie kleine Plankenstücke miteinander, wobei sie an einem Ende zugespitzte Holzstifte benutzten. Metallnägel wurden überhaupt nie verwendet. Das Resultat ist eine Art Patchwork, eine Technik, die bei all unseren Särgen verwendet wurde. Die Teilchen und Stückchen, die so aneinandergefügt worden waren, wurden mit einer Stuckschicht bedeckt, manchmal nur außen, und diese wurde anschließend bemalt oder in einfacher Form mit Götterfiguren und religiösen Symbolen verziert. Die Handwerker verstanden es, jedes herrenlos herumliegende Stückchen Holz bestens zu nutzen, denn festes Holz war in Ägypten immer äußerst knapp. Sehr wahrscheinlich sind manche der in den Särgen verwerteten Fragmente älteren Datums als die Einundzwanzigste Dynastie. Es muß viele Überbleibsel von den ausgeplünderten Grabstätten in der Nekropole gegeben haben, in der Antike ebenso wie heute noch. In Saqqara stößt man häufig genug an der Sandoberfläche auf Fragmente hölzerner Särge. Sie sind von der sengenden Sonne verzogen und fast steinhart getrocknet, manche lassen sich aber sicher bis in das vierte oder frühe dritte Jahrtausend v. Chr. (also die Vorgeschichte und das Alte Reich) zurückdatieren.

Wir werden nun nicht versuchen, alle Särge zu beschreiben, die wir in dem Schacht und den Kammern des Iurudef gefunden haben, sondern unsere Aufmerksamkeit auf vier Stücke konzentrieren, die das Lager in seiner Gesamtheit repräsentieren. Das Dekorationsschema läßt sich am besten durch Rückgriff auf die Abbildungen verstehen. Bei dem ersten Sarg handelt es sich um einen der beiden oben erwähnten, die in der innersten Lagerstätte gefunden wurden. Am eindrücklichsten an ihm ist das Gesicht; ja, man kann sagen, die Kopfpartien der ganzen Gruppe liefern uns eine richtige Porträt-Galerie, obgleich die Handwerker kaum beabsichtigt haben können, die Gesichtszüge der tatsächlichen Grabinhaber wiederzugeben, denn diese Särge wurden nicht auf Bestellung angefertigt, sondern in Massen in den Sargwerkstätten hergestellt. Diese Art ›Bildnisse‹ waren wirkliche Vorläufer der viel besser bekannten Mumienporträts aus dem Fajjum des zweiten bis vierten nachchristlichen Jahrhunderts, die größtenteils fachmännisch publiziert worden sind und von denen Beispiele in den meisten ägyptologischen Sammlungen betrachtet werden können.

Abb. 95, 96
Taf. 7, 8

Der Sarg, mit dem wir uns gerade beschäftigen, datiert wahrscheinlich, wie wir gesehen haben, aus der Einundzwanzigsten oder vielleicht gerade noch vom Ende der Zwanzigsten Dynastie. Er ist unbeschriftet, wie die meisten Särge aus diesem Grabkomplex, was die Tatsache betont, daß die Besitzer ganz einfache Einwohner von Memphis waren, die vermutlich keinen Rang innerhalb der administrativen Hierarchie bekleideten. Nur ein Sarg hat uns einen Eigennamen geliefert, Imiptah, und das ist merkwürdigerweise der einzige Beleg eines solchen Namens in ägyptischen Quellen. Einige wenige Särge tragen Scheininschriften.

Der zweite Sarg besitzt die weitaus sorgfältigste Dekoration der ganzen Gruppe. *Abb. 96* Stil und Dekoration erinnern an den sehr großen Hort bemalter Särge von Priestern *Taf. 9a.b* und Priesterinnen der Götter Amun und Montu, die im neunzehnten Jahrhundert in Theben gefunden wurden und von denen ein guter Teil in die Einundzwanzigste Dynastie datiert wird. Unser Beispiel vermittelt insgesamt einen recht üppigen Eindruck. Bei genauerer Betrachtung erweisen sich die ikonographischen Details aber als recht bizarr, und die Texte, die doch den Eigentümer identifizieren und ihm bei seiner gefährlichen Fahrt durch die Unterwelt helfen sollten, sind fauler Zauber, reine Phantasie! Einige wenige Zeichen können als echte Hieroglyphen identifiziert werden, aber der Rest weist kaum eine Ähnlichkeit mit der echten ägyptischen Zeichenliste auf. Alle diese Tatsachen sind äußerst interessant und können nur eines bedeuten: Die Handwerker, die den Sarg (und andere mit fingierten Texten) dekorierten und beschrifteten, und ebenso ihre Auftraggeber (oder mit größerer Wahrscheinlichkeit die Leute, die sie ›vom Lager weg‹ in der Sargwerkstatt kauften) waren des Lesens unkundig. Solche Werkstätten, die sich auf die Herstellung von Grabausstattungen spezialisiert hatten und vermutlich eng verknüpft waren mit den Einbalsamierungs-Zünften, müssen in Ägypten allgemein verbreitet gewesen sein, auch wenn wir bisher noch keine davon gefunden haben. Man kann nur stark hoffen, daß die gegenwärtige Ausgrabungsaktion in Memphis irgendwann doch noch Hinweise auf sie aufdecken wird. Jede einigermaßen bedeutende Stadt muß über solch einen Einbalsamierungsort samt Werkstätten verfügt haben, und es ist angesichts der mit Gegenständen aller Epochen einschließlich Särgen vollgestopften Museen bei uns nicht schwer, sich ein Bild davon zu machen, was sich dort abspielte. In der Tat stellen ja einige der Grabmalereien und Reliefs des Neuen Reichs das Einbalsamierungshaus dar, allerdings nicht die einzelnen Stadien des Vorgangs, durch den das Austrocknen der Leiche bewirkt wurde, auch nicht, wie die verschiedenen einzelnen Lagen von Binden um die Mumien gewickelt wurden. Entsprechend sind auch zahlreiche Gegenstände des Grabmobiliars ziemlich häufig auf den Wandmalereien der Gräber abgebildet.

Die mit der Dekoration unserer Särge beschäftigten Handwerker haben ohne Zweifel nach Vorlagen gearbeitet, die über die Jahre so verbraucht und schadhaft geworden sind, daß ihre ikonographischen Details fast nicht mehr zu erkennen waren. Die Maler hatten wohl auch standardisierte Totentexte zur Verfügung, die sie als Richtlinien verwenden konnten, wenn sie die Götterfiguren mit Namen

Abb. 95 Malerei auf einem der vielen Särge, die in den Grabkammern der Grabkapelle des Iurudef gefunden wurden.

Abb. 96 Bemalter Sarg aus einer Gruppe von Nachbestattungen in Särgen oder Schilfmatten im Grab des Iurudef. Die hieroglyphische Inschrift entlang der Mitte der Vorderseite ist zusammenphantasiert und ohne Bedeutung.

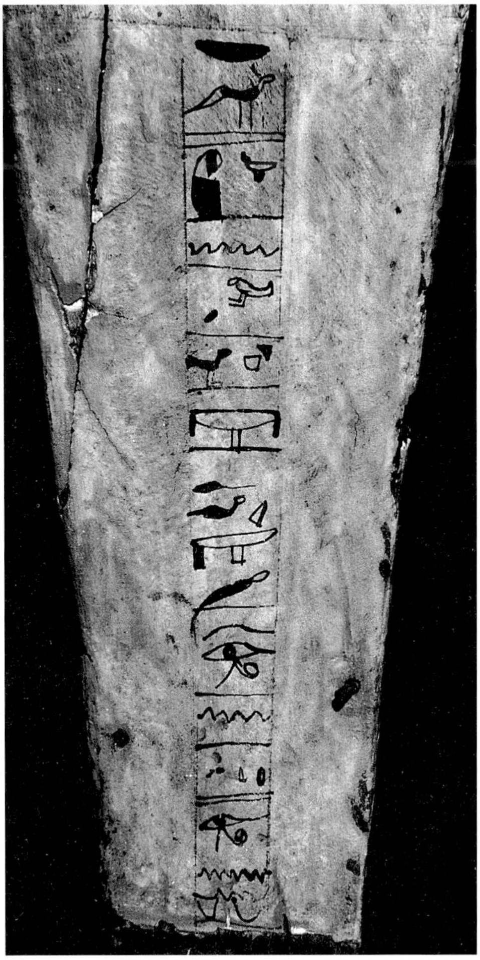

Abb. 97 Detail eines Sarges in Iurudefs Grab, eines unter zahlreichen Nachbelegungen in diesem Hort. Der scheinbar ›hieroglyphische‹ Text ergibt keinen Sinn.

bezeichneten und die Sargdeckel mit Inschriften versahen. Die Vorlagen wurden im Laufe des Alterungsprozesses praktisch wertlos. Und schließlich mußte der Maler, der ja sowieso nicht imstande war, die Hieroglyphenschrift zu lesen, sich konkret damit behelfen, daß er während der Arbeit ad hoc seine eigenen Zeichen erfand! Das zeigt sich besonders eindringlich an dem dritten Sarg unserer ausgewählten Gruppe. Ganz ohne jeden Zweifel ist die ihm aufgemalte ›Hieroglyphenschrift‹ das Entstellteste, was je in Ägypten gefunden worden ist. Wäre dieser beschriftete Sargdeckel als ein Stück ohne Herkunftsangabe, isoliert in den Händen eines Antiquitätenhändlers, aufgetaucht, wäre es meinem Gefühl nach von jedem beigezogenen Experten als moderne Fälschung zurückgewiesen worden. Als wir den Sarg in Iurudefs Grab fanden, hat in der Tat ein ägyptischer Kollege angemerkt, *Abb. 97*

Abb. 98 Undekorierte Kinder- und Säuglingssärge, ergreifende Belege der Säuglingssterblichkeit im Alten Ägypten. Diese Bestattungen sind Nachbelegungen späterer Zeit in den Grabkammern des Iurudef.

daß er aussehe, als sei er die Woche zuvor im Chan-el-Chalili, dem überdachten Basar von Alt-Kairo, hergestellt worden. Dort werden nämlich sogenannte Antiquitäten massenweise für den Verkauf an leichtgläubige Touristen produziert. All diese Tatsachen werfen ein höchst lebendiges und interessantes Licht auf die Haltung und Arbeitsmethoden der altägyptischen Bestattungszunft, die für eine unkritische Käuferschicht Massenprodukte fertigte.

Schließlich wollen wir einen sehr bewegenden Fundgegenstand betrachten: es ist *Abb. 98* der Sarg eines kleinen Kindes. Viele der Skelette aus dem Hort in Iurudefs Grab waren Kinderskelette. Das weist auf die Kindersterblichkeit in Memphis und sicher in ganz Ägypten im ersten Jahrtausend v. Chr. hin. Nur sehr wenige der Toten in unserer Grablege waren wohlhabend genug, irgendwelche Güter von Bedeutung ins Jenseits mitzunehmen, auch das ein deutlicher Hinweis auf ihre relative Armut. Antike Plünderer sind in den Schacht eingedrungen und haben einige wenige Särge entfernt, wie wir schon sahen. Von einigen anderen wurden die Deckel beiseite gedrückt. Die Räuber müssen schnell erkannt haben, daß sie ihre Zeit vergeudeten: es gab nichts Wertvolles zum Mitnehmen. Ein alter Mann, der in dem Hort bestattet wurde, nahm zwei Gehstöcke mit sich ins Jenseits, sicherlich ebenjene, die er beim Humpeln durch die Gassen von Memphis verwendet hat. Eine weitere Grablege enthielt ein merkwürdiges Objekt, das wir zunächst nur mit Mühe identifizieren konnten; es scheint der Griff einer Peitsche gewesen zu sein. In einem weiteren Sarg befand sich ein zerbrochener Schwarzton-Krug eines Typs, der ca. 1600 v. Chr. datiert wird. Etliche Exemplare dieser Art Gefäße hat man in Saqqara und viele andernorts in Ägypten und im Sudan gefunden. Solche Tongefäße mit geritzter linearer und getüpfelter Dekoration wurden in Palästina hergestellt. Sie enthielten ohne Zweifel ein Öl oder eine Salbe, die nicht in Ägypten zu beschaffen war. Unser Topf war schon ein gutes altes Stück, als er in der Einundzwanzigsten Dynastie wiederverwendet wurde.

Die Skelette und ihre Gebisse werden noch studiert. Sie bilden ein wertvolles Material für die Untersuchung von Gesundheit, Speisezettel, Lebenserwartung und Krankheiten einer ziemlich umfangreichen Gruppe einfacher Menschen – insgesamt an die hundert – von Memphis im ersten Jahrtausend v. Chr. Manche Körper wiesen eine rudimentäre Form der Mumifizierung auf, aber bei diesen hatten sich die Binden zu schwarzem Pulver zersetzt. Die Expedition hat nun für die Untersuchung und Analyse massenhaft Skelettmaterial gesammelt, das in der Mehrzahl von Nachbelegungen stammt, die in den Grabkammern der Grabkapellen des Neuen Reichs erfolgt waren. Dieses Material, die faktischen physischen Überreste von Einwohnern des antiken Memphis und seiner umgebenden Dörfer, stellt für den Anthropologen eine potentiell bedeutendere Quelle dar. Wir haben, abgesehen von den erwarteten Knochenbrüchen, bereits Belege für Drüsen- und Arterienverkalkung, Zahnerkrankungen und schweren Zahnabrieb, ganz abgesehen von Arthritis, dem Fluch unserer eigenen Zeit – und dabei stehen wir erst am Anfang unserer Untersuchungen.

Die Suche nach dem Grab des Maja

Während unsere Kollegen von der Expedition der Egypt Exploration Society mit Unterstützung der Memphis State University das Ruinenfeld der antiken Stadt Memphis vermessen haben (und jetzt dort ausgraben), hat unser Team, wie wir sahen, seine Bemühungen auf ein Areal des Wüstenplateaus westlich der Stadt konzentriert. In der Stadt befanden sich die königlichen Paläste, die Tempel, Verwaltungsbüros, die Arbeitsstätten der Regierung, die Arsenale und die Werften. Die Beamten und die anderen Leute, die zur Zeit des Neuen Reichs in Memphis gelebt und gearbeitet haben, haben ihre Grabbauten in der Nekropole von Saqqara errichtet.

Von manchen dieser Grabkapellen hat der große preußische Gelehrte Carl Richard Lepsius 1843 auf seiner Forschungsreise zur Aufnahme der noch stehenden Baudenkmäler des Niltals einige Teile vorgefunden. Das Grab des Maja, des Schatzkanzlers der Regierung von Tutanchamun und seiner beiden unmittelbaren Nachfolger, war eines derjenigen Denkmäler, die Lepsius in dem Wüstenstrich südlich des Aufwegs zur Pyramide des Unas gesehen hatte. Das Amt des Schatzhausvorstehers gehörte immer zu den bedeutendsten Ämtern der pharaonischen Verwaltung. Der Inhaber dieses Amtes war verantwortlich für die tagtägliche Verwaltung der Staatsfinanzen und für die effiziente Verteilung der riesigen Einkünfte aus dem Land, die hauptsächlich in Form von landwirtschaftlichen Produkten und Mineralien, besonders Gold, hereinkamen. In der späten Achtzehnten Dynastie, zu Lebzeiten Majas, besaß das Amt des Schatzkanzlers ungeheure Bedeutung und Geltung, zumal er ja wohl täglichen Kontakt mit dem Pharao gehabt hat und in der Lage war, im Regierungsbereich bedeutsame politische Entscheidungen zu beeinflussen. Von seinem Kollegen Haremheb einmal abgesehen, war Maja der wichtigste Mann im Reich. Es ist schon auffällig, daß wir nur sehr wenig von den beiden Wesiren oder obersten Ministern Ägyptens während dieser Zeit hören. Denn organisatorisch müßte Maja dem Wesir für Unterägypten, der seinen Sitz in Memphis hatte, unterstellt gewesen sein.

Unsere wichtigste Informationsquelle über seinen Rang, seine Verwaltungskarriere und seine Familie ist sein Grab in der Nekropole von Memphis, zu dem wir in Kürze zurückkehren werden. Ein oder zwei andere Quellen werfen etwas Licht auf seine Tätigkeiten, obgleich die große Masse von Dokumenten, für die er als einer der wichtigsten Minister des Pharaos ohne Zweifel verantwortlich zeichnete, für immer verschwunden ist. Es gibt sehr reichlich Belege dafür, daß die alten Ägypter gerne ihre Lieblingslektüre mit sich in das Jenseits nahmen (wodurch uns viele literarische Texte erhalten geblieben sind). Echte Bürokraten mögen sogar Anweisungen gegeben haben, daß Beispiele ihres eigenen schriftstellerischen Könnens inmitten des Mobiliars der Grabausstattung beigefügt werden sollten. Leider hätten allerdings solche unbezahlbaren Zeugnisse nicht lange unter den feuchten unterirdischen Bedingungen der Nekropole von Saqqara überdauert! Die trockeneren Verhältnisse weiter südlich auf thebanischem Gebiet sind für den Erhalt von Papyrus-Dokumenten günstiger. Immerhin entstammen trotzdem eine ganze Reihe Abschriften des Totenbuchs und anderer schriftlicher Materialien des Neuen Reichs sicher den memphitischen Gräbern. Das erklärt sich vermutlich damit, daß sie in Behältern (möglicherweise aus Ton) aufbewahrt wurden, die sie vor der Feuchtigkeit geschützt haben, oder daß diese relativ bald nach der Bestattung ausgeraubt wurden und so jedes unterirdisch hinterlegte Dokument seinen Weg zu den darüber an der Oberfläche liegenden Höfen und damit in trockenere Wüstenbedingungen genommen hat.

Es besteht immerhin eine kleine Chance, daß wir tatsächlich im Besitz eines Stückchens von Majas eigener Handschrift sind. In einem der Räume des herrlichen Grabs von Thutmosis IV. im Tal der Könige bei Theben kann man den folgenden handschriftlichen Text sehen: »… Befehl seiner Majestät (er möge leben, gedeihen und wohlauf sein!), den Wedelträger zur Rechten des Königs, Vorsteher des Schatzhauses, Obersten der Arbeiten der Nekropole, Leiter des Festes für Amun in Karnak, Maja, zu beauftragen…, das Grabmal des Königs Thutmosis IV., wahr an Stimme, im erlauchten Haus [dem Königsgrab] im Westen von Theben wiederherzustellen.« Diese Anweisung ist in das achte Regierungsjahr [1314 v. Chr.] des Königs Haremheb datiert. Maja nahm also noch bis weit in die Regierungszeit seines ehemaligen Kollegen hinein aktiv am Leben teil. Offensichtlich hatten Grabräuber die Grabstätte Thutmosis' IV. gestört, und Maja fiel im Rahmen seiner offiziellen Verantwortung die Überprüfung des Grabinhalts zu, sicher um alles Fehlende zu ergänzen und dann den Eingang erneut zu versiegeln. Eine seiner größeren Bürden als Schatzkanzler muß es gewesen sein, den reichen Komplex an Beigaben ritueller und privater Natur für das Grab des jungen, so unerwartet früh verstorbenen Pharaos Tutanchamun zusammenzustellen. Eine Ahnung von Majas Nähe zu dem jungen König haben wir dadurch, daß ihm das seltene Privileg verliehen worden ist, bestimmte figürliche Grabbeigaben mit Tutanchamuns Namen und seinem eigenen dazu im Rahmen der pharaonischen Grabausstattung darzubringen. So hat etwa Maja ein besonders schön gearbeitetes Uschebtifigürchen, das dem König im Jenseits dienen sollte, gestiftet und diese Tatsache auf den Fußsohlen des Figürchens in einem Text festgehalten, womit er zugleich seine eigene Unsterblichkeit sichergestellt hat. Außerdem schenkte er ein wundervoll gearbeitetes Abbild des Königs in der Gestalt des Gottes Osiris, wie er auf der Totenbahre ausgestreckt ruht.

Auf diesem Gegenstand befindet sich folgende Inschrift: »Hergestellt von dem Diener, der Seiner Majestät nützlich ist, der das Gute sucht und das Schöne findet und es voller Sorgfalt für seinen Herrn ausführt, der herausragende Dinge tut am Schönen Ort, Vorsteher der Bauarbeiten am Platz der Ewigkeit, der Königliche Schreiber, Vorsteher des Schatzhauses, Maja.« Die Inschrift fährt fort: »Hergestellt von dem Diener, der Seiner Majestät nützlich ist, der hervorragende Dinge am Platz der Ewigkeit auswählt, Vorsteher der Bauarbeiten im Westen [dem Nekropolenbereich], Geliebter seines Herrn, der tut, was er [der Pharao] sagt, der nicht zuläßt, daß irgend etwas falsch geschieht, dessen Antlitz fröhlich ist, wenn er das [vermutlich: seine Pflicht] tut mit liebendem Herzen als ein Ding, das seinem Herrn höchst zuträglich ist.«

Laut müssen die Klagen der Beamten vom Schlage eines Maja geklungen haben beim Tod des vergöttlichten Pharaos! Sie müssen in Sorge um die Sicherheit ihrer Stellungen unter dem nachfolgenden Herrscher gebangt haben. Wie wir gesehen haben, hat Maja bis in die Regierungszeit Haremhebs hinein überlebt, muß also zweifellos nach dem Tod Tutanchamuns vom Nachfolger dieses Pharaos, König Eje, im Amt belassen worden sein.

Ein jüngst entdecktes Stelenfragment gewährt uns einen einzigartigen Blick auf eine weitere Verwaltungsaufgabe des Maja, und zwar eine, die ihn seinen Landsleuten nicht besonders sympathisch gemacht haben kann. Der Text lautet: »Jahr 8, im dritten Wintermonat, am 22. Tag, unter der Majestät des Horus ... des Sohnes des Re [Tutanch]amun, begabt mit Leben. An diesem Tag beauftragte der König den Erbprinz und Grafen, den Wedelträger zur Rechten des Königs, königlichen Schreiber, Vorsteher des Schatzhauses Maja ... das ganze Land zu besteuern und göttliche Opfer [für] alle [Götter] des Landes Ägypten einzurichten ...« Der Rest der Stele fehlt, aber der weitere Text könnte den Grund angegeben haben, warum eine Steuer im ganzen Land zu dieser Zeit und nicht eher später in der Regierungszeit des jungen Königs erhoben wurde. Vielleicht war dies die Gelegenheit für eine offizielle Feier, weil die großen Kulttempel, die Tutanchamuns Vorgänger Echnaton hatte schließen lassen, jetzt wiederhergestellt und erneut voll funktionsfähig geworden waren. Maja als Schatzkanzler mußte in der Reorganisation der Tempeleinkünfte eine entscheidende Rolle gespielt haben. Denn diese waren von den Agenten des ›Ketzerkönigs‹ Echnaton – wie bereits oben erwähnt – beschlagnahmt und umverteilt worden.

Das Expeditionsteam hatte im Lauf der Jahre seit der Entdeckung von Haremhebs Baudenkmal im Jahr 1975 keineswegs Maja vergessen, dessen Grab wir am Beginn unserer Expedition zu suchen ausgezogen waren. Aufgrund der Hinweise aus uns bereits zur Verfügung stehenden Anhaltspunkten war zu erwarten, daß uns die Wiederauffindung seines Grabes mit wertvollem Material versorgen würde, um das Wissen, das wir bereits von Majas Leben und Karriere hatten, zu vermehren. Darüber hinaus würde es wohl weitere Fakten beisteuern, die mit den Grä-

Abb. 99 Blick nach Norden von der Grabkapelle des Pabes (im Vordergrund) in den Hof des Ramose-Grabes. Ein (mit Pfeil gekennzeichneter) Schacht in letzterem eröffnete im Jahr 1986 den Zugang zu den Unterbauten des Maja-Grabes. In der Entfernung sieht man die Stufenpyramide des Djoser.

bern und Grabbeigaben, die wir bisher in der Nekropole gefunden hatten, zu vergleichen und zu kontrastieren waren.

DAS GRAB WIRD GEFUNDEN

Anfang Februar 1986, als wir gerade einen der Schächte im Hof des Grabes eines Armeeoffiziers namens Ramose (dessen Grab oben beschrieben wurde) ausräumten, bemerkten wir, daß wir von dort aus die unterirdischen Teile eines nördlich angrenzenden Grabes durch einen Grabräubertunnel betreten konnten. Die Wüste von Saqqara ist ein einziger Wabenbau solcher unterirdischer Passagen, und uns waren während des vergangenen guten Jahrzehnts eine Fülle von ihnen bei der Arbeit in der Nekropole begegnet. Es ist ziemlich sicher, daß alle großen Gräber im Altertum betreten und ausgeraubt worden sind. Die Oberbauten der Baudenkmäler wurden, wie wir aus Erfahrung wissen, teilweise zur Wiederverwendung abgerissen. Aber das Plündern und die Abbrucharbeiten unterliegen ihrer Natur nach einem gewissen Zufall, und selbst die Unternehmungen der Sammler und Plünde-

Abb. 99, 112

rer des neunzehnten Jahrhunderts gingen unsystematisch vor. Und in den Anfangsjahren jenes Jahrhunderts sind keine wirklichen Ausgrabungen in Saqqara erfolgt. Als wir durch diese von Ramoses Grab wegführende Passage krochen, waren unsere Hoffnungen nicht hochgespannt, daß wir irgend etwas wirklich Bedeutungsvolles finden würden, etwas anderes als die üblichen, undekorierten Räume eines weiteren großen Grabdenkmals. Wir verschwendeten kaum einen Gedanken darauf, daß wir Inschriften oder anderes der Identifizierung des Grabbesitzers dienendes Material finden könnten.

Die Qualität und Festigkeit des anstehenden Gesteins und die Reinheit der Luft sind von allerhöchster Bedeutung, wenn man unterirdische Grabungen durchführt. Nachdem diese Faktoren als erträglich ausgewiesen waren, begannen wir, die unterirdische Anlage des dem Ramosegrab benachbarten Grabes zu untersu-
Abb. 100 chen. Das neu entdeckte Grab besaß offensichtlich Grabkammern auf zwei Ebenen; wir befanden uns während dieses Stadiums noch im oberen Bereich, wo man *loculi* oder Grabplätze mit einigem fragmentarischem Skelettmaterial sehen konnte. Bis dahin gab es keine Hinweise auf Bestattungen des Neuen Reichs. In die Ecke eines Raumes der oberen Ebene hineinverputzt bemerkten wir etwas sehr Seltsames: kleine blaue Uschebtifigürchen aus der Spätzeit; ohne Zweifel dienten sie dem einen oder anderen der in den angrenzenden *loculi* Bestatteten. Es ist überaus selten, um nicht zu sagen einmalig, daß Grabfigürchen an die Wände einer Grabkammer fixiert sind. Normalerweise wurden sie entweder der Mumie beigelegt oder in einem eigens für diesen Zweck bereitgestellten Kästchen untergebracht und neben dem Sarkophag abgestellt.

Im selben Raum, wo wir die Uschebtis bemerkt hatten, konnte man einen tiefen Schacht erkennen, frei von Schutt, der zu einer zweiten Ebene hinunterführte. Ein oder zwei Tage gingen vorüber, bis ich mich am 8. Februar entschloß, einen Versuch zu wagen, den Eigentümer des ›neuen‹ Grabes dadurch zu bestimmen, daß ich in den Schacht hinunterstieg, an dessen Boden man eine Tür erkennen konnte, die nach Norden führte. Ich hatte eine kleine Hoffnung, wir könnten vielleicht die Identität des Grabbesitzers oder wenigstens eines seiner Familienmitglieder anhand von beschrifteten Gegenständen herausfinden, die, wie wir hofften, vielleicht im Schutt herumliegen könnten.

Es dauerte nur wenige Minuten, in den Schacht zu klettern und in den Durchlaß am Boden hineinzulugen.Von dort aus konnte man eine Treppe sehen, die im Bogen hinunterführte, wobei die Stufen mit Geröll aufgefüllt waren. Unsere Lampen zeigten uns zwei in die Wände gehauene Fels-Stelen links und rechts (wir hatten zwei weitere in der Grabkammer oberhalb des Schachtes gesehen). Einige wenige Momente vergingen, während wir die Stufen prüften, immer bemüht, nichts durcheinanderzubringen, während wir uns hinunterarbeiteten. Die antiken Grabräuber mußten diesen Gang passiert haben, als sie die Grabkammer verließen (wir erwarteten nicht, diese ungestört anzutreffen), und es bestand immer die Chance, daß sie

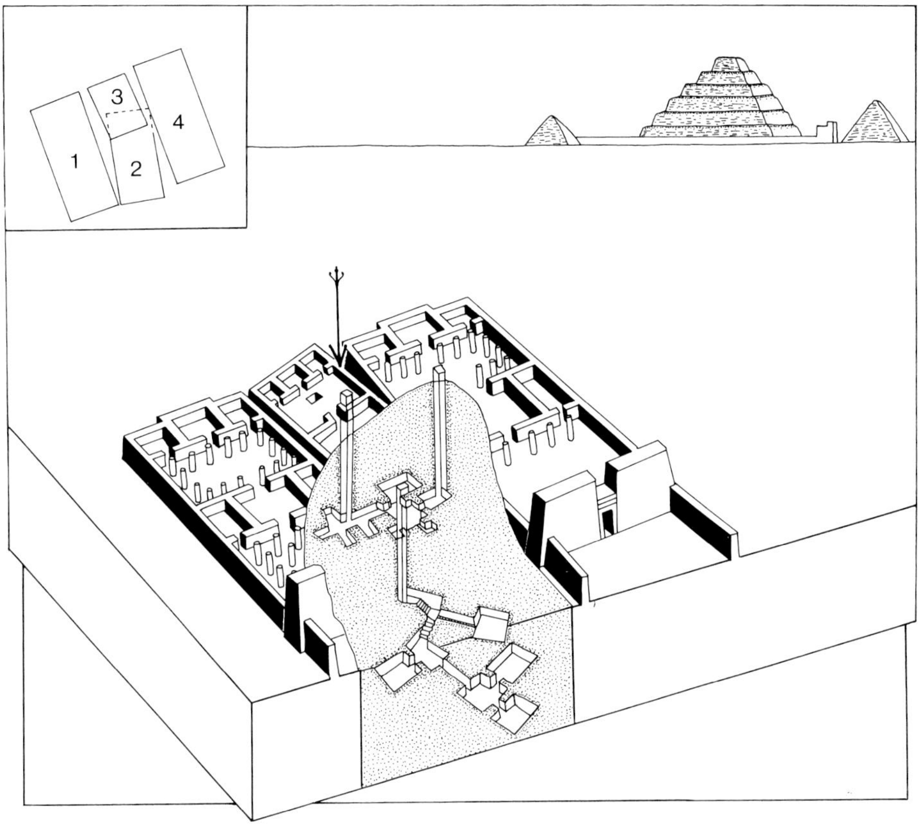

Abb. 100 Schematische Zeichnung, die den Schacht und die unterirdische Anlage des Grabes von Maja und Merit verdeutlicht und den (mit Pfeil gekennzeichneten) Schacht im inneren Hof der Grabkapelle des Ramose. Dieser Schacht verschaffte 1986 der laufenden Expedition über einen Grabräubertunnel Zugang zu den unterirdischen Kammern Majas. In einiger Entfernung liegen im Hintergrund nach Norden die Stufenpyramide des Djoser sowie die Pyramiden von Unas und Userkaf. Lageplan links oben: (1) Grab des Haremheb. (2) Grab von Tia und Tia. (3) Grabkapelle des Ramose. (4) Grab des Maja.

etwas fallen gelassen hatten in ihrer Sorge, rasch wieder nach oben an die frische Luft zu entkommen. Die Plünderer müssen in großer Eile gewesen sein, ihre Funde insgeheim beiseite zu schaffen und zu vermeiden, daß sie von den Nekropolenaufsehern erwischt wurden; es ist allerdings ebensogut möglich, daß letztere manchmal mit den Grabräubern zusammenarbeiteten. An jenem Februarmorgen hatten wir selbst es nicht besonders eilig. Wir erwarteten keine dramatischen Funde und waren zu diesem Zeitpunkt mit dem prosaischen Problem beschäftigt, das Kabel

unseres Generators in Position zu bringen, der oben auf dem Wüstensand etwa 25 Meter über unseren Köpfen aufgestellt war. Ein, zwei Sekunden vergingen, mein holländischer Kollege und ich hielten die Glühbirne über unseren Köpfen und starr-
Taf. ten über die Treppe hinunter. Wir waren vollkommen unvorbereitet für den
15 a.b Anblick, der unsere Augen traf: ein Raum, angefüllt mit gemeißelten Reliefs, die in
16 a.b einem warmen goldenen Gelb bemalt waren.

DER BEMALTE RAUM

Die alten Ägypter hatten die Gewohnheit, einen großen Teil ihres Vermögens auf ihr ›Haus der Ewigkeit‹ zu verwenden, wie sie ihre Gräber nannten. Merkwürdigerweise pflegten sie dabei aber die Dekoration der Grabkammern in ihren Grabanlagen zu vernachlässigen; diese waren oft kaum mehr als grob ausgehauene Höhlen im Boden. Im Gegensatz dazu waren die Kapellen und Höfe oben an der Wüstenoberfläche bedeckt mit bemalten Reliefs und Inschriften, wie wir es in den bereits beschriebenen Gräbern gesehen haben. Nachdem die Bestattungen an ihrem vorgesehenen Platz erfolgt waren, sollte kein sterbliches Auge die unterirdischen Grabräume je mehr erblicken. Die Bauten an der Oberfläche gaben dagegen, zumindest theoretisch, in alle Ewigkeit den Rahmen des Totenkults für den Verstorbenen ab. Daher war es völlig überraschend für uns, als mein holländischer Kollege und ich uns plötzlich in der neu entdeckten unterirdischen Kammer schön bemalten Reliefs gegenübersahen. Der Begleittext identifizierte die Grabeigentümer als Maja und Merit. Ein mit Geröll verbarrikadierter Gang öffnete sich von dort nach Osten.

Nachdem wir einmal die unterirdischen Anlagen entdeckt hatten, wußten wir sofort, daß auf der Wüstenfläche hier oben über unseren Köpfen jene Oberbauten des lange verloren geglaubten Grabes des Maja verborgen sein mußten, vor denen Lepsius einhundertdreiundvierzig Jahre früher gestanden hatte. Wir hatten nun zwei Optionen zur Wahl: Wir konnten den versperrten Korridor freiräumen und bis zu den Grabkammern vordringen (wo uns vielleicht alle möglichen aufregenden Dinge erwarten würden), oder wir konnten das Areal samt dem per Zufall entdeckten Schacht versiegeln und jede weitere Ausgrabung der unterirdischen Anlage auf eine zukünftige Grabungskampagne verschieben. Die meisten Leute – besonders die Presse – waren sehr erstaunt, als ich mich für die letztere Option entschied. Wie konnten wir bloß unsere Ungeduld zwölf Monate oder länger (tatsächlich wurde es dann auch länger) zügeln? Die Gründe sind sehr einfach, ja prosaisch: Archäologen sind keine Schatzjäger, die unterirdische Arbeit mußte auf jeden Fall sehr sorgfältig bedacht und vorausgeplant werden. Es war logistisch wesentlich vernünftiger, von der Wüstenoberfläche hinunter zu arbeiten als umgekehrt. Außerdem hatten wir für diese Saison bereits eine Ausgrabungskampagne begonnen, die zunehmend wissenschaftlich interessante Ergebnisse lieferte (wie im vorigen Kapitel beschrieben). Ich dachte daher, es wäre falsch, diese Arbeit im Stich zu lassen um einer anderen, vielleicht ›spektakuläreren‹ willen. So haben wir nach dem Abklingen der anfänglichen Aufregung unsere Arbeiten an den kleinen Grabkapellen von Chai, Pabes und Ramose wieder aufgenommen.

DIE GRABUNGSKAMPAGNE VON 1987

1987 eröffnete sich uns die lohnende Aussicht darauf, die Höfe und die Kapellen von Majas Grab freizulegen, dort zu stehen, wo Lepsius 1843 gestanden hatte, und wahrscheinlich manch ein Relief in Augenschein zu nehmen, das er vor so vielen Jahren aufgenommen hatte. Aus seinem publizierten Grundriß ging deutlich hervor, daß er nur einen Teil des inneren Hofes von einer Anlage gesehen haben konnte, die ein grandioses Bauwerk gewesen sein mußte, gleichrangig dem der Grabanlage des Haremheb.

Rein logisch hätte man vermutlich vorzugsweise zunächst das Ostende, also den Pylon-Eingang des großen Baudenkmals, orten und sich dann systematisch westwärts zur Opferkammer und den Kapellen vorarbeiten sollen, so etwa, wie wir es bei Haremhebs Grab getan hatten. Wir hatten nun aber aus der Wüstenoberfläche heraus keinen Anhaltspunkt, wo sich der Eingang befinden könnte (obgleich wir rieten, daß er etwa in einer Fluchtlinie mit dem Pylon von Tia und Tia stehen müßte; die Arbeiten der Grabungssaison 1988 belegten dann, daß unsere Ahnung richtig gewesen war). Nun war es aber auch immer wünschenswert, sich vom Bekannten zum Unbekannten vorzuarbeiten, und uns war bewußt, daß der Hauptschacht des Grabes, unter dem wir 1986 gestanden hatten, innerhalb des zweiten, des inneren Hofes des Grabes anzusetzen war, also genau jenes Hofes, der teilweise offen zugänglich war, als Lepsius 1843 Saqqara besuchte. Ich dachte, es könnte für uns lehrreich sein, zunächst diesen Hof freizulegen, um zu überprüfen, welche Reliefs und anderen Materialien übriggeblieben waren, und die erhaltenen Reliefs mit den Zeichnungen zu vergleichen, die der große preußische Gelehrte angefertigt hatte. Die Genauigkeit seiner epigraphischen Arbeit war nie auf den Prüfstand gekommen, jedenfalls nicht, was die Reliefs des Maja anging.

Entsprechend begannen wir unsere Arbeit im Frühjahr 1987, und binnen kurzem hatten wir die oberste Linie der Schlammziegel-Wände des inneren Hofes, die Hauptkultkammer und die sie flankierenden Seitenkapellen freigelegt. Wie immer bestand die Hauptaufgabe im Beseitigen enormer Mengen von Flugsand und Schutt, die die architektonischen Überreste bedeckten. Sobald das geschehen war, konnten wir sehen, daß der jetzt freigelegte Teil des Grabes fast genau dem entsprechenden Abschnitt im gleichzeitigen und nahe gelegenen Grab des Haremheb glich; das war nun wahrlich ein Beleg dafür, daß es so etwas wie einen ›Standard‹-Bauplan für ein Grab der späten Achtzehnten Dynastie gab.

Abb. 101, 102 Die vollständige Freilegung des inneren Hofes, der Kultkammer und der Seitenkapellen war innerhalb weniger Tage abgeschlossen. Es war schon ein merkwürdiges Gefühl, zu beobachten, wie die Reliefs, die Lepsius einst bewundert hatte, allmählich aus dem Sand emportauchten, während unsere Arbeiter den Hof leerräumten. Rasch konnte man jedoch erkennen, daß eine ganze Reihe der wundervollen Blöcke, die Lepsius noch aufgenommen hatte, sich nicht mehr an den Wänden befanden und auch nicht im Schutt. Einige Reliefs von der Südseite waren noch von Lepsius selbst abgenommen und nach Berlin geschickt worden. (Neben seiner Arbeit, die noch existierenden Denkmäler des Niltals für die Nachwelt aufzunehmen, hatte er auch den Auftrag, Material für das große staatliche Museum Preußens zu sammeln.) Diese Blöcke haben in Berlin unbeschädigt bis zum Zweiten Weltkrieg überlebt. Während der Bombardierung Deutschlands wurden sie durch Feuer stark beschädigt, so daß heute nur noch kalzinierte Fragmente davon übrig sind. Das mag zur Warnung dienen, daß die großen Schätze des Altertums (oder auch jüngerer Zeit) nicht notwendigerweise sicher sind, selbst wenn sie in einer

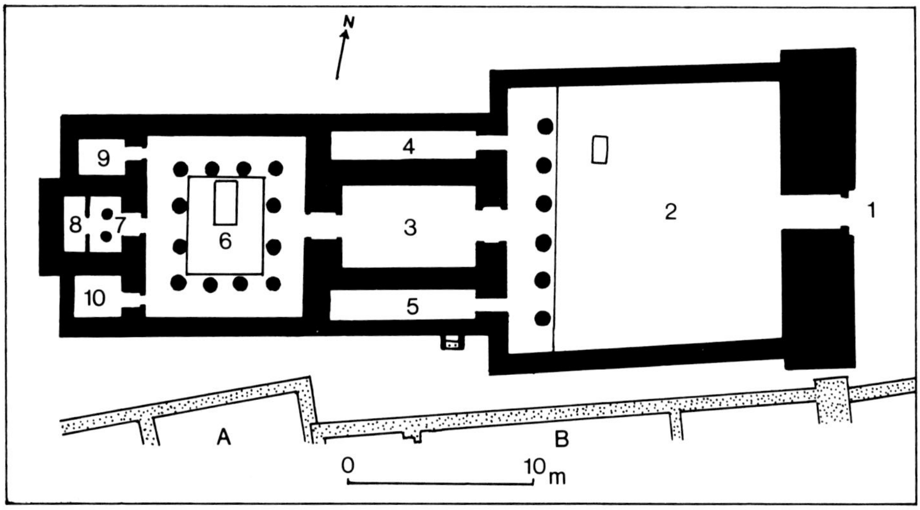

Abb. 101 Plan der Oberbauten der Grabanlage von Maja und Merit. (1) Vorhof. (2) Äußerer Hof mit Säulenreihe. (3) Statuenraum. (4, 5) Seitenkapellen. (6) Innenhof mit Kolonnade und dem in die Grabkammern hinunterführenden Schacht. (7, 8) Opferkammer mit vorkragenden Seitenwänden. (9, 10) Seitenkapellen. (A) Äußerer Hof des Ramose-Grabes. (B) Innenhof des Grabes der beiden Tias.

Abb. 102 Blick über den inneren Hof des Grabes von Maja und Merit in westliche Richtung auf die Opferkammer und die sie flankierenden Kapellen. Die Säule und die Statuengruppe zur Linken waren schon von C. R. Lepsius 1843 gesehen und registriert worden. Im Zentrum befindet sich mit drei Deckplatten *in situ* der Hauptschacht des Grabes, der den Zugang zu den unterirdischen Anlagen gewährt.

Museumssammlung untergebracht sind. Glücklicherweise ist ein Satz guter Photos der Berliner Reliefs am Beginn dieses Jahrhunderts hergestellt worden, die zusammen mit den Zeichnungen der Kopisten von Lepsius einen adäquaten Beleg für dieses Material abgeben. Die Beschreibung dieser Reliefs und der anderen, die wir 1987 und 1988 gefunden haben, erfolgt weiter unten.

Was ist nun mit jenen Reliefs, die seit 1843 verschwunden sind? Wir müssen annehmen, daß sie einige Zeit, nachdem Lepsius sie aufgenommen hatte, vom Grab entfernt worden und in die Kalkbrennöfen der örtlichen Dorfbewohner gewandert sind, wie im letzten Jahrhundert so vieles aus den Friedhöfen von Saqqara.

DIE STATUENGRUPPE

Lepsius hatte eine Doppelstatue oder Dyade von Maja und seiner Frau Merit bemerkt, die vor die Südwand des inneren Hofes gestellt gewesen war, vor jene Reliefs, die dann nach Berlin verschickt worden sind. Diese Dyade war schon zu der Zeit, als Lepsius sie sah, in ziemlich beschädigtem Zustand (nach seinen Zeichnungen zu urteilen). Wir fanden sie mit der Vorderseite nach unten im Hof liegend. Dadurch enthüllte sie uns ihre Basis. Vielleicht war sie auf diese wenig galante Art von jenen Arbeitern behandelt worden, die den Befehl erhalten hatten, die Reliefs für den Transport nach Preußen zu entfernen. Die Männer, die dies ausführten, verschafften uns unabsichtlich einen wertvollen Vorteil, den wir nie gehabt hätten, wenn die Statue aufrecht an ihrem rechtmäßigen Platz stehengeblieben wäre: Die Statue ist nämlich aus einem Block des Alten Reichs geschnitten, der vermutlich aus der Fünften Dynastie datiert (ca. 2375 v. Chr.). Die Unterseite zeigt Teile einer in einem zarten Flachrelief gemeißelten Opferszene. Dies war das erste einer Reihe von Anzeichen, daß die Arbeiter, die das Grab des Maja errichtet und dekoriert haben, einen großen Teil ihres Baumaterials von den bereits existierenden Bauwerken bezogen hatten. Wir fanden, daß viele Blöcke der Pflasterung und die Reliefs,
Taf. 14 b die die inneren Verkleidungen der Höfe bildeten, aus Bauten des Alten Reichs stammten. Aus den Inschriften, die manchen von ihnen eingeschnitten waren, scheint klar hervorzugehen, daß eine Reihe der Blöcke (vielleicht die meisten) vom Aufweg der Unas-Pyramide herrührte, nur ein paar Schritte nordwärts von dem Grab entfernt. Man überlegt, ob auch andere Statuen des Neuen Reiches, die heute in Museumssammlungen aufbewahrt sind, aber ursprünglich aus der memphitischen Nekropole kamen, vielleicht in ähnlicher Weise aus Blöcken des Alten Reichs gefertigt worden sind.

DIE AUSSTATTUNG MIT SÄULEN

Auf Lepsius' Plan des inneren Hofs der Grabanlage ist nur eine einzige Säule eingezeichnet. Dabei handelt es sich um eine von zwölf Stück, die das Dach des Säulengangs abstützten. Dieser umlief alle vier Seiten des Hofes und schützte die darunter befindlichen Reliefs an den Wänden. Auch hier hat jemand nach Lepsius' Abreise
Abb. 103 1843 die Säule umgeworfen. Wir fanden sie 1987 in mehrere Stücke geborsten und in einem sehr traurigen Zustand. Aber unsere Restauratoren hatten sie bald wieder zusammengesetzt.

An einer Seite der Säule war eine beschriftete Tafel mit Majas Namen und Titel herausgemeißelt worden, und zwar mit Richtung auf die Hauptachse des Grabes. Als Lepsius sie sah, war sie noch unbeschädigt; 1987 fehlte ein Teil. 1988, als wir gekom-

Abb. 103 Säule im Innenhof von Maja, wie sie umgestürzt und zerbrochen von der Gemeinschaftsexpedition EES/Leiden gefunden wurde. Lepsius hatte sie 1843 *in situ* gesehen. Sie ist jetzt restauriert und an ihrem Platz wieder aufgestellt worden.

men waren, um den nahe gelegenen tiefen Schacht in der Mitte des Hofes freizulegen, fanden wir das fehlende Textfragment. Daß wir das Tafelfragment etwas weiter innen im Schacht fanden, war ein Hinweis darauf, daß der Schacht im neunzehnten Jahrhundert leergeräumt gewesen sein muß. Das wiederum hätten wir eigentlich nicht erwartet (weil wir keine weiteren Belege dafür fanden). Lepsius erwähnt den Schacht in seinem Bericht nicht.

KULTKAMMER UND SEITENKAPELLEN

Die Hauptkultkammer an der Westseite des Hofes war ursprünglich mit Reliefs geschmückt, und wir können nur vermuten, daß diese, wie üblich, Religion und Totenkult zum Thema hatten. Sie wurden alle zur Wiederverwendung bereits im Altertum abgenommen, und zum allergrößten Teil sind nur die Setzlinien auf Fußbodenniveau übriggeblieben. Eine große Stele als Kultmittelpunkt war gegen die Westwand gesetzt worden. Auch diese ist verschwunden, nur der Sockel ist geblieben. Das genügt, um uns eine gute Vorstellung von den Maßen der Stele zu geben. Die flankierenden Seitenkapellen hatten ursprünglich gemalte Szenen auf einem geschlämmten Untergrund getragen wie so viele Kapellen der thebanischen Nekropole, aber von der Farbe sind nur Spuren erhalten. Einstmals hatten diese Seitenkapellen ein Schlammziegelgewölbe besessen, dagegen war der Kultraum wohl mit einer flachen Decke aus Kalksteinblöcken, auf denen dann wieder eine kleine Ziegelpyramide aufruhte, ausgestattet gewesen. Das Grab des Haremheb liefert die genaue Parallele dazu. Die Rücksprünge bzw. Eingänge zu den Kapellen tragen immer noch Reste der Szenen, in denen Opferträger in ununterbrochener Folge die ausgewählten Produkte herbeitragen. Damit wurden auf magische Weise die Altäre in den Kapellen gefüllt, falls die konkrete Nahrungsspende ausblieb. Bei der Untersuchung der Reliefs von Majas Grab werden wir bemerken, daß mehr Betonung als sonst bei Wanddekorationen üblich auf die Vorsorge an Speise- und Trankopfern gelegt wurde. Wenn man von den großen Vorratsgefäßen ausgeht, die unterirdisch in den Grabkammern gefunden wurden, dann war in diesem Bereich für Maja und Merit bestens gesorgt. Die Hervorhebung der Opfergaben hebt sich in mancher Hinsicht vom Dekorationsschema im benachbarten Grab des Haremheb, des Kollegen von Maja, ab. Wie wir gesehen haben, betont der große Feldherr Aspekte seiner Karriere. Dagegen ist Maja eher schweigsam, was seine Verwaltungstätigkeit und sein Privatleben anlangt, zumindest soweit wir nach den erhaltenen Reliefs seines memphitischen Grabes urteilen können. Vielleicht gab es für Haremheb mehr zu prahlen, während Maja seine Lebensgestaltung und seine Pflichterfüllung mit einem Minimum von Zurschaustellung und Aufsehen abwickelte. Obgleich das ein rein subjektives Gefühl ist, habe ich den starken Verdacht, daß Maja und Haremheb trotz ihrer nahen Kollegialität oder vielleicht sogar engen Freundschaft verschiedene persönliche ›Lebensstile‹ gehabt haben, wie ihn Lebensstil und Erziehung jeweils bestimmt und geprägt haben mögen.

MAJA-STEINBLÖCKE AUS DEM JEREMIAS-KLOSTER

Ich habe schon mehrfach erwähnt, daß die Baumeister der Grabbauten in der memphitischen Nekropole gerne bereits existierende Bauwerke von Saqqara zwecks Wiederverwendung der Blöcke abrissen. Das geschah bis hinauf in die christliche Epoche und noch weit darüber hinaus. Ein englischer Archäologe, J. E. Quibell, der zwischen 1908 und 1910 ein wichtiges koptisches Kloster etwas östlich von unserem Areal ausgegraben hat, entdeckte, daß dessen Architekten im 5. Jahrhundert n. Chr. und späterhin eine Reihe Gräber des Neuen Reichs auf dem nahe gelegenen Friedhof abgetragen hatten. Das Kloster selbst wurde schließlich mit dem Aufkommen des Islam verlassen, es wurde nicht mehr genutzt und dann seinerseits seiner Steine beraubt. Hätte Quibell das Glück gehabt, die Klostergebäude noch mehr oder minder intakt vorzufinden, wäre er sicher in der Lage gewesen, mit Hilfe der Steinquader, aus denen sie zum Teil erbaut waren, eine ganze Reihe Baudenkmäler des Neuen Reichs zu rekonstruieren! Wie die Dinge liegen, haben wir nur Bruchstücke, die übriggeblieben sind, nachdem die meisten Räumlichkeiten dieser großen koptischen Niederlassung geplündert und ihrer Steine beraubt worden sind. Zum Glück für uns gehörten zu jenen Blöcken, die sich bis in unser Jahrhundert hinein erhalten haben, mindestens zwölf Reliefs aus dem Grab von Maja und Merit. Sie befinden sich jetzt in Kairo im Museum. Alle im Jeremias-Kloster gefundenen Blöcke haben neue Einsichten in die Kunst des Neuen Reichs aus dem Gebiet von Memphis vermittelt, sie geben auch Hinweise auf die Existenz von Gräbern bedeutender Verwaltungsbeamter von Memphis aus der Zeitspanne zwischen Tutanchamun und Ramses II.

Während wir den inneren Hof freilegten, beschäftigte uns ein Problem: Auch wenn nur eine kleine Anzahl von Reliefs bis heute an ihrem Platz stehen geblieben ist (im untersten Register der Ost-, Süd- und Westwand), so müssen einige von ihnen jedenfalls noch dort gewesen sein, als Lepsius 1843 das Grab aufnahm – trotzdem hat er sie nicht verzeichnet. Das ist nur schwer zu erklären, denn er hat sie sicher gesehen. Vielleicht war seine Zeit begrenzt, so mag er Anweisung gegeben haben, nur das aufzuzeichnen, was ihm selbst von besonderer Bedeutung erschien.

Unsere eigenen Entdeckungen und Wiederentdeckungen von Reliefs, ferner jene, die Quibell gefunden hat, dazu Lepsius' Zeichnungen solcher Szenen, die heute zerstört oder abhanden gekommen sind, all das zusammen ergibt, daß wir uns ein recht gutes Bild von dem Dekorationsschema des inneren Hofes von Majas Grab machen können, und wir werden uns jetzt diesem Teil des Monuments zuwenden.

DER INNERE HOF DES GRABES

Fast ohne Ausnahme handelt es sich bei den Szenen aus diesem Teil des Gebäudes um solche konventionellen Inhalts. Trotzdem sind sie interessant. Sie thematisieren, was in einem ägyptischen Grab von Rang unerläßlich ist. Viele haben mit der Bereitstellung von Mitteln für den Totenkult der Grabeigentümer zu tun und der Abbildung von Grabbeigaben, die für Maja und Merit an ihrem Aufenthaltsort im

Jenseits von Belang sein könnten. Das alles steht in deutlichem Kontrast zum inneren Hof von Majas Zeitgenossen Haremheb, wo einzigartige historische Szenen von Meisterhand gemeißelt worden sind. Majas Reliefs sind sicherlich hochrangige Kunstwerke, aber er schweigt sich, wie ich schon betont habe, eher aus, wenn es, für die Nachwelt, um eine stärkere Enthüllung oder Aufzeichnung seines Privatlebens, seiner persönlichen Anschauungen oder seiner Dienstpflichten im Rahmen der Verwaltung geht. Da sich im großen und ganzen nur die untersten Register der Kalksteinverkleidung heute noch in ihrer ursprünglichen Position im Hof befinden (wo so viel verlorengegangen ist), müssen wir uns bewußt sein, daß dies eher ein *argumentum ex silentio* ist.

Taf. 11, 14 a

Die richtige Position der von Quibell im Jeremias-Kloster gefundenen Maja-Blöcke muß noch zufriedenstellend erarbeitet werden. Sie scheinen ursprünglich aus dem inneren Hof zu stammen. Da es keine direkt angrenzenden Stücke zu jenen Blöcken gibt, die zur Zeit von Lepsius vorhanden waren und von uns 1987 noch *in situ* gefunden wurden (inzwischen waren allerdings einige der Reliefs, die der preußische Gelehrte noch vermerkt hatte, abhanden gekommen), können wir noch nicht ganz sicher sagen, auf welcher Wand resp. welchen Wänden sie angebracht waren. Wir müssen uns nur mit einem dieser Reliefs beschäftigen. Es zeigt Maja und Merit sitzend, drei Diener räuchern und bringen Opfergaben. Auf demselben Block wird Maja dargestellt bei der Anbetung der Hathor-Kuh, die in einer Barke steht. Fast der einzige Einblick, den wir in die administrativen Pflichten des Grabherrn gewinnen können (abgesehen von Inschriften, die seine Amtstitel festhalten), befindet sich auch auf diesem selben Relief: Maja wird beim Registrieren der vorderasiatischen Gefangenen und ihrer von Hirten herangebrachten Buckelrinder gezeigt. Es ist nicht unwahrscheinlich, daß diese Gefangenen zu denen gehört haben, die in Haremhebs Grab dargestellt sind. Sie wären dann anschließend von dem großen Militärführer seinem Kollegen, dem Schatzkanzler, übergeben worden, damit man ihnen Arbeitsprojekte und andere Pflichten zuweisen konnte, für die nun wiederum er die Verantwortung trug.

Auf anderen von Quibell gefundenen oder von Lepsius verzeichneten Blöcken belegen Hymnen an die Sonne und den Mond sowie eine Darstellung der Hathor, der man in ihrem Schrein Opfer darbringt, Majas Vorliebe für Szenen religiösen Charakters.

Auf der Südseite des Hofes sah Lepsius eine herrliche Folge von Blöcken mit der Wiedergabe von Majas Grabprozession. Kultdiener ziehen sitzende und stehende Statuen des Grabherrn herbei. Ihnen folgen Männer mit Gefäßen und Kisten. Auch Klagende sind anwesend. Majas Sarg sowie eine kniende Statue des hohen Beamten werden in den Hof seiner Grabanlage getragen. Das sind die von Lepsius nach Berlin mitgenommenen Reliefs.

Wir selbst hatten das Glück, einige Blöcke, die zur Ostwand des inneren Hofes gehörten, entweder *in situ* oder im Schutt zu finden. Die besterhaltenen Reliefs zei-

Abb. 104 Opferbringende mit Gaben für Maja und seine Frau. Zur Rechten (außerhalb dieses Bildes) führt vom Innenhof aus der Eingang in den Statuenraum.

Abb. 104 gen Opferträger vor Maja und Merit in einem Kunstwerk, das in einem feinen Flachrelief geschnitzt ist, wie so viele Szenen in diesem Baudenkmal.

DER STATUENRAUM UND DIE KAPELLEN

Sobald wir die Ausgrabungsarbeiten im inneren Hof des Grabes und den angrenzenden Kapellen abgeschlossen hatten, wurden unsere Arbeiter angewiesen, sich nach Osten hin weiter vorzuarbeiten. Binnen kurzem hatten sie einen großen Raum abgedeckt. Dieser barg ursprünglich zwei Statuen (oder möglicherweise Dyaden). Er wurde jeweils von Seitenkapellen flankiert. Letztere waren nicht dekoriert und waren in der frühchristlichen Zeit als Wohnräume wiederverwendet worden, gerade so wie ihre Gegenstücke im Grab des Haremheb. In der südlichen Kapelle befand sich eine große Stele noch in aufrechter Position vor der Westwand. Für uns war es frustrierend, daß sie keinerlei Inschrift trägt. Man kann sich die Aufregung vorstellen, als der obere Rand der Stele aus dem Sand aufzutauchen begann. Würde sich auf ihr der von uns erhoffte ausführliche biographische Text befinden, der Details zu Maja und seiner Familie liefern konnte? Vielleicht war der Text (zur rascheren Bewältigung der Arbeit) nur auf die Stele aufgemalt worden; jedenfalls ist bis heute keinerlei Spur davon übriggeblieben. Die Stele für die nördliche, den Statuenraum flankierende Kapelle war schon im Altertum entfernt worden. Aber unsere Hoffnung, irgendeine weitere biographische Information zu finden, sollte sich dennoch bald erfüllen.

Der Statuenraum, der sich bekanntermaßen ungefähr im Zentrum des Oberbaus befindet, hat wohl als Mittelpunkt eines Statuenkults zu gelten. Zwei Vorrichtungen zur Anbringung von Darstellungen des Grabherrn (und möglicherweise seiner Frau) kann man an der Westseite des Raumes noch sehen, wobei dieser ursprünglich mit Schlammziegeln überwölbt und sehr dunkel gewesen ist. Weihrauchschwaden, von den Totenpriestern in Richtung der Statue geschwenkt, müssen ihn zu einer sehr stickigen Kammer gemacht haben.

Irgendwann in den zwanziger Jahren des neunzehnten Jahrhunderts wurden vom Rijksmuseum van Oudheden in Leiden drei praktisch vollständige, unbeschä-

Abb. 105 In ihrem memphitischen Grab *in situ* gefundene Doppelstatue (Dyade) von Maja und Merit. Sie kam am Beginn des neunzehnten Jahrhunderts nach Europa. Anders als so viele ägyptische Statuen ist diese Dyade in fast unbeschädigtem Zustand.

digte Statuen erworben. Es handelt sich um bedeutende Meisterstücke der Kunst des Neuen Reichs. Da sie mit Inschriften für Maja und Merit versehen sind, müssen sie aus deren Grab in Saqqara stammen. Zwei davon könnten in dem jüngst entdeckten Statuenraum aufgestellt gewesen sein, aber der genaue ursprüngliche Standort aller drei Statuen muß noch erarbeitet werden, wenn die diversen Maße detailliert ermittelt und geprüft worden sind. Setzlinien im Mörtel auf den Standflächen könnten die benötigten Hinweise geben. Wir haben weitere Standflächen für Statuen, meistens in großem Maßstab, im Verlauf unserer Arbeiten an dem Grab gefunden. In der Nekropole von Memphis galten für die Grabbauten des Neuen Reichs dreidimensionale Darstellungen der Grabeigentümer als sehr wichtige Elemente für die Dekoration der Kapellen und Höfe. Sie verstärken den Eindruck der Ähnlichkeit solcher Bauwerke mit Tempelanlagen. In ihnen wohnte der Geist der Verstorbenen, und in einem praktischen, konkreten Sinn waren diese auf Plinthen aufruhenden Statuen die Empfänger der Totenopfer, welche auf den Steinaltären davor niedergelegt wurden. Majas Grabmal gibt uns ein Rätsel auf: Das Bauwerk selbst bietet uns zwar noch immer sehr viel essentielle Information, aber es ist noch im Altertum fast total abgeräumt worden. Sowohl Schlammziegel als auch Reliefs wurden zur Weiterverwertung verschleppt. Dennoch sind die drei Leidener Statuen in einem fast funkelnagelneuen Zustand. Sie müssen sich also bis zum Beginn des neunzehnten Jahrhunderts im Grab selbst oder nahebei befunden haben. Die Antwort muß darin liegen, daß die antiken Steinräuber für solch klotzige und unhandliche Stücke von behauenem Stein, wie es Statuen in Lebensgröße sind, keine Verwendung hatten, und man hat sie daher belassen, wo sie waren. Alles spricht dafür, daß es mindestens zehn Statuen in den Oberbauten dieses Grabes gegeben haben muß. Die fehlenden müssen wohl in Stücke zerschlagen und in die Kalköfen befördert worden sein.

Abb. 105

Interessanterweise stellt die Serie der von Lepsius beschriebenen Berliner Maja-Reliefs, die er von der Südwand des inneren Hofes hatte entfernen lassen, eine Anzahl von Statuen des Maja in dem Moment dar, wie sie an ihren vorgesehenen Platz im Grab gezogen werden. Eine davon ist eine naophore Statue, Maja umfaßt einen vor ihm stehenden Miniaturschrein, der die Figur einer Gottheit enthalten haben wird, möglicherweise Osiris, den Totengott, oder vielleicht Ptah, den antiken Gott von Memphis. Diese Statue existiert nicht mehr. Es besteht jedoch noch immer die Möglichkeit, daß wir sie bei einer zukünftigen Grabung innerhalb oder rund um das Grab des Maja entdecken.

Die Reliefs beiderseits des kurzen Ganges, der den inneren Hof mit dem Statuenraum verbindet, hat Lepsius gesehen und auch vermerkt. Es war schon ein Glück für uns, daß wir Teile davon noch *in situ* fanden, denn sie erweisen sich als bedeutendere Kunstwerke. An der Südwand ist Maja, nach Westen blickend, mit zwei Langstöcken in seiner Hand dargestellt. An der Nordwand werden Majas Mutter Weret und seiner Stiefmutter Henutiunu Weihrauch und Trankopfer dargebracht.

Taf. 12
Abb. 106

Abb. 106 Weret und Henutiunu vor einem mit Speisen überhäuften Tisch empfangen Weihrauch und rituelle Reinigung. Ein Äffchen steht unter dem Stuhl von Majas Stiefmutter. Von diesem Relief war noch wesentlich mehr an Ort und Stelle vorhanden, als Lepsius 1843 eine Zeichnung dieser Szene anfertigen ließ.

Von der Dekoration des großen Raumes blieb nur noch ein kleines Stück vom bemalten Schlammverputz ungefähr auf der Höhe der Sockelzone übrig, man sieht ein paar Beine und Füße. Diese fragmentarische, für sich selbst bereits interessante Szene erinnert uns daran, daß man bis zu der Zeit, als wir 1975 in der Nekropole von Memphis zu graben begannen, die Meinung vertreten hatte, auf Schlammverputz aufgetragene Bemalung sei charakteristisch für die Dekoration thebanischer Privatgräber des Neuen Reichs. Alle oder wenigstens die meisten der vielen isolierten Fragmente solcher Schlammverputzdekorationen in den Museumssammlungen und in Privathand wurden ohne Zögern Theben zugewiesen. Wir finden jetzt reichlich Belege (die Kapellen am westlichen Ende des Maja-Grabes wurden bereits erwähnt), um nachzuweisen, daß in den Statuenräumen und Kapellen der Gräber Saqqaras aus der Zeit des Neuen Reichs die Dekorationen auf einem Bewurf aus Schlamm angebracht waren. Die Pylone, Höfe und manchmal auch die Hauptkulträume der großen memphitischen Gräber trugen als Dekoration Kalksteinreliefs, die aus jeweils einzelnen Blöcken geschnitten waren. Dergleichen findet sich nicht in thebanischen Privatgräbern, jedenfalls des Neuen Reichs. So kann selbst ein kleines und scheinbar banales Fragment wie die Schlammverputzbemalung in Majas Statuenraum uns veranlassen, unsere überlieferten und akzeptierten Meinungen zu revidieren.

Abb. 107 Für uns war es während der Ausräumung des Statuenraumes und der angrenzenden Kapellen auch eine interessante Entdeckung, daß einige der Schlammziegel, aus denen die Oberbauten errichtet waren, mit dem Namen und den Titeln des Maja gestempelt worden waren.

Die größeren Bodenplatten, aus denen die Pflasterung des Statuenraumes zusammengesetzt ist, sind von den Architekten des Neuen Reichs in Scheiben zerschnittene, wiederverwendete Blöcke des Alten Reichs. Sie stammen vermutlich von den Wänden des Aufwegs des Unas.

DER ÄUSSERE HOF

In Richtung Osten begannen wir gegen Ende der Grabungskampagne 1987 jenen äußeren Hof der Grabanlage des Maja auszugraben, den der antike Besucher des Grabes durch den offiziellen Eingang vom Osten her betreten hätte. Bis jetzt war der Grundriß des Grabes eine nahezu vollkommene Wiederholung des Haremheb-
Abb. 11, 101 Grabes gewesen, aber an dem frisch auftauchenden Hof zeigten sich klare Unterschiede: Majas äußerer Hof hatte nur auf der westlichen Seite Säulen, und der Fußboden des Hofes war nicht mit den erwarteten Kalksteinplatten verlegt worden, sondern aus hartem Lehm gestampft. Eine kleine, flache Rampe, auch aus Lehm, führte vom Bodenbelag in die Mitte der Kolonnade. Man kann in diesem Bereich,
Abb. 108 am Eingang zum Statuenraum, Unterbauten für zwei große Statuen erkennen.

Winzige Fragmente einer Kalksteinverkleidung und auf die als Sockel dienenden Blöcke aufgeritzte Setzlinien zeigen, daß entlang der Innenwände des großen Hofes Steinblöcke aneinandergereiht worden sind, was man in einem Grab dieser Grö-

Abb. 107 Schlammziegel mit der gestempelten Aufschrift ›Königlicher Schreiber, Vorsteher des Schatzhauses, Maja, wahr an Stimme‹. Solche Ziegel waren im Oberbau des Grabes dieses hohen Beamten verarbeitet worden.

ßenordnung auch erwarten konnte. Die antiken Grabräuber hatten einmal wirklich gründliche Arbeit geleistet und jeden einzelnen Block entfernt und nicht einen einzigen davon im Schutt des Hofes zurückgelassen. Das ist nun doch eine recht ungewöhnliche Situation; während unserer Ausgrabungen im Laufe all der Jahre hatten wir noch jedesmal ein Stück der Verkleidung *in situ* gefunden, oder Blöcke, die für den Abtransport bei Gelegenheit bereits locker gemacht worden waren, lagen irgendwo herum. Der Hof mit dem Lehmfußboden vermittelt einen unfertigen Eindruck, es ist also durchaus möglich, daß die Kalksteinplattenverkleidung für die Mauerinnenseiten niemals bearbeitet und beschriftet worden ist. In diesem Fall müssen alle erhaltenen, frei herumliegenden Blöcke des Grabes, einschließlich der von Quibell gefundenen, von den Dekorationen des inneren Hofes herrühren und allenfalls noch von der Westwand des äußeren Hofes, unterhalb des Säulengangs. Wir haben allerdings keine gesicherten Belege dafür, daß diese Wand fertig reliefiert gewesen ist; immerhin fanden wir einen Block mit versenktem Relief, der möglicherweise von dort stammt. Wichtige Grabmonumente in noch unfertigem Zustand bei Eintritt des Todes ihrer ranghohen Eigentümer sind nicht gerade ungewöhnlich. Es lassen sich eine Reihe von Faktoren zur Begründung dieser Tatsache finden. An erster Stelle steht offensichtlich der überraschende, vorzeitige Tod des Grabeigentümers; das kann allerdings kaum für Maja gelten. Denn dieser scheint ein ›gesegnetes Alter‹ erreicht zu haben, hat er doch weit in die Regierungszeit seines einstigen Mitstreiters Haremheb hinein gelebt. Und dann wäre ein Sohn und Erbe für die Fertigstellung des Grabes nach dem Tod des Vaters verantwortlich gewesen. Aber Maja besaß nur Töchter. Vielleicht waren sie oder weitere überlebende Verwandte nicht in der Lage oder nicht willens gewesen, die noch verbleibende Arbeit in Gang zu halten.

DER PYLON UND SEIN VORHOF

Am Ende der Grabungssaison 1987 war die Freilegung des großen Hofes fast abgeschlossen, aber der offizielle Hof-Eingang oder Pylon der Grabanlage mußte noch aufgedeckt werden, ferner der zu erwartende Vorhof östlich davon. Dieser Stand der Dinge war für uns in mancherlei Hinsicht durchaus zufriedenstellend, denn wir hatten bereits mehr als genug während dieser Kampagne gefunden, um ausgelastet zu sein. Wir erwarteten bei der Freilegung des Pylons sowieso kaum irgendwelche größeren Offenbarungen. Das Äußerste, was wir erhoffen durften, war die übliche Lehmschlammziegel-Konstruktion, vielleicht noch Überbleibsel einer undekorierten Umhüllung oder Ummantelung aus Kalkstein auf der Wandhöhe des untersten Registers. So war es zumindest im Grab des Haremheb gewesen, das sich in einem wesentlich besseren Zustand erhalten hatte als das des Maja. Aber da stand uns eine große Überraschung bevor.

Für die Kampagne von 1988 hatten wir zwei Zielvorgaben: Der Pylon und dessen Vorhof waren so rasch wie möglich freizulegen (damit der genaue, vollständige Plan für die Graboberbauten zur Verfügung stand); danach wollten wir unsere Mühe auf die unterirdischen Räume und Gänge bündeln, von denen wir 1986 ja bereits einige gesehen hatten.

Als unsere Arbeiter begannen, den Schutt zwischen den zwei ziemlich arg zerstörten ›Flügeln‹ oder Türmen des Pylons beiseite zu räumen, erwies sich rasch, daß beide Seitenwände des Eingangs mit Orthostaten, also Kalksteinplatten, verkleidet gewesen sind. Das war auch bei Haremhebs Pylon der Fall gewesen, aber im Gegensatz zu diesem waren die entsprechenden Stücke in Majas Pylon mit Reliefs von absoluter Spitzenqualität ausgestattet – und das in großem Maßstab. Manche dieser Reliefs befanden sich noch fest verankert an ihrem Platz (auf der Nordseite), andere (im Süden) hatte man im Altertum teilweise aus ihrer Verankerung gelokkert, um sie zur Wiederverwendung abnehmen zu können. Weitere, offensichtlich aus der gleichen Serie stammende Blöcke lagen kreuz und quer im Schutt. Binnen kurzem war uns klar, daß die Steinräuber bei ihrer Arbeit gestört worden waren oder den Entschluß gefaßt hatten, die Blöcke an Ort und Stelle zu belassen. Darüber

Abb. 108 Oberbauten des Grabes von Maja und Merit. Blick nach Westen in Richtung Umfassungsmauer der Pyramide von Sechemchet. Im Vordergrund befindet sich der Eingang des großen Pylons mit Kalksteinreliefs an den beiden Rücksprüngen (Torwangen), die jetzt durch die Expeditionsteams wieder restauriert worden sind. Links ist das Grab von Tia und Tia mit den Grabkapellen von Chai, Pabes und Ramose dahinter.

hinaus hatte am Beginn des neunzehnten Jahrhunderts (als so emsig in Saqqara herumgewühlt wurde) niemand soviel Fortüne gehabt, sie zu finden. Wir sind damit in der glücklichen Lage, aus der Nekropole von Memphis ein mehr oder minder vollständiges Dekorationsschema des Eingangspylons eines der bedeutenden Gräber der späten Achtzehnten Dynastie zu besitzen. Eine solche zusammenhängende Serie von Reliefs in dieser Lage und für diese geschichtliche Periode könnte sich sehr wohl als einzigartig erweisen – das können erst zukünftige Ausgrabungen festschreiben –, aber höchstwahrscheinlich sind die meisten großen Grabanlagen aus dem Ende der Achtzehnten Dynastie ihrer Pylon-Ummantelungen entblößt worden. Denn solche Blöcke waren ja besonders leicht zugänglich.

Unserem örtlichen Restauratoren-Team fiel die Aufgabe zu, die Blöcke wieder zu ordnen, zu reinigen, konservatorisch zu behandeln und auch an den Stellen auszubessern, wo sie im Altertum zu Bruch gegangen waren. Diese Arbeit wurde in den Monaten Februar und März 1988 bewältigt, und wir wissen jetzt, daß die ursprüngliche Höhe der Reliefs fast 3,5 m betrug. Das Dekorationsschema sieht kurzgefaßt folgendermaßen aus:

Nördliche Wand des Pylon-Eingangs

Maja und seine Frau werden hier stehend in Anbetung vor Osiris, dem Herrn der *Abb. 109* Unterwelt, wiedergegeben. Der Gott sitzt auf seinem Thron unter einem Baldachin. Vor ihm befinden sich die vier sogenannten Horus-Söhne auf einer Lotusblüte, dazu ein aus sechs senkrechten Zeilen bestehender Text mit Beinamen, die aus Osiris-Hymnen entnommen sind. Ein außerordentlich glücklicher Zufall hat uns von der gleichen Inschrift beim Säubern des Vorhofs und dem Beiseiteräumen von Sand und Schutt dort vor dem Pylon den Fund der Vorlage beschert, die auf die Außenwand eines Topfes geschrieben worden war, der ursprünglich einmal gelbe Farbe enthalten hatte.

Äußerst ungewöhnlich, um nicht zu sagen einmalig, ist die Anbringung von Osiris direkt am Eingang des Grabes. Auch das ist ein weiteres Indiz dafür, daß die großen Grabanlagen des Neuen Reichs, die wir in Saqqara ausgraben, als Totentempel und nicht nur als sicherer Ruheplatz für die Mumien dienten. Osiris war in erster Linie der Gott der Toten.

Unterhalb der Szene mit Osiris befindet sich ein wundervoll erhaltenes Register mit neun Opferträgern, von denen einige namentlich genannt sind (ihre Namen kommen auch auf Blöcken aus dem inneren Hof vor, die bei Lepsius erwähnt sind). Einer ist ein Bruder des Grabherrn, andere sind untere Beamte aus Majas Verwaltungsstab, dazu persönliche Diener von Maja und Merit. Ihrem Vorhandensein verdanken wir die Möglichkeit, uns ein Bild vom memphitischen Haushalt dieses *Tafel 13* hohen Beamten zu machen. Die Szene enthält viele schöngearbeitete Details, darunter die Darstellung eines Steinböckchens und eines Stierkälbchens; noch dazu ist ein guter Teil der Farbe erhalten. Wie durch ein Wunder blieb uns ein größeres Kunstwerk aus der Zeit Tutanchamuns für unsere Forschungen bewahrt.

Südliche Wand des Pylon-Eingangs

Auf dieser Wand wird Maja stehend gezeigt mit dem Amtsstab in der Hand. Um seinen Hals trägt er eine außergewöhnlich große Anzahl schwerer Goldkragen. Das sind die üblichen Gaben der Belohnung, die der Pharao seinen getreuen Verwaltern verleiht – aber nur den ranghöchsten unter ihnen. Die Figur des Maja hat etwa

Abb. 109 Maja in Anbetung vor Osiris. Das Vorhandensein einer solchen Szene am Eingang des Grabes streicht die Ähnlichkeit mit einem Totentempel heraus. Vor der Gottheit sind die vier Horus-Söhne, auf einer Lotusblüte stehend, dargestellt.

Lebensgröße. Im Vergleich dazu ist die Figur seines Bruders Nahuher, die unmittelbar hinter ihm sichtbar wird, winzig. Dieses Familienmitglied wird an einem anderen Platz im Grab ebenfalls gezeigt. Dort wird er als königlicher Schreiber und Domänenverwalter bezeichnet. Daß er hier an dieser Stelle auftaucht, scheint darauf hinzuweisen, daß Maja keine Söhne hatte. Die Erhaltung des Grabes und die Ausführung des für die jenseitige Existenz notwendigen Totenkults für Maja und Merit kann durchaus in die Verantwortung des Bruders Nahuher gefallen sein. Nach unserem Kenntnisstand besteht sehr wohl die Möglichkeit, daß die Verwaltung der zweifellos ausgedehnten Besitztümer seines Bruders ihm selbst bereits zu dessen Lebzeiten übertragen worden ist. Auf dieser Szene stehen vor Maja die Gestalten von Merit und seiner Stiefmutter Henutiunu, beide strecken ihm ihre Hand entgegen, um ihn im Grab zu begrüßen. Die Geste scheint anzudeuten, daß beide vor ihm gestorben sind. Dieser Beleg könnte Bedeutung erlangen, wenn wir versuchen festzulegen, welche der beiden zu einem späteren Zeitpunkt innerhalb der Grabungssaison unterirdisch gefundenen Grabkammern Maja zuzuweisen ist und welche Merit.

Den beiden Damen sind Inschriften vorgeschaltet, die ihre Anreden an Maja wiedergeben; Merit sagt: »Willkommen, der du ausgezeichnet worden bist mit den

Gunsterweisen von Ptah-der-südlich-seiner-Mauer-ist! Wie sehr verdienst du sie, Gepriesener, der vor die Gepriesenen hervortritt, denn du bleibst der Leiter des Festes des Herrn der Götter! So spricht seine geliebte Gemahlin, die Herrin des Hauses Merit, wahr an Stimme.« Henutiunus Anrede klang ähnlich, aber ihr Text ist stark zerstört.

Oberhalb dieser Szene befindet sich eine Inschrift, die ursprünglich aus einunddreißig Zeilen bestand. Ein Teil davon war Majas Ansprache an die Besucher seines Grabes: »an die Leute, welche kommen und sich im Westen zerstreuen wollen und einen Spaziergang machen wollen im Bezirk der Ewigkeit«; letzteres ist eine Bezeichnung für die Nekropole von Saqqara und das Ganze ein früher Hinweis auf ›Tourismus‹. Der Text fährt auf in mancher Hinsicht noch interessantere Art fort mit einem lobenden autobiographischen Bericht von Majas Karriere und seiner Beziehung zu seinem Pharao.

... die Arbeiten der Regierung, die durch mich entstanden sind als etwas, das seit meiner Jugend für mich von meinem Gott vorherbestimmt gewesen war. War mir doch seit meiner Kindheit das Wandeln vor dem Angesicht Seiner Majestät (des Königs) beschieden. Ich erreichte glücklich das Ende [meiner Karriere], indem ich unzählige Zeichen der Gunst genoß durch den Herrn der beiden Länder ... Anfangs war ich gut, gegen Ende brillant, einer, dem im Tempel des Ptah friedvolle Verehrung zuteil wurde. Ich führte die Absichten des Königs meiner Lebenszeit aus, ohne irgendeinen seiner Befehle zu vernachlässigen ... [ich verschönerte?] die Tempel, indem ich die Götterbilder schuf innerhalb meiner Verantwortung. Ich näherte mich von Angesicht zu Angesicht dem erlauchten Antlitz ...

Wir haben bereits die Aufmerksamkeit auf die Tatsache gelenkt, daß während der Regierungszeit des Vorgängers von Tutanchamun, Echnaton, die altehrwürdigen Kulttempel geschlossen worden waren und deren Einkünfte der neuen Staatsreligion zugeführt wurden, dem Kult des Aton. Die Götterbildnisse, oft aus Gold oder Elektron, müssen aus ihren Schreinen entfernt und zwecks Wiederverwertung eingeschmolzen worden sein. Oder sie wurden auseinandergebrochen und verstreut, wenn sie aus Stein waren. Majas Rede scheint sich auf die Herstellung neuer Götterstatuen zum Zeitpunkt der Thronbesteigung Tutanchamuns zu beziehen.

Wir wüßten nun zu gerne, auf welchen Pharao sich der Anfangstext bezieht. Maja scheint gar nicht sehr erpicht darauf, dessen Namen anzuführen. Es besteht die entschiedene Möglichkeit, daß es niemand anderer war als der Ketzerkönig Echnaton selbst. Während dieser späteren Periode war sein Name vermutlich ein Tabu (das gilt ganz sicher für die noch spätere Ramessidenzeit). Demnach wäre es politisch höchst unklug gewesen, ihn in einer Grabinschrift zu erwähnen. Immerhin müssen dennoch eine Reihe hochrangiger Beamte der Regierung Tutanchamuns und seiner unmittelbaren Nachfolger ihre Laufbahn in der Blütezeit Echnatons und seiner Gemahlin Nofretete begonnen haben, ja sie mögen sogar engstens mit deren jetzt verteufelter Religion, dem Aton-Kult, verbunden gewesen sein. Wir können

Abb. 110 Maja und Merit in Anbetung vor Statuen des in liegender Position auf einem Schrein ruhenden Schakalgottes Anubis. Der Block ist Teil eines massiven Türsturzes, der einstmals über dem Pylon-Eingang zum Grab von Maja und Merit angebracht war.

unmöglich heute wissen, ob Tutanchamun in seinem tiefsten Herzen die Lehren Echnatons wirklich verworfen hat, der aller Wahrscheinlichkeit nach sein eigener Vater, jedenfalls aber sein Schwiegervater gewesen ist (Tutanchamun heiratete die dritte Tochter Echnatons, Anchesenpaaton, die später Anchesenamun hieß). Lassen wir das auf sich beruhen, so ist doch dieser biographische Text aus Majas Grab eine echte Bereicherung unserer Kenntnisse.

Im Register unterhalb der eben beschriebenen Szene gibt es weitere Opferträger, die sich auf das Innere des Monuments zubewegen. Unter den Gaben und Gegenständen, die sie herbeibringen, befinden sich etliche Paare von Handschuhen; das ist ein Kleidungsstück, das auf ägyptischen Reliefs nicht eben häufig auftaucht. Eines dieser Paare hat die Form menschlicher Hände mit gepflegten Fingernägeln.

Die Reliefs an den Seitenwänden des Pylon-Eingangs waren ursprünglich überdacht mit großen Kalksteinplatten, woraus sich eine Art kurzer passagenförmiger Durchgang ergab. Wir hatten Glück und fanden Teile dieser Decken-Blöcke, deren Unterseiten in einem Muster bemalt waren, das an manche der Decken in den Felsgräbern des Neuen Reichs in Theben gemahnte. Auf einem befanden sich Textspuren mit Angaben zum Besitzer sowie der Nennung einiger seiner Verwaltungstitel. Wir fanden auch einen praktisch vollständig erhaltenen Türsturz, der über dem Eingang oder vermutlich noch eher dem Ausgang des Durchganges angebracht gewesen sein muß. Er zeigt Maja und Merit, wie sie anbetend vor Anubis knien, der auf seinem Schrein liegt. Leser mit einem Hang zur Genauigkeit werden bemerken, *Abb. 110* daß die beiden Augen des Horus, die man hinter jeder der zwei Anubis-Gestalten erblickt, in der Größe leicht voneinander abweichen. Dafür muß es einen Grund geben. Dieses Phänomen kann man auch an anderen ägyptischen Reliefs beobachten, aber es hat sich noch keine zufriedenstellende Erklärung herausgebildet. Die antiken Handwerker waren absolut fähig, beide Augen in exakt gleicher Größe zu meißeln, wenn das verlangt gewesen wäre.

Auch Teile der Türstöcke von Eingang und Ausgang des Pylons sind erhalten geblieben. Sobald einmal die Konservierungs- und Restaurierungsarbeiten für den Toreingang abgeschlossen sind, werden wir eine ausgezeichnete Vorstellung von dem ursprünglichen Erscheinungsbild des Eingangspylons eines größeren memphitischen Grabes aus der Zeit Tutanchamuns besitzen.

Bevor wir nun die Oberbauten der Grabanlage verlassen, um die unterirdischen Bauteile zu untersuchen, die von unseren Arbeitern gleichzeitig auch im Jahr 1988 freigeräumt wurden, wollen wir einen kurzen Blick auf die Fundobjekte und andere Beobachtungen in den diversen oberirdischen Räumen richten und uns kurz auch außerhalb der monumentalen Anlage umschauen.

DIE FUNDE

Zu den besonders merkwürdigen Entdeckungen gehörte ein Humerus (also eine Art Oberarmknochen) eines sehr großen Tieres, den wir in der Nordkapelle neben der Hauptkultkammer ausgegraben haben. Es gibt keinen Grund, daran zu zweifeln, daß es sich um einen Elefantenknochen handelt; eine Bestätigung dafür, samt Beleg für die Datierung, sollte in Kürze geliefert werden, sobald das Material wissenschaftlich untersucht worden ist. Bisher existieren keine konkreten Belege dafür, daß er aus der Zeit des Maja stammt (obgleich er knapp über dem Fußbodenniveau in der Kapelle gefunden wurde). Wahrscheinlicher ist die Datierung in die römische Zeit, als Elefanten als mächtige Waffe des Militärs dienten. Alles spricht dafür, daß eines dieser gigantischen Tiere entweder im Terrain des Kulturlandes des Niltals starb oder aber bei Manövern auf dem Wüstenplateau. Jedenfalls muß die Beseitigung des Kadavers Probleme aufgeworfen haben. Nach meiner Kenntnis ist dies der erste überlieferte Beleg für die Anwesenheit von Elefanten in Saqqara.

Wir müssen noch über zwanzig weitere Grabschächte untersuchen. Sicher wird es noch Gegenstände und menschliche Überreste in reicher Zahl geben, wenn wir mit der Erforschung dieser ›Einfallstore zur Unterwelt‹ beginnen. Eine vollständige und ungestörte Grablege auf der Ebene der Bodenbepflasterung haben wir im äußeren Hof des Grabs, etwa gegen den Südflügel des Pylons zu, im Jahr 1988 gefunden. Unter dem Skelett befanden sich die Uschebtis des Verstorbenen, unbeholfen gearbeitet und mit Texten ohne Bedeutung. Die Bestattung ist in die späte Ramessidenzeit zu datieren oder vielleicht noch eher in die Einundzwanzigste Dynastie, wie die Beisetzungen in Iurudefs Schacht, die wir im vorigen Kapitel besprochen haben. Ebenso wie ein Teil des dort geborgenen Materials wären auch diese gerade gefundenen Uschebtis mit ziemlicher Sicherheit als moderne Fälschungen abgetan worden, wenn man sie den Experten außerhalb ihres Umfeldes zur Beurteilung übergeben hätte. Das erinnert uns neuerlich daran, wie leicht es ist, Antiquitäten zu verurteilen, die nicht ganz in das Schema wohlbekannter Kategorien fallen oder mit ›barbarischen‹ oder sonstwie verdächtigen Texten versehen sind. Diese Gegenstände können jedoch sehr wohl aus einer antiken Werkstatt stammen, deren Arbeiter funeräre Massenproduktion lieferten, wobei sie selbst vielfach Analphabeten waren. Solche Objekte sind eine aufreizende Herausforderung. Sie lohnen Detailuntersuchung und Veröffentlichung, denn sie werfen ein Licht auf die Gewohnheiten der alten Ägypter in den späteren Perioden ihrer Geschichte, und bis zu einem gewissen Grad vermitteln sie sogar einen Einblick in deren Mentalität.

Wir haben bereits die Tatsache erwähnt, daß Maja sich nicht sehr auskunftsfreudig hinsichtlich seines eigenen öffentlichen und privaten Wirkens verhält, zumindest nicht in seinen Grabanlagen. Wir haben es um so mehr mit Dankbarkeit begrüßt, kurz vor Beendigung unserer Arbeit für das Jahr 1988 einige Angaben zu den Anweisungen zu finden, die er kurz vor seinem Tod (während der Regierungszeit Haremhebs) getroffen hatte, um den Kult für seine Person und damit die Erinnerung an ihn auf Dauer sicherzustellen. Diese Information bekamen wir in Form einer vollkommen erhaltenen Kalkstein-Stele, die aufrecht stehend in einer an der Außenseite der Südwand eingebauten Nische, am Ort ihrer ursprünglichen Aufstellung, gefunden wurde. Sie trägt den ungewöhnlichen, wenn nicht sogar einmaligen *Abb. 111* Namen eines Totenpriesters des Maja, einer Person namens Iamen. Wir haben Hinweise darauf, daß weitere Nischen für Stelen (sicher der Totenpriester) in die Wände von Majas Monument eingelassen worden sind. So könnte sich erweisen, daß solche Stelen-Nischen ein regulärer Bestandteil großer memphitischer Gräber der Achtzehnten Dynastie und späterer Zeit sind. Vorlesepriester oder Totenkultbeamte waren eine zwingende Notwendigkeit für das Überleben der Seelen eines Maja und einer Merit, ganz besonders, da die letztere keinen männlichen Erben geboren hatte, der, wenn es ihn denn gegeben hätte, für den Totenkult seiner Eltern verantwortlich gewesen wäre. Mit der Stele des Iamen war ein Steinquader verbunden, auf den die Opfergaben für Maja und seine Frau deponiert worden waren, ferner eine kleine hölzerne Statuette und ein Bündel pflanzlicher Überreste. Bisher haben wir noch nicht sicher abklären können, ob diese Blumengabe etwa nur zufällig zu einem späteren Zeitpunkt hierher gelangt ist. (Sie könnte von Wüstenmäusen hierher verschleppt worden sein!)

MATERIALIEN FÜR DIE EINBALSAMIERUNG

In dem engen Gang zwischen den Gräbern von Tia und Maja fanden sich mehrere Ablagegruben von Einbalsamierungsmaterial. Dieses bestand aus Säcken mit Natron (Natriumkarbonat aus dem Wadi Natrun in der Westlichen Wüste), das man für den Prozeß der Austrocknung der Leichen benötigte, dazu noch Leinen-

Abb. 111 Blick auf die kleine Kapelle, die an die äußere Seite der Südwand des Maja-Grabes angebaut worden ist. Die Stele darin nennt Iamen, den Vorlesepriester, der für die Totenkulte des Grabeigentümers und seiner Frau verantwortlich war.

streifen, die Überbleibsel der Mumienbinden. Wir fanden auch die Tupfer, die man nach Entfernung der Eingeweide dazu benutzte, das Innere der Bauchhöhle abzutrocknen. Diese Art Material bietet nicht gerade einen attraktiven Anblick, und dennoch gewährt es faszinierende Einblicke in die Gebräuche der alten Ägypter. Das uns zugewiesene Areal von Saqqara erweist sich als reich bestückt mit Ablagegruben für die Einbalsamierer, in anderen Teilen Ägyptens sind sie hingegen bisher selten ausgegraben worden. Vielleicht liegt das daran, daß die anderen Friedhöfe so oft schon durchwühlt worden sind, oder jedenfalls öfter als die Nekropole von Memphis. Diese Ablagegruben von Saqqara, die wir jüngst ans Licht gehoben haben, datieren kontinuierlich vom Neuen Reich bis zur Spätzeit, ja möglicherweise sogar bis zur Zeit der Ptolemäer. Natürlich war alles, was während der Prozedur der

Mumifizierung mit dem Leichnam in Berührung gekommen ist, in gewisser Weise sakrosankt, mußte folglich in einer Grube oder im Sand vergraben werden, nicht gerade im Grab selbst, aber doch zumindest an dieses angrenzend. Keiner der Keramiktöpfe, die immer zu diesen Ablagestätten dazugehören, trägt den Namen des Verstorbenen, daher können wir nicht nachweisen, daß wir die ursprünglich für die Einbalsamierung von Maja und Merit verwendeten Gerätschaften vor uns haben, auch wenn das durchaus möglich ist.

DIE UNTERIRDISCHEN BAUTEN VON MAJAS GRABANLAGE

Der Morgen des 8. Februar 1986 wird in meiner Erinnerung und zweifellos auch in der meines holländischen Kollegen Jacobus van Dijk einen besonderen Platz einnehmen. Gemeinsamen stolperten wir – ganz wörtlich – in die erste bemalte Kammer des unterirdischen Systems dieses Grabes. Sein unvergeßlicher Schrei bei dieser Gelegenheit, als er die Inschrift erspähte, die den Namen des Grabherrn preisgab (»Mein Gott – es ist Maja«), erschallte um die ganze Welt. Das war unzweifelhaft ein überwältigender Moment für uns beide, aber auch für die anderen Teilnehmer an unserer Gemeinschaftsexpedition, die oben an der Oberfläche warteten. Unsere ausgelassene Stimmung wurde etwas gebremst durch den Gedanken, daß uns mit der Aufgabe, den riesigen Anfall an Ausbeute unter Tage zu bewältigen – Restaurieren, Konservieren sowie das Aufnehmen der Reliefs –, mehrere Grabungskampagnen harter Arbeit bevorstanden (dabei kannten wir zu dem Zeitpunkt noch keineswegs das volle Ausmaß des Problems). Immerhin, wir hatten inzwischen reichlich Erfahrung gesammelt, wie man unter den feuchten unterirdischen Bedingungen in Saqqara ausgräbt. Auf dem tiefsten Niveau der unterirdischen Kammern von Haremhebs Grab waren wir mehr als 28 Meter unterhalb der Wüstenoberfläche gewesen, und die Temperatur dort unten betrug etwa 38° Celsius. Wir durften davon ausgehen, daß die am tiefsten gelegenen Räumlichkeiten der Grabanlage des Maja etwa so feucht (und ebenso potentiell gefährlich wegen des Zustands des anstehenden Gesteins) sein würden wie die bei Haremheb. Aber gehen wir an den Anfang zurück…

Abb. 100, 112 H

Die Entdeckung der unterirdischen Anlage

Als wir 1986 von Ramoses Grab aus in den unterirdischen Komplex eindrangen, den wir als Grabanlage des Maja identifizieren konnten, war sofort klar, daß mindestens zwei Ebenen zu berücksichtigen waren. 1988 gingen wir daran, systematisch den Hauptschacht im inneren Hof des Oberbaus (*vgl. Abb. 100, gemeint ist der von*

Abb. 100

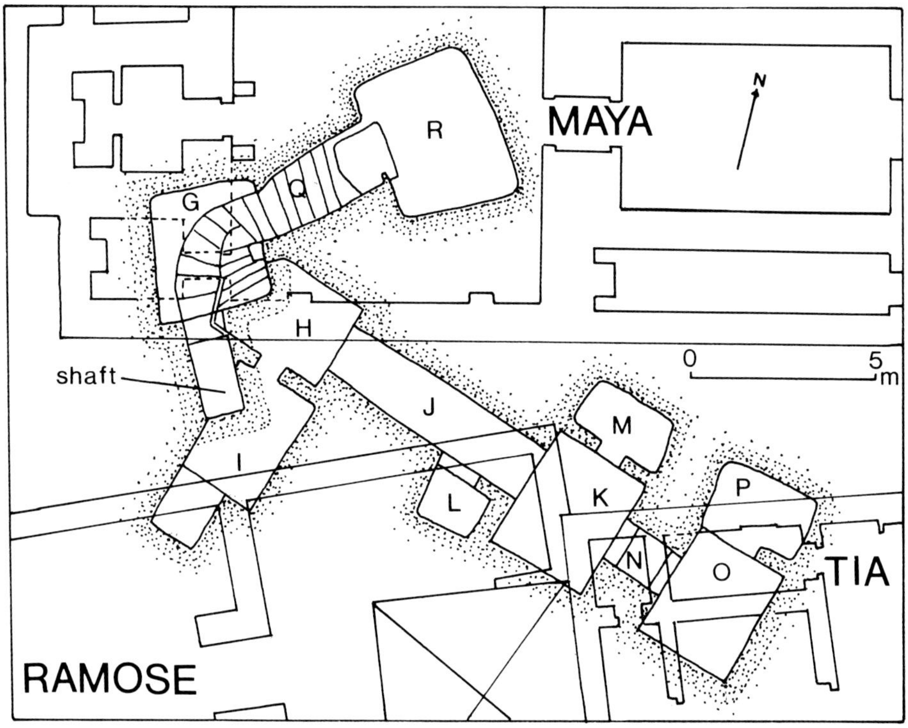

Abb. 112 Plan der unteren Ebene der unterirdischen Bauten im Grab des Maja. Die Räume H, K und O sind mit bemalten Reliefs dekoriert. Der auf dem Plan gekennzeichnete Schacht befindet sich in der Nordostecke des Innenhofes der Grabkapelle von Ramose. Von dort aus hatte die EES/Leidener Expedition im Jahr 1986 ihren ersten Zugang zu den Grabkammern des Maja.

Majas Grabanlage abwärts führende Schacht) leerzuräumen. Nach ein bis zwei Tagen befanden wir uns in einem nach Süden in eine Reihe grob ausgehöhlter Räume führenden Gang (*Abb. 100, erste unterirdische Ebene*). Einer dieser Räume war derjenige, von dem ein leerer Schacht zu jener tieferen Ebene (= *zweite unterirdi-* *Abb. 112* *sche Ebene, dargestellt auf Abb. 112*) herunterführte, in der wir zwei Jahre zuvor gestanden hatten. Die obere Ebene mit ihren Räumen, einigem restlichen Skelettmaterial und einer Menge Keramik war wissenschaftlich interessant, muß uns aber hier nicht beschäftigen. Alle Bestattungen, die wir bisher auf dieser ersten Ebene zu Gesicht bekommen hatten (und die ihnen zugeordneten Gegenstände), scheinen aus einer wesentlich späteren Zeit als der des Maja zu stammen. Ich habe schon mehrmals darauf hingewiesen, daß die Gräber der memphitischen Nekropole, ob groß oder klein, immer wieder verwendet worden sind. Aus diesem Grund kam es so überraschend (und quasi als eine Art Vorandeutung unserer Entdeckungen auf der zweiten Ebene), daß sich an dieser Stelle (der zweiten Ebene) *keinerlei* Material aus einer späteren Nachbelegung fand. Nur ein paar Spätzeitamulette aus den Nachbestattungen in den Räumen der ersten unterirdischen Ebene scheinen den leeren Schacht hinuntergefallen zu sein. Mit anderen Worten: Alle Gegenstände, alle Tonware, die in der Folge im Schutt der zweiten Ebene gefunden wurden, sind Bestandteil der Grabausstattung von Maja und Merit und eventuell anderer Mitglieder ihrer Familien.

Es ist wirklich sehr rätselhaft, warum der tiefer gelegene Komplex von Räumlichkeiten nicht für spätere Nachbelegungen verwendet worden ist. Vielleicht waren, wie bei Haremhebs Grab, die Kammern in dieser Tiefe (immerhin annähernd 22 Meter) einfach zu weit entfernt von der Oberfläche. Unsere Aufgabe, die Funde zu interpretieren, wird erheblich dadurch vereinfacht, daß wir es auf der zweiten Ebene von Majas Grab nur mit Erstbestattungen (inklusive deren Skelettmaterial) zu tun haben: Alle Gegenstände, alle Keramik und das andere Material können in engen Grenzen datiert werden.

DIE GRABANLAGE VON MAJA UND MERIT ALS GESAMTKOMPLEX

Als wir 1986 unsere ersten unterirdischen Erkundungen vornahmen, konnten wir nur einen dekorierten Raum auf der untersten Ebene betreten, die sich von der Treppe aus öffnete, welche vom Boden des ersten leeren Schachtes weggeführt hatte. Gewaltige Schuttmengen waren in seitlich abgehenden Räumen zu sehen und ebenso in dem Gang, der von diesem ersten dekorierten Raum wegführte. Als primäre Aufgabe für die Ausgrabungen von 1988 stellte sich das Freiräumen der Treppe. Außerdem mußte so viel Schutt wie möglich nach oben an die Oberfläche befördert werden. Wo kamen bloß all der Schutt und der Splitt her? Wie bei den unterirdischen Räumen im Grab des Haremheb handelte es sich dabei um den ›Abfall‹ der ursprünglichen Grabkonstruktion; der Felsaushub wurde weggeschafft, während unterirdisch die Grabkammern, die Gänge, die Vorratsräume herausgehauen wurden. Der so angesammelte Schutt wurde seitlich abgelegt, um als Sperrmaterial zu dienen, vor allem für die Zugangspassagen, sobald die Toten zur Ruhe gebettet waren. Die Eingänge der Korridore wurden dann mit großen Steinen oder Quadern versiegelt. Antike Räuber standen vor dem Problem, letztere zu zerschlagen und den losen Schutt so zu verteilen, daß sie zu den Grabkammern durchdringen konnten.

Abb. 100, 112 H

DIE ERSTE DEKORIERTE KAMMER (H)

Das Felsbett ist in dieser Tiefe (etliche 22 Meter unter der Erdoberfläche) von extrem schlechter Qualität und so weich wie Kitt. Mit steigendem Wasserspiegel bekommen wir im gegenwärtigen Jahrhundert und insbesondere in den letzten Jahren extrem feuchte Bedingungen in diesen unterirdischen Räumen. Es ist schon ein Wunder, daß die Reliefs der ersten Kammer (und der beiden anderen Räume, die wir anschließend fanden) von der vorherrschenden Luftfeuchtigkeit noch nicht betroffen waren. Warum das so ist, läßt sich nicht leicht begründen; wir haben die Ausgrabungen eben erst beendet und bisher weder Zeit noch Gelegenheit gefunden, dieses Problem oder andere, besonders die Frage der Restaurierung, anzugehen. Der antike Architekt, wenn er sich dem Problem eines brüchigen Felsgesteins (oder vielleicht schon zu seiner Zeit einer hohen Luftfeuchtigkeit) gegenübersah, entschloß sich dazu, Platten aus feinem Kalkstein, kaum mehr als 10 cm dick, gegen die Wände der Kammern hin aufzustellen, die Inschriften und die Dekorationen wurden dann darauf eingemeißelt. Zwischen den anstehenden Fels und die Verkleidung wurde eine dicke Schicht Mörtel geschmiert. Der erwies sich als nützlich, wenn die Blöcke in ihre endgültige Stellung hinein ›geschaukelt‹ wurden, und höchstwahrscheinlich hat diese Lage Mörtel als eine Art Barriere gedient, die das Aussalzen auf den Kalksteinblöcken und die Zerstörung der Reliefs unterbunden hat. Das Ergebnis ist jedenfalls, daß selbst nach dreieinhalbtausend Jahren – und unter den feuchten Bedingungen 22 Meter unter der Erde – viele der Blöcke mit Reliefs, die wir 1988 gefunden haben, in einem ausgezeichneten Erhaltungszustand sind (manche sind allerdings von antiken Plünderern zerschlagen worden), und ihre Farbe befindet sich oft genug noch im ursprünglichen Zustand.

Reliefs der ersten bemalten Kammer (H)

Abb. 114 *Taf. 15 b* Vermutlich mußten sich aber die antiken Räuber ihren Weg nicht von der Treppe aus in diesen Raum hineinhauen: und deshalb sind denn auch die meisten Reliefblöcke unbeschädigt. Der antike Architekt hatte zwar den Eingang der Passage, die zu den Grabkammern führte, mit dekorierten Blöcken maskiert. Aber die Diebe haben seine List rasch durchschaut, den Block entfernt und sind so zuletzt doch in die innersten Grabkammern eingedrungen.

Der erste Raum (H) diente als eine Art Vorraum; es gibt keine Hinweise, daß darin irgendwelche Bestattungen erfolgt sind. Die Szenen an der Wand dieses Raumes (und auch an anderen Stellen im unterirdischen Bau) sind fast ausnahmslos in versenktem Relief guter Qualität hergestellt. Die Bemalung ist einfarbig. Das bevorzugte Pigment ist dabei ein reiches Goldgelb, eine Farbe, die die Auferstehung und

Wiedergeburt symbolisiert (aus ägyptischer Sicht verbindet sich diese Vorstellung mit dem Glanz des täglichen Wunders der aufgehenden Sonne). Details, wie die Augen, werden schwarz, manchmal auch blau hervorgehoben. Hier, ebenso wie in den beiden nahe gelegenen anderen Räumen, mit denen wir uns bald befassen werden, vermittelt uns dies einen entschieden hoheitlichen Eindruck, man könnte fast meinen, man beschreibe ein kleines Königsgrab im Tal der Könige oder Tal der Königinnen in Theben-West.

An der Nordwand von Raum H kann man Maja und Merit erkennen, wie sie den Gott Osiris und seine Schwester Nephthys anbeten. Auch auf den gegenüberliegenden Reliefs verehren sie Osiris, diesmal in Gesellschaft der Himmelsgöttin Nut. Auf den Blöcken, die ursprünglich den Eingang zum Korridor (J) verbargen, verehren die Grabeigentümer die alte memphitische Gottheit Sokar (die sich in einem Schrein befindet) und die Göttin Isis. Eine unfertige und zur Gänze undekorierte Kammer (I) öffnet sich nach Süden hin. Diese sollte sicher als Kammer zum Aufbewahren von Totengerät oder Nahrungsmitteln dienen. Der von Raum H wegführende Gang war 1986, als wir ihn fanden, fast bis zur Decke mit Schutt angefüllt, und damals deutete alles darauf hin, daß letzterer Teil des originären Füllmaterials gewesen ist, das dorthin geschafft worden war, um Grabräuber nach der Beisetzung von Maja und Merit zu entmutigen. Sobald aber in unserer Grabungssaison 1988 unsere Arbeiter begannen, diesen Schutt wegzuräumen, wurde klar, daß er bereits im Altertum einmal umgeschichtet worden ist: Fragmente von Gegenständen, fernerhin ziemlich viel Keramik (als Bestandteil der Grabausrüstung) sowie Teile der reliefierten Dekoration befanden sich hineingemischt darunter. Ein Stückchen weiter den Gang entlang (letzterer ist undekoriert) diente ein kleiner, nach Süden zu gelegener Raum als Vorratskammer (L). Wir fanden zwölf große Keramikkrüge noch fest magaziniert (einen für jeden Monat des Jahres?). Die antiken Plünderer hatten, zweifellos in der Hoffnung, sie könnten Wertvolles enthalten, die Dekkel der Gefäße weggebrochen, ihre Hände hineingetaucht – und fanden nur Mehl! Wir fanden noch Mengen dieses essentiellen Bedarfsartikels am Boden der Krüge, dazu Fragmente, die man nur als Rückstände von Broten deuten kann. Das ist nun ein aufschlußreicher und interessanter Fund, der wieder einmal die alles beherrschende Angst der alten Ägypter belegt, nur ja genügend Nahrungsmittelvorräte für das Jenseits zu haben.

Abb. 113
Taf. 15a

Kurz nach der Entdeckung der Mehlgefäße fanden wir Belege, daß eine andere Seitenkammer, noch weiter innen im Grab, für die Aufnahme von Ölkrügen vorgesehen gewesen ist. Obgleich sie zu tausend Splittern zerschlagen waren, nachdem man sie ihres wertvollen Inhalts beraubt hatte (wir fanden nur Scherben), wies doch eine Reihe von ihnen Angaben zu ihrem Inhalt auf, die in deutlich lesbarem Hieratisch (der kursiven Form der Hieroglyphen) außen angebracht worden waren. So lasen wir etwa Bezeichnungen wie ›frisches *neheh*-Öl‹, ›süßes Moringa-Öl‹ und verschiedene Arten von ›*merhet*-Ölen‹. Weitere auf Scherben genannte Bedarfs-

Abb. 113 Wandrelief im Auffindungszustand 1986. Links sind Maja (Kopf fehlt) und seine Gattin Merit (mit erhobenen Händen) dargestellt, wie sie Osiris (rechts), den auf einem Thron sitzenden Gott der Unterwelt, verehren. Hinter diesem steht seine Schwester, die Göttin Nephthys. Die Augen aller fast zur Gänze einfarbig gemalten Figuren sind auf überraschend wirksame Weise schwarz akzentuiert.

artikel sind ›Gummi‹ (Baumharz diverser Bäume), ›Wasser‹ (das anscheinend von verschiedenen Orten Ägyptens herbeigebracht wurde) und »Honig für die Begräbnis-Prozession des Osiris, [nämlich] des [verewigten] königlichen Schreibers und Schatzhaus-Vorstehers Maja«. Auffallenderweise beziehen sich nur wenige Texte auf Wein, obgleich wir wissen, daß dieses Getränk in gut ausgestatteten Begräbnissen üblicherweise zu den Vorräten dazugehörte. Daß unter den Etiketten solche für Wein im Vergleich zu den vorhandenen anderen in Majas Grab fehlen, ist vermutlich nur ein zufälliges Ergebnis der Fundsituation. Es läßt wohl kaum Rückschlüsse zu, daß dieser hohe Beamte Abstinenzler gewesen sei. Ein Etikett trägt

Abb. 114 Raum H, wie ihn die Expedition am Morgen des 8. Februar 1986 vorfand. Der Türdurchgang in der Mitte führt zu den Grabkammern (K und O). Auf der rechten Seite sieht man Maja in Anbetungshaltung. Der Begleittext über seinem Kopf identifiziert das Grab und seinen Besitzer und war der Höhepunkt von vielen Jahren archäologischer Tätigkeit in der Nekropole von Saqqara.

sogar ein Datum (Jahr 9). Wie so häufig bei dieser Art von schriftlichem Material bestand für den Schreiber keine Notwendigkeit, den Namen des regierenden Pharaos zu erwähnen, oder er hat sich nicht darum gekümmert. Zu der Zeit, als man die Vorräte abfüllte, wußte sowieso jeder, wer das war. Es ist aber praktisch sicher, daß Haremheb der in Frage kommende Pharao war. Wir wissen von einem Text aus seinem memphitischen Grab, daß er mindestens dreizehn Jahre lang regiert hat. Da Haremheb der Pharao auf dem Etikett des Maja ist, wäre das Jahr 9 (d. h. das Jahr 1313 v. Chr., wenn es sich auf diesen Herrscher bezieht) das Todesjahr entweder von Maja oder von Merit. Zu diesem Zeitpunkt wäre die Abfüllung (und manchmal eben auch Etikettierung) von Nahrungsmitteln, Öl und anderen Lebensmitteln als Teil der Totenopfer angefallen. Es ist höchst unwahrscheinlich, daß verderbliche Materialien wie Nahrungsmittel Jahre im voraus für die Verwendung im Rahmen des Totenrituals bereitgestellt worden sind. Man hat sie sicherlich zur Zeit der Bestattung in bestem Qualitätszustand im Grab abgestellt.

DIE ZWEITE BEMALTE KAMMER (K)

Das totale Chaos bot sich unseren Augen dar, als wir schließlich zum zweiten bemalten Raum (K) vordrangen. Die antiken Räuber waren natürlich vor uns dagewesen. Eine Hoffnung, irgend etwas wirklich *intakt* vorzufinden, ist schon recht weit hergeholt. Die Plünderer hatten manche Reliefs von den Wänden heruntergerissen (zweifellos in der Hoffnung, Eingänge zu verborgenen Kammern zu finden). Diese Aktionen hatten natürlich dazu geführt, daß auch andere Blöcke gelockert wurden, die dann eines Tages zu Boden stürzten. Wir stehen also in der allernächsten Zukunft vor der Notwendigkeit, all diese Reliefs zusammenzusetzen (sowie weitere in der in Kürze zu beschreibenden Kammer O) und sie dann wieder an den Wänden anzubringen, damit sie in allen Einzelheiten untersucht und registriert werden können: also ein riesiges Puzzle, aber wenigstens einmal eines, bei dem alle Teile vorhanden sind.

Raum K ist sicher als Grabkammer verwendet worden, aber zum gegenwärtigen Zeitpunkt können wir nicht sicher sein, ob für Maja oder für Merit. Der Künstler, der die Dekoration dieses Raumes entworfen hat, war hier kühner in der Wahl seines Repertoires. Rechts vom Raumeingang beginnend, zeigt die Szenenfolge eine *Abb. 116* Mumie auf einer Bahre, wobei der Schakalgott Anubis (oder ein Priester mit entsprechender Maske) dem Totenritual vorsteht. Es handelt sich um eine aus dem Totenbuch (Kapitel 151A) bestens bekannte Darstellung. Isis und Nephthys knien an beiden Enden des Totenbetts. Wir erkennen ferner einen Schakal auf einem Schrein und eine Darstellung der vier Horus-Söhne, die wir schon auf einem Relief oben draußen am Pyloneingang gesehen haben. An der Südwand verharren Maja und seine Frau in Anbetung vor Osiris, Nut (der Himmelsgöttin), Isis und Nephthys. Die folgende Wand, die an den Türeingang angrenzt, der zur allerinnersten Grabkammer führt, bietet uns einen in 13 senkrechten Zeilen niedergeschriebenen Hymnus. Er stellt eine sehr wertvolle Bereicherung unserer Kenntnis dar, da er ohne Parallele zu sein scheint. Unter anderem erwähnt er eine sehr selten benannte Gottheit, Horus-imi-schenut (›Horus-der-in-der-Stadt-des(?)-Schenut-ist‹). Ein Auszug aus diesem Hymnus mag vom Inhalt einen Eindruck geben:

Heil dir, Osiris Onnophris, Sohn des Geb ... du bist erschienen, als du deine wereret-*Krone trugst, du hast ergriffen die große* atef-*Krone, [Herr der Ehr]furcht, groß an Maje-*

Abb. 115 Zwei Wände der Grabkammer O, wie sie die Expedition vorfand. Links befinden sich Blöcke mit Maja in anbetender Haltung.

stät, erlauchter Gott, der im thinitischen Gau [einem administrativen Bezirk] wohnt, vollkommen an Gestalt in Busiris und Mendes, deine Neunheit, die dir nachfolgt, hat über deinen Feind gesiegt, sie scheuchen ihn hinweg, sie wehren ab den Bösen, seine Rotte ist über den Haufen geworfen unter deine Füße und (wurde gestellt) auf das Kohlenbecken von Horus-imi-schenut.

Auffallenderweise wimmeln dieser Text und die Inschriften in anderen Teilen der unterirdischen Grabanlage von Schreibfehlern inhaltlicher und orthographischer Natur, dadurch wird es noch schwerer als sonst, den Sinn zu verstehen.

Wenn wir (auf der anderen Seite des Eingangs) in der Szenenfolge fortfahren, beobachten wir Maja und Merit bei der Verehrung des Erdgottes Geb, der in den religiösen Texten und den Epitheta häufig erwähnt, aber höchst selten, so wie das hier der Fall ist, dargestellt wird. Zu guter Letzt sehen wir Sokar, den Gott der Nekropole von Saqqara (möglicherweise ist er der Namengeber dieses Friedhofs), und den uralten Gott von Abydos Upuaut (›der Wegeöffner‹).

Ein kurzer Gang, in dem die ursprünglichen Abriegelungsblöcke sich teilweise noch an ihrem Platz befinden, führt zum Raum O, der auch eine Grabkammer ist. Die Dekoration ähnelt derjenigen der ersten Grabkammer.

Abb. 116 Grabkammer K auf der unteren Ebene der unterirdischen Bauten des Grabes von Maja und Merit, so wie wir sie 1988 fanden. Die antiken Grabräuber zertrümmerten die Reliefs und rissen sie auf der Suche nach Geheimkammern von den Wänden.

DIE DRITTE DEKORIERTE KAMMER (O)

Abb. 115 Taf. 16 a.b Wenn wir, wie im vorigen Raum, mit der Wand rechts vom Eingang beginnen, sehen wir, daß die Szene eigentlich identisch mit der entsprechenden Szene in Raum K ist, und ebenso verhält es sich mit der Südwand. An der Ostwand bringen Maja und Merit den Gottheiten Osiris, Nut, Isis und Nephthys ihre Verehrung dar. Die Nordwand zeigt Maja in Anbetung vor Osiris, während Merit Anubis anbetet, wobei diese Szene an der angrenzenden Wand weitergeführt wird. Darüber ist ein

Hymnus in acht senkrechten Hieroglyphen-Zeilen angebracht. Ein Türdurchgang im Norden führt zu einer großen undekorierten Vorratskammer (P).

Wenn man so in diesen unterirdischen Kammern steht, die mit Gestalten einiger der allerältesten Gottheiten Ägyptens geschmückt sind, bekommt man einen sehr realistischen Eindruck von dieser Welt des Jenseits. Es gibt keine vergleichbaren Grabkammern in der Nekropole von Saqqara, weil diese Art der Ikonographie, des Bildprogramms, bis zur Zeit der Ramessiden gewöhnlich dem Pharao und Mitgliedern seiner Familie vorbehalten war. Daß Maja in der Lage gewesen ist, solche Arbeit in Auftrag zu geben, vermittelt uns eine Ahnung von seiner Stellung im Staat.

Maja und Merit wurden in Holzsärgen beigesetzt. Von Steinsärgen fanden wir nicht die geringsten Spuren. Die Grabeigentümer waren von den allermächtigsten Göttern umgeben und beschützt. Die unterirdischen Räume im Grab des großen Armeechefs Haremheb, der im Rang über Maja stand, besaßen nur grobe lineare Umrisse als Dekoration. Und selbst das war in jener Zeit noch eine Ausnahmeerscheinung, die meisten Grabkammern selbst höherer Beamter besaßen weder Texte noch Dekorationen. Welche Erklärungen haben wir dafür, daß die unterirdischen Grabanlagen bei Maja so überreich ausgeschmückt sind? Wir können nur Vermutungen anstellen, aber man muß davon ausgehen, daß Maja besonders großen Einfluß bei Hof besaß. Wir erfahren ja tatsächlich aus dem neuentdeckten biographischen Text auf seinem Pylon, daß er im Gefolge des Königs aufgewachsen ist, dort muß er dann wohl auch alle lebenswichtigen Kontakte aufgebaut haben, die seinen weiteren Lebensweg und seine Laufbahn später geglättet haben. War er möglicherweise vielleicht sogar ein nachgeordnetes Mitglied der königlichen Familie? Das scheint doch eher unwahrscheinlich. Es gibt zumindest keinen Hinweis darauf, daß er nach dem unerwarteten Tod des Tutanchamun zu den Thronaspiranten gehört hätte, als das Königtum immerhin dreimal hintereinander an Militärs von nichtköniglichem Geblüt übergegangen ist: an Eje, Haremheb und Paramessu.

GRABBEIGABEN

Die Grabausstattung von Maja und Merit muß ihrem herausgehobenen Rang entsprechend äußerst prächtig gewesen sein. Den Räubern, die zu einem uns unbekannten Datum der fernen Vergangenheit als erste in das Grab eingedrungen sind, muß das bewußt gewesen sein. Das können wir aus den verstreuten Resten ablesen, die sie zurückgelassen haben. Es hat sicher wiederholte Plünderungen im Laufe der Zeit gegeben. Fast alle Fragmente, die wir fanden, waren vermischt mit dem Schutt aus dem Zugangskorridor (J). Dieses Füllmaterial war von den Räubern beiseite gestoßen worden und hatte sich allmählich über den ganzen unterirdischen Grabkomplex verteilt. Nach den Überbleibseln der Grabbeigaben, die nun in allen

Einzelheiten untersucht werden, können wir uns ein Bild davon machen, was wo war in den Grabkammern, als die Totenpriester und Beamten sich nach der letzten Bestattung endgültig zurückzogen, also irgendwann zur Zeit der Regentschaft Haremhebs.

Wie schon erwähnt, waren die Särge von Maja und Merit aus Holz. Der hohe Beamte und seine Frau hätten ›ineinandergeschachtelte Särge‹, einen im anderen, haben können, wie ihr erlauchter Zeitgenosse Tutanchamun. In der späten Achtzehnten Dynastie scheint man in der memphitischen Nekropole für Personen von Rang Holzsärge bevorzugt zu haben; Sarkophage aus Granit und anderem Gestein wurden in die Grabausstattung meist erst durch die folgende Ramessidenzeit eingeführt. Die Särge von Maja und Merit waren vermutlich, wenn auch aus Schreinerholz, denn doch schöne Belege für das Können der Zimmerleute und Intarsienkünstler. Aber leider sind sie aufgebrochen worden, und die Fragmente sind unter den sehr feuchten Bedingungen unter der Erde von Saqqara zu formlosen Holzstükken verkommen, wie auch andere Gegenstände aus dem gleichen Material.

Im Schutt fanden wir eine Menge Blattgoldstücke, die ohne Zweifel die Sarkophage bedeckt hatten und vielleicht auch die hölzernen Grabfigürchen und Statuetten, die zur Ausstattung gehört haben müssen. Vom Standpunkt der Grabräuber her war es ein lohnendes Geschäft, Blattgold, wenn in genügender Menge vorhanden, von den Oberflächen der Grabgegenstände abzukratzen. Das wird ersichtlich aus einer Anzahl königlicher Exponate, die sich heute in den Galerien des Kairener Museums befinden und im Tal der Könige und an anderen Stellen in Theben gefunden wurden. Plünderer pflegen selten Objekte aus solidem Gold zu übersehen. Aber in ihrer Hast, alles, was sich darbot, zu ergreifen und den Weg durch den Schacht zurück und heraus aus dem Grab eiligst zu bewerkstelligen, haben sie manchmal wertvolle Objekte zerbrochen, und dann sind Fragmente auf den Boden gefallen. Nachfolgende Räuber haben dann im Schutt darauf herumgetrampelt. So muß es sich auch im Grab des Maja abgespielt haben, denn wir hatten das Glück, Bestandteile einer äußerst fein gearbeiteten Goldkette sicherzustellen. Vermutlich hatte sie Maja (oder Merit) um den Hals hängen. Sie hat dann wohl ein Pektorale oder einen Herz-Skarabäus gehalten, den wir, goldüberzogen wie er sicher war, leider nicht mehr gefunden haben.

In den unterirdischen Kammern fanden sich Hunderte Teilchen von Einlegearbeiten aus Glas, verschiedenen Steinsorten und Fayence. Auch hier haben wir es mit einem wahren Puzzlespiel zu tun. Und die Zusammenführung dieser Teilstückchen zu ihren Originalmustern wird für uns noch problematisch werden. Zu den Grabbeigaben gehörten auch hauptsächlich mit kostbaren Ölen angefüllte Alabastergefäße [d. h. sog. ›ägyptischer‹ A. = Calcit]. Ein großes Fragment feinen Alabasters ist alles, was von den Uschebti-Figuren für Maja und seine Frau übriggeblieben ist. Es gab unter den Funden auch einige exquisit gearbeitete Elfenbeinfragmente. Manche von ihnen erwähnen den Namen Haremhebs als Pharao in ihrer

Abb. 117, 118, 119

Abb. 117 Teil des Rumpfes einer *Uschebti*-Figur aus Calcit des ›Vorstehers des Schatzhauses des Herrn der beiden Länder [Tutanchamun] Maja‹. Der Text ist ein Abschnitt einer standardisierten Formel aus dem VI. Kapitel des Totenbuchs.

Beschriftung. Sie stammen vermutlich von Kästchen oder Teilen des Mobiliars. Wir haben weiter oben bereits die riesigen Mengen an Keramik aus der Vorratshaltung von Speisen und Getränken erwähnt, die wir unterirdisch gefunden haben. Einige dieser Gefäße tragen außen Etikettierungen in hieratischer Schrift mit näheren Angaben zum Inhalt.

MENSCHLICHE ÜBERRESTE

Niemand unter uns hatte erwartet, die Mumien der Grabeigner zu finden. Diese wären ja mit Juwelen und Amuletten aus kostbaren Materialien überhäuft gewesen und daher das vorrangige Ziel aller Grabräuber, sobald sie einmal in die Grabkam-

Abb. 118 Einlegearbeiten aus Elfenbein, den Gott Bes darstellend, eine Schutzgottheit, die mit Frauen, Haushaltsdingen und dem Schlafzimmer in Verbindung gebracht wird. Das Fragment war ohne Zweifel früher an Möbelteilen angebracht, die zum Bestand der Grabeinrichtung von Maja und Merit gehörten.

mern eingedrungen waren. Wir hatten aber doch das große Glück, viele Knochenfragmente zu finden, die über mehrere unterirdische Räume verstreut worden waren. Auch das winzigste Fragment wurde sorgfältig aufgehoben. Es ist natürlich noch zu früh, genaue Details anzugeben, dennoch ist es schon so gut wie sicher, daß es sich bei diesen Knochenfragmenten um sterbliche Überreste von Maja und Merit handelt. Wir sind nämlich überzeugt, daß keine späteren Nachbelegungen auf der unteren Ebene der unterirdischen Anlagen von Majas Grab, wo der Besitzer und seine Gattin zur Ruhe gebettet worden sind, stattgefunden haben. Es ist selten genug, daß man Gelegenheit bekommt, die Skelettreste irgendeiner berühmten Person der Vergangenheit untersuchen zu können. Derzeit können wir nur spekulieren, was uns die Anthropologen über diese dürftigen Reste von Maja und Merit

Abb. 119 Fragmente von Elfenbein-Intarsien mit den inschriftlich vermerkten Namen von König Haremheb sowie Maja und Merit. Ursprünglich waren sie Bestandteile einer Verzierung von Kästchen und anderen Einrichtungsgegenständen für Maja und seine Frau. In den Hieroglyphen finden sich Spuren von Farbe.

berichten werden – aber ich bin überzeugt, daß es unter mancherlei Gesichtspunkten aufschlußreiche Nachrichten sein werden. So wüßten wir gern Genaueres über ihre Krankheitsgeschichte und auch ihr Alter im Zeitpunkt ihres Todes.

Bevor wir die unterirdischen Partien von Majas Grab verlassen, müssen wir noch zwei auffällige und rätselhafte Beobachtungen mitteilen.

Ich habe in Umrissen bereits die Relief-Auskleidung der beiden Grabkammern erwähnt. Sie erfolgte auf Kalksteinblöcken, ebenso wie in den an der Oberfläche darüber liegenden Räumlichkeiten. Aus den von uns im Schutt dieser Räume geborgenen Fragmenten läßt sich mit Sicherheit sagen, daß die Blöcke, die zur Verriegelung der beiden Grabkammern (K und O) gedient hatten, ebenfalls aus Kalksteinquadern bestanden haben. Das konnte man so erwarten, aber außergewöhnlich, ja einzigartig ist die Tatsache, daß diese Blöcke auf der nach innen in die Grabkammern hinein gewendeten Seite reliefiert und verziert worden sind. Das heißt also, daß jede Seitenwand der beiden Grabgemächer in sich selbst vollständig bebildert gewesen ist. Es wäre ein leichtes gewesen, die jeweiligen Türdurchlässe mit undekorierten Blöcken abzuschließen, wie es üblich war. Im Falle von Majas Grab hat der Architekt mit seinen Handwerkern aber die außerordentlichen Kosten und Mühen nicht gescheut, die Steine, die als Verriegelung der beiden Durchlässe passend eingesetzt werden sollten, mit Meißel und Farbe zu bearbeiten. In jedem Fall muß man sie bis zum Augenblick der Beerdigung beiseite abgestellt haben. Nun könnte man sich vorstellen, daß die unteren Register schon im vorhinein an ihrem Platz eingegipst worden sind, und man hätte dann nur eine Lücke gelassen, um die eingesargte Mumie darüberzuheben und in der Mitte der Grabkammer abzustellen. Dann hat man den fehlenden Türblock in der Verschlußposition einzementiert. Dabei hat man darauf geachtet, daß das ikonographische Detail in korrekter Position angebracht wurde, obgleich es der Maurer, der seine Arbeit von der Rückseite, also von dem zur Kammer hinführenden Zugangskorridor her ausführte, nicht mehr sehen konnte. Man muß sich die daraus resultierende versiegelte Grabkammer wie eine Art verschlossenen, dekorierten Kasten vorstellen.

Zweitens hatten wir erwartet, daß die Grabkammern von Maja und Merit unter dem westlichen Teil des Überbaus ihrer Grabanlage angelegt worden wären. Das scheint in den Gräbern des memphitischen Neuen Reichs die übliche Vorgehensweise gewesen zu sein. Im Falle von Maja und seiner Frau hätte das bedeutet, daß ihre beiden Leichen direkt unter der Opferkammer gelegen hätten, wo die Totenpriester auftragsgemäß vorgeschriebene Rituale zu vollziehen hatten. Der Grabkomplex, den wir eben beschrieben haben, liegt aber nicht in der westlichen Hälfte des Grabes, sondern gegen Osten, obgleich es theoretisch für den Architekten durchaus möglich gewesen wäre, zu einer dritten Ebene hinunterzusteigen und dann, in einer ›doppelten Kehre‹, sich für das Herausschlagen der Grabkammern nach Westen zurückzuwenden. Sorgfältige, unterirdische Probebohrungen von der vorhandenen zweiten Ebene aus haben keinerlei Hinweis auf einen Schacht oder eine Treppe erbracht, die zu einer hypothetischen dritten Ebene hätte hinunterführen können. Die altägyptischen Architekten waren äußerst gewitzt darin, bei der Planung von Grabbauten potentielle Grabräuber zu verwirren und auf falsche Fährten zu leiten, wobei man allerdings zugeben muß, daß ihre Bemühungen fast immer vergeblich gewesen sind. Immerhin besteht noch der Funke einer Möglichkeit, daß die unterirdische Anlage noch nicht alle ihre Geheimnisse preisgegeben hat.

Teil III

Epilog

Regierung, Verwaltung und Alltag im Neuen Reich

In diesem Kapitel beabsichtige ich durch Zusammenfassung dessen, was unsere gemeinsame Expedition seit dem Beginn ihrer Arbeit in Saqqara im Jahr 1975 an Ergebnissen erreicht hat, einige Fäden zu verknüpfen. Die von uns freigelegten Gräber haben uns neue Einblicke in das tägliche Leben, die religiöse Lebenspraxis sowie Kunst und Handwerk der Leute von Memphis vermittelt. Auch konnten Einzelheiten verdeutlicht werden, was die Aufgaben angeht, welche jene Bürger der höheren Verwaltungsränge im Staat wahrzunehmen hatten, deren Dienst sich am Hof selbst abspielte. Ich werde auch die Verwaltung Ägyptens noch etwas genauer skizzieren. Sie hatte den Schlüssel zum Wohlstand des Landes in Gewahrsam, sowohl im Neuen Reich als auch an allen anderen Wendepunkten seiner langen Geschichte. Es war die Periode des Neuen Reichs, in der Ägypten auf den Höhepunkt seiner Geltung und seines Einflusses auf die Länder des Nahen Ostens gelangte. Als danach die Zwanzigste Dynastie aufkam, versank es in Apathie, administrativem Chaos und wirtschaftlichem Niedergang. In Saqqara haben sich keinerlei Gräber aus dem späteren Teil des Neuen Reichs gefunden, wir haben aber Belege aus kürzlich publizierten Papyri, daß Grabmonumente der Zwanzigsten Dynastie in der memphitischen Nekropole existiert haben.

ASPEKTE VON RELIGION, KUNST UND HANDWERK IM NEUEN REICH

Ich habe in diesem Buch den Versuch unternommen zu zeigen, inwiefern die von uns freigelegten Gräber von Saqqara uns neues Detailwissen und neue Einblicke in das Leben von Regierungsangestellten, Militärs und Mitgliedern der Priesterschaft vermittelt haben. Im Falle des Generalissimus Haremheb haben wir erfahren, wie entscheidend seine Rolle war bei der neuerlichen Festigung der ägyptischen Herrschaft über das westliche Asien und Nubien im Anschluß an die zugleich überspannte und desinteressierte Außenpolitik Echnatons. In Szenen, für die es in der ägyptischen Kunst keine Vorläufer gibt, konnten wir Haremheb, lange bevor er selbst zu diesem Amt aufstieg, fast wie einen Pharao agieren sehen. Die lebhafte Darstellung der Fremdlinge in seinem memphitischen Grab vermittelt das Gefühl, als sei er als Ergebnis seiner Feldzüge mit den Völkern Palästina-Syriens sowie den Stämmen Libyens und Nubiens bestens vertraut geworden.

Eines der von uns freigeräumten Gräber kann berechtigterweise als königlich bezeichnet werden, war es doch für eine der Schwestern Ramses' II., nämlich Tia, sowie ihren Gatten hergerichtet worden. Nur äußerst selten bekommen wir in den Grabmonumenten einen wirklich intimen Einblick in die privaten Lebensbereiche und Aktivitäten der königlichen Familie. Ein Beispiel dafür, zugleich eines, das unsere besondere Bewunderung erregt hat, ist das Grab des Pharaos Echnaton in den Hügeln hinter Amarna. In Szenen, die in der ägyptischen Ikonographie ganz einzigartig dastehen, werden Echnaton und Nofretete gezeigt, wie sie über den Tod einer ihrer Töchter weinen: Einmal wenigstens wird der Pharao als schwaches menschliches Wesen gezeigt und nicht als mächtiger Gott. Im westlichen Zweig des Tals der Könige bei Theben, im Grab des Pharaos Eje, wird er zusammen mit seiner Frau, Königin Teje, gezeigt, wie er ein Nilpferd aufspießt und in einem Boot auf Vogeljagd geht. Das sind Tätigkeiten, die normalerweise nur in Privatgräbern dargestellt werden.

Das Grab der beiden Tias in Saqqara ist nicht etwa eine der Ausnahmen königlicher Grabbauten, die die Regel bestätigen. Ich muß gestehen, daß es sehr interessant gewesen wäre, wenn man das königliche Paar bei einer Abweichung, und sei sie noch so klein, von der Norm hätte beobachten können. Es gab wenigstens den Versuch eines persönlichen Anstrichs von seiten der Künstler, die das Grab ausgeschmückt haben: In einer der Kapellen sahen wir, daß die beiden Tias Anstalten getroffen hatten, ihre Lieblingspferde an Bord zu nehmen, wenn sie in ihrer Barke die rituelle Reise nach Abydos antreten würden, um im dortigen Osiris-Tempel ihre Anbetung zu vollziehen. Alle anderen Szenen zeigen im Kontrast dazu das königliche Paar bei dem gewissenhaften Vollzug aller geheiligten Pflichten der Anbetung und des Opfers für die Götter. Aber manche dieser Reliefs, besonders jene in der gerade eben erwähnten Kapelle, sind wirklich Kunstwerke eigenen Ranges.

Auch die kleineren Grabkapellen stecken voller Information. Paser teilte uns nützliche Einzelangaben zu seiner Familie mit, die dadurch herausragt, daß sie mit dem Kult der verstorbenen königlichen Ahnen verbunden war. Sein Grab gibt uns einen Hinweis auf die Lage des seit langem verlorenen Grabes seines bedeutenderen Bruders Tunrai. In Rajas kleiner Kapelle werden wir augenblicklich in den großen Ptah-Tempel zur Zeit Ramses' II. versetzt, um quasi hineinzuhorchen in ein ›Konzert‹, und wir gewinnen einen einzigartigen Eindruck von dem Chor, der dort täglich vor der Gottheit seinen Dienst versah. In Chais Grabkapelle können wir ihn selbst in einer für die ägyptische Kunst unüblichen, um nicht zu sagen einzigartigen Szene dabei sehen, wie er die Arbeiten in seiner Gold- und Metallveredlungs-Werkstatt überwacht. In der Kapelle seines Sohnes Pabes bemerkten wir eine Szene aus den Hafenanlagen von Memphis, in denen es zu allen Zeiten in der langen Geschichte der Stadt wie in einem geschäftigen Bienenstock voller Aktivität gewimmelt haben muß. Man fängt an sich zu fragen, wie viele samt Ladung versunkene Schiffe tief im Schlick des großen Flusses vergraben sein mögen, der so nahe an der östlichen Stadtgrenze vorbeigeflossen ist. Wir dürfen auch nicht versäumen, Ramoses Grabmal zu erwähnen; obgleich alle Dekoration, die es vielleicht einmal besessen hat, im Altertum abgerissen worden ist, hat einer seiner Schächte uns immerhin den Zugang zum langgesuchten Grab von Maja und Merit verschafft. Auch die Grabschächte in Iurudefs Grab boten uns viel Information, da sie uns mit einer Fülle von datierbaren Gegenständen, die kontextuell eingeordnet werden konnten, Einblick gewährten in die Begräbnissitten der memphitischen Nekropole; und sehr hoch zu bewerten ist die große Masse menschlicher Knochen, der physischen Überreste einer Gruppe von Einwohnern von Memphis, die am Beginn des ersten Jahrtausends v. Chr. gelebt haben. Man sagt kaum zu viel, wenn man davon spricht, man werde von den neuen Informationen fast erdrückt. Manches davon ist in diesem Buch ins Rampenlicht gestellt worden, aber die Zukunft wird noch viel mehr enthüllen.

Aspekte der Religion im Neuen Reich

Wir haben bereits gesehen, in welcher Weise diese Grabbauten uns wertvolle Einzelheiten aus den Lebensgeschichten von Militärpersonen, Regierungsangestellten und Priestern der verschiedenen Rangstufen vermittelt haben: also all jener Leute, die für die Verwaltung Ägyptens im Neuen Reich Verantwortung trugen. Wir können aber auch hinsichtlich Religion und Kunst dieses wichtigen Zeitabschnitts einige neue Tatsachen zu weiteren Rückschlüssen heranziehen. Was die religiösen Bewegungen betrifft, erweist sich die Regierung Tutanchamuns als entscheidend. Unter seiner Verwaltung wurde der Kult der alten Religion mit ihrer Vielzahl an Göttern, die fast alle von seinem Vorgänger Echnaton gestürzt worden waren, in seiner ganzen Pracht wieder eingesetzt. Noch einmal wurde das Pantheon für siebzehn Jahrhunderte fest verankert und blieb unangetastet, bis das Christentum im Niltal den Sieg davontrug. Auf den Seiten dieses Buches haben wir gesehen, wie hohe Würdenträger, wie Haremheb und Maja, den königlichen ›Ketzer‹ Echnaton nicht einmal namentlich erwähnen, obgleich sie ganz sicher während seiner Regierungszeit gelebt und höchstwahrscheinlich auch an seiner Regierung mitgewirkt haben. Seine Neuerungen, seine Glaubensüberzeugungen, seine Zielsetzungen bleiben in den Grabinschriften und Reliefs unerwähnt. Allerdings scheint Maja in seinen Grabinschriften wenigstens anzudeuten, daß er im Gefolge der königlichen Familie von Amarna aufgewachsen ist – also zweifelsohne in Achet-Aton selbst –, obgleich er bezeichnenderweise Echnaton namentlich nicht erwähnt. Ein Grab in Amarna, das für einen als Mai bezeichneten Beamten vorgesehen war, gehörte ihm wahrscheinlich zu einem früheren Zeitpunkt seiner Karriere, als sich der Regierungssitz noch in Achet-Aton befand. Kaum war Amarna verlassen und der Regierungssitz nach Memphis zurückverlegt, haben die Beamten schleunigst begonnen, ihre ›Häuser der Ewigkeit‹ in der Nekropole von Saqqara zu errichten. Aus dem Vorhandensein langatmiger und lobhudelnder Hymnen an die alten Götter, die wir in solchen Grabdenkmälern finden – ganz besonders denen von Haremheb und Maja –, und aus der Ikonographie der dargestellten Szenen wäre man nie auf den Verdacht gekommen, daß Ägypten hinsichtlich seiner Religion nur kurz zuvor eine totale Umwälzung erlebt hatte. Beamte wie Haremheb und Maja waren wahrscheinlich an Echnatons ›Revolution‹ und am Aton-Kult beteiligt gewesen, solange dieser noch Staatsreligion gewesen war. Es wäre ungerecht, solche hohen Beamten als ›Wendehälse‹ oder Opportunisten zu bezeichnen. Wir besitzen keine stabile Quellenlage über die Ereignisse, die zum Umfeld des letztendlich erfolgten Umsturzes der Aton-Religion geführt haben. Laufende Ausgrabungen und Forschungen zeigen, daß dies keineswegs plötzlich erfolgte; es wäre also wohl unbillig hart, diese ›Kehrtwendung‹ zu kritisieren oder zu verurteilen.

Sobald der alte Glaube wieder eingesetzt war, muß eines der rasch zu neuer Aktivität gelangenden religiösen Zentren der Ptah-Tempel in Memphis gewesen sein, ferner die ›Tempel-Hochschule‹ in Heliopolis, Sitz des Kultes für den Sonnengott Re. Obgleich wir über Listen der Hohenpriester verfügen, unter deren Einfluß und Kontrolle diese bedeutenden Zentren im Neuen Reich standen, ist noch viel Forschungsarbeit erforderlich zur Klärung der unterschiedlichen Priesterränge und der Rangstufen der Hilfskräfte, die den Dienst an den Heiligtümern vollzogen. Wir verfügen über reichlich Belege (von den aus den memphitischen Gräbern stammenden Grabreliefs), daß Denkmäler noch auf ihre Freilegung in der Nekropole von Saqqara warten; weiteres Material stammt aus bereits dort entdeckten Gräbern. Wenn wir bedenken, wie aufschlußreich bereits eine kleine Grabkapelle – die des Raja – gewesen ist, schwindelt einem bei dem Gedanken an die Information, die man aus auch nur *einem einzigen* Grab eines Hohenpriesters gewinnen könnte; etwa dem des Ptahemhat, genannt Ti. Ein Steinblock aus dessen Grab in Saqqara zeigt Mitglieder der ägyptischen Regierung, darunter Haremheb, zur Regierungszeit Tutanchamuns oder Ejes. Ptahemhat war Hoherpriester des Ptah. Man darf ohne weiteres annehmen, daß zumindest einige Wände in seinem Grab Aspekte des Kults für einen der Hauptgötter Ägyptens entweder artikulierten oder wiedergegeben haben.

Künste und Handwerk

Es ist nicht zu viel gesagt, wenn wir behaupten, daß ein ganz neues Forschungsgebiet innerhalb der ägyptischen Kunst durch die Arbeit unserer Gemeinschaftsexpedition in Saqqara entstanden ist. Bei vielen der von uns gefundenen Reliefs, besonders aus den Gräbern Haremhebs und Majas, handelt es sich nach jedem Maßstab um Meisterwerke. Dieses gesamte Material läßt sich in engen Grenzen datieren, und sehr viele dieser Stücke sind in sehr gutem Erhaltungszustand, selbst von der Originalfarbe ist noch viel vorhanden. Vor unseren Entdeckungen war nicht viel über die memphitische Kunst des Neuen Reichs in ihrer Abgrenzung gegenüber der thebanischen Kunst bekannt. Dafür gab es einen einleuchtenden Grund: Die thebanischen Reliefs und Malereien, die seit den Pionierzeiten der Ägyptologie am Beginn des letzten Jahrhunderts in allen Einzelheiten studiert worden sind, waren gut bekannt. Wie wir gesehen haben, liegt viel gleichzeitiges memphitisches Material noch immer unter dem Sand der Wüste von Saqqara begraben, die memphitischen Tempelreliefs dagegen sind für immer so gut wie verschwunden, und die Blöcke aus Gräbern, soweit sie zum größten Teil heute in den Museumssammlungen aufbewahrt werden, verteilen sich auf nah und fern. So ist bis in die jüngste Zeit kein Versuch gemacht worden, sie als Gesamtkomplex einer wirklich genauen Untersuchung zu unterziehen.

Es erhebt sich die Notwendigkeit vieler neuer Fragestellungen, etwa: Gibt es einen spezifischen und eigenständigen memphitischen Kunststil für das Neue Reich? Unterscheiden sich die ikonographischen Eigenheiten in Memphis in merklicher Weise von thebanischen oder provinziellen Arbeiten? Klingt ein fernes Echo der Kunst der Amarnazeit in den Reliefs nach, die in Memphis während und kurz nach der Regierung Tutanchamuns hergestellt worden sind? (Es gibt so gut wie kein memphitisches Material des Neuen Reichs, das vor seine Regierungszeit zurückreicht.) Wer waren die Künstler und Handwerker, wo wurden sie ausgebildet? Bis zu welchem Ausmaß hat die memphitische Grabarchitektur ihre Arbeiten und natürlich ihren Stil beeinflußt? In dieser Hinsicht ist die Abkehr von Felsgräbern, in denen die Ausschmückung direkt in das anstehende Gestein hineinreliefiert wurde, zugunsten von tempelförmigen Grabmonumenten sicherlich ein bemerkenswertes Faktum. Die Maurer, die den letzteren Typus verwirklichten, konnten ihr Material mit Sorgfalt auswählen, wenn sie selbst und ihre Auftraggeber das so wünschten. So können wir im Falle der Grabbauten und Blöcke, die aus der Achtzehnten Dynastie stammen, deutlich erkennen, daß Kalkstein hoher Qualität aus den Steinbrüchen östlich von Memphis ausgewählt wurde. Gestein dieser Art war ideal, um auch das feinste Detail herauszuarbeiten. Gräber aus der Ramessidenzeit zeigen ein entschiedenes Nachlassen: Schlechtere Steinqualität kam zur Anwendung, mindestens seit der Zeit Ramses' II. Es wurde oft nachlässig skulptiert, und die Farbe wurde in höchst sorgloser Weise aufgetragen. Mittlerweile war die Massenproduktion von Denkmälern üblich geworden, im ganzen Land machte sich eine fieberhafte Bautätigkeit breit, und wirklich hochqualifizierte Handwerker waren kostbar geworden.

Um nur eine der oben skizzierten Fragen anzuschneiden: die Möglichkeit eines Einflusses von Echnatons Hauptstadt Amarna auf die späte Achtzehnte Dynastie und die Ramessidenkunst in Memphis. Manche der Reliefs in Haremhebs Grab hät-

Taf. 3b ten leicht von Künstlern skulptiert sein können, die in den Werkstätten von Achet-Aton ausgebildet worden sind. Als Amarna nach dem Tod des Echnaton aufhörte, die Hauptstadt und das Einflußzentrum zu sein, mußten sie sich verteilen, einige von ihnen gingen zweifellos nach Theben, andere nach Memphis. Wären manche der von uns gefundenen Blöcke, die aus der Zeit von Tutanchamun stammen, statt dessen in den Museumssammlungen und aus dem Zusammenhang gelöst aufgestellt gewesen, dann hätte es ohne weiteres geschehen können, daß man sie in die Amarnazeit oder sogar in die Ramessidenzeit datiert hätte.

VERWALTUNG

Wir berühren damit das Problem der Verwaltung Ägyptens, und zwar insbesondere aus dem Blickwinkel der wichtigsten Stadt des Neuen Reichs, Memphis.

Die geographische Situation Ägyptens ist bemerkenswert: ein extrem langes, schmales Tal, gesäumt von Wüsten, das sich im Norden in Form einer Lotusblüte zu einem Delta weitet. Die Geographie des Landes wirkt sich auf dessen administratives System aus. Uns überlieferte Quellen belegen, daß die Verwaltung sorgfältig ausgestaltet und schon in frühdynastischer Zeit sehr differenziert gewesen ist. Aber bis zu einem gewissen Grad blieb örtliche Autonomie immer ein Erfordernis, es war fast unmöglich, nur von Memphis aus den Überblick über das gesamte Reich zu behalten und es effektiv zu verwalten.

Bisher entschlüpft die feinere Verästelung des in Ägypten im Neuen Reich praktizierten Verwaltungssystems noch unserem Blick. Der Gesamteindruck ist allerdings ziemlich klar, wir wissen sogar eine ganze Menge über manche einzelnen ›Regierungsabteilungen‹, etwa das Wesirat, das Schatzamt, die Kader der Armeeoffiziere und des militärischen Personals. Aber hier muß noch viel geschehen, besonders im Zusammenhang mit Material, das aus den nördlichen Teilen des Reichs neu auftaucht. Dazu gehören auch die Fundstücke, die wir in Saqqara zutage gefördert haben und die hauptsächlich in Verbindung mit dem Gebiet rund um die Metropole von Memphis stehen.

Wichtig ist die Beobachtung, daß von der Achtzehnten Dynastie an die ägyptische Regierung im westlichen Asien, also dem Vorderen Orient um Syrien und Palästina, territorialen Ehrgeiz entfaltete und Ansprüche stellte. Dies ist eine Folgeerscheinung der Vertreibung der eingedrungenen Hyksos und der Furcht vor einer Wiederholung eines solchen Schreckens, wenn man nicht wirkungsvolle Maßnahmen ergriffe, um die Grenzen Ägyptens zu sichern und eine Pufferzone abhängiger oder halbautonomer Stadtstaaten zwischen Ägypten und seinen immer mächtiger werdenden Nachbarn zu errichten. Es läßt sich darüber streiten, ob der persönliche Ehrgeiz oder heldische Charakter einzelner Pharaonen dabei mitgespielt hat.

Sicherlich zeigen die Reliefs die Herrscher als allmächtige Krieger, und Texte voller lobender Schmeicheleien in den Tempeln des Neuen Reichs im ganzen Land, selbst im weit entfernten Nubien, scheinen so etwas anzudeuten.

Die Tatsache, daß Ägypten tief in Kriege verwickelt gewesen ist, ebenso wie in Strafexpeditionen, um tatsächliche oder mögliche Revolten niederzuschlagen, muß ihre gewichtigen Auswirkungen auf Verwaltungsangelegenheiten, gesellschaftliches Leben und wirtschaftliche Unternehmungen gehabt haben, ganz zu schweigen vom Einfluß, den fremde religiöse Kulte ausgeübt haben mögen, die zu diesem Zeitpunkt in Ägypten auftauchten. Memphis war von all diesen Dingen unmittelbar betroffen, denn von hier aus wurden die Armeen und die Flotten organisiert und losgeschickt. In den Hafenanlagen von Memphis hat sich zweifellos die Kriegsbeute zu hohen Bergen gehäuft, bevor sie anschließend über die königliche Staatskasse und die Tempel verteilt wurde. So war eine der Folgen des ägyptischen Engagements in Asien die zunehmende Bedeutung der Armee sowie der Zuwachs an Macht und Ansehen einzelner militärischer Führer wie Haremheb zu jener Zeit. Haremhebs Grab belegt diese gesteigerte Bedeutung, und wie wir gesehen haben, gibt es noch viele Gräber von Armeeoffizieren des Neuen Reichs auf den Friedhöfen von Saqqara zu bestimmen.

Zweitens muß vermerkt werden, daß in der Achtzehnten und Neunzehnten Dynastie, aber besonders unter Thutmosis III. und Ramses II., die Tempel gewaltige Reichtümer anhäuften, was im wesentlichen eine Folge großzügiger Schenkungen seitens der regierenden Pharaonen war, die mit Gaben an Edelmetallbarren, Beute, Land, Sklaven und Vieh für die Siege besonders in Vorderasien, aber bis zu einem gewissen Grad auch in Nubien den Göttern dankten. Hauptnutznießer war der thebanische Amun, aber andere bedeutende Kultzentren, nicht zum wenigsten Memphis und Heliopolis, meldeten ihren Anspruch an der Beute an. Direktes Ergebnis war ein gewaltiges Anwachsen des Wohlstandes, der Schutzherrschaft und des Einflusses der Priesterschaft. Tempelpersonal wurde mächtig aufgestockt, um Schritt zu halten mit dem Umfang an Verwaltungsaufwand, der mit der Bewirtschaftung der Tempelgüter verbunden war. Tempel wurden wiedererrichtet, manchmal, indem in Privatbesitz befindliches Land requiriert wurde, oder bereits existierende Heiligtümer wurden erweitert oder verschönert. All das steht in dramatischem Gegensatz zu der Situation, die in den Tempeln des Alten Reichs und des Mittleren Reichs obwaltete, die in Größe und Wohlstand äußerst bescheiden aufgetreten waren.

Ich erwähnte vorher schon die Hohenpriester von Memphis und Heliopolis, Inhaber von zwei der mächtigsten sakralen Stellungen im Neuen Reich. Bisher ist noch nicht eines ihrer Gräber in der Nekropole von Saqqara freigelegt worden. Obgleich die Hohenpriester von Heliopolis zum überwiegenden Teil durchaus anderswo beigesetzt worden sein können, gibt es doch eine Menge Hinweise, die belegen, daß ihre memphitischen Amtskollegen, denen innerhalb der ägyptischen religiösen

Hierarchie eine so hohe Bedeutung zukam, irgendwo in Saqqara ihrer Entdeckung harren, vermutlich keinen Steinwurf weit entfernt von unserer gegenwärtigen Arbeit in dieser Wüste: aufregende Aussichten!

Da Memphis während der gesamten Achtzehnten Dynastie Sitz der Regierung war – abgesehen von dem Intermezzo von Amarna – und wohl auch teilweise während der Neunzehnten Dynastie (Theben war die religiöse Hauptstadt), arbeiteten der gesamte höhere Verwaltungsstab und ein Schwarm untergeordneter Funktionäre in der großen Metropole und wurde am Ende in Saqqara zur Ruhe gebettet. Von diesen Gräbern wurden nur einige wenige bisher wieder freigelegt, manche wurden als Ergebnis unserer Arbeit und der unserer ägyptischen Kollegen, die etwas östlich vom Areal unserer Grabungslizenz arbeiten, ans Licht gebracht. Sicher harren noch Hunderte von Monumenten ihrer Entdeckung.

Die unterschiedlichen Zweige der Verwaltung

Das Leben jedes einzelnen Ägypters unterstand der Kontrolle der pharaonischen Bürokratie, und das gesamte Wirtschaftssystem ganz Ägyptens war von diesen allgegenwärtigen Beamten im Namen ihres Herrschers durchorganisiert, der theoretisch der oberste Herr des Landes war. Im einzelnen wissen wir sehr wenig über den tatsächlichen Landbesitz der Pharaonen, des Staates, der Tempel oder privater, einzelner Individuen. In den Anfangszeiten hatte möglicherweise das gesamte Land dem König gehört, aber mit fortschreitender Zeit muß es zu einer bedeutsamen Unterscheidung gekommen sein zwischen verschiedenen Arten von Land und verschiedenen Besitzern desselben.

Aus erhaltenen Textquellen wird ersichtlich, daß, sicher schon vom Alten Reich an, das Beamtentum zahlreich war und eine gestaffelte Hierarchie kannte, deren Vertreter in verschiedenen Regierungsabteilungen ihren Dienst versahen. Eines der wichtigsten Ämter war das Schatzamt, es war am Einzug der Sachsteuern beteiligt, die später als Gehalt an die Beamten und andere Angestellte im Staatsdienst und bei Hof weiter verteilt wurden. Der königliche Hof und der Palast standen in gewissem Sinn an der Spitze der hierarchischen Pyramide. Die Felderbewirtschaftung und das Bewässerungssystem waren natürlich von entscheidender Bedeutung, ebenso die Kontrolle der Schaf- und Rinderherden, der Getreidespeicher, Seen und Sumpfgebiete. Die Abteilung für Zwangsarbeit und Frondienste gehörte sicher nicht zu den beliebtesten, jedenfalls bei der Mehrzahl der Bevölkerung, spielte aber doch eine entscheidende Rolle nicht nur bei der Organisation von Reparatur, Reinigung und Durchstich von Kanälen, sondern auch bei der Konstruktion und dem Dekorieren königlicher Grabanlagen, Tempel und anderer öffentlicher Bauten. Der ungeheure verborgene Reichtum vieler Friedhöfe unterstand der Verantwortung der Friedhofsbeamten. Wenn ihre Wachsamkeit nachließ, wurden königliche und private Gräber geplündert, wie schon die alten Ägypter aus leidvoller Erfahrung wußten. Justiz, Gefängnisse, polizeiliche Kräfte, Expeditionen zu den Minen und Steinbrüchen, Kontrollfunktionen an den Grenzen und am Rande der Wüsten, all das gab einer großen Anzahl von Beamten Arbeit. Die Tempel haben, wie wir gesehen haben, ihr eigenes ausgefeiltes Verwaltungssystem gehabt, ebenso die Armee und bis zu einem gewissen Grad auch die Flotte. Und das sind nur einige der Zweige einer zentralen Verwaltung im Neuen Reich und zu anderen Zeiten im Verlauf der ägyptischen Geschichte.

Die Administration war üblicherweise zentral geordnet – in Memphis –, aber zwangsläufig unterstand vieles im tagtäglichen Geschäftsverlauf der örtlichen Kontrolle in den einzelnen Gauen. Die örtlichen Verwaltungen waren bis zu einem gewissen Grad eine Kleinausgabe der Zentralverwaltung. Es waren das Männer, die bei der Bearbeitung des Bodens, beim Sammeln der Ernte und dem Einheben der Steuern zusahen, ebenso bei den vor Ort geleisteten Fron- und Militärdiensten oder wenn die ländlichen Heiligtümer und Tempel ihr Personal rekrutierten. Solche örtlichen Verwaltungen, in denen die antiken Landadligen bis in die späte Zwölfte Dynastie hinein eine entscheidende Rolle spielten, wurden gewöhnlich wirksam von Memphis aus kontrolliert, aber es gab auch Zeiten, in denen sie in Opposition zur Krone standen.

Eine solche zugleich gigantische und ausgefeilte Bürokratie muß Massen an Dokumenten aus den Federn der Armeen jener Schreiber hervorgebracht haben, die uns auf den Monumenten so häufig entgegentreten. Sie waren verantwortlich für die Katastererhebungen, indem sie Namen und Stellung der Landbesitzer für Steuerzwecke registrierten, Steuerlisten und Finanzquittungen ausstellten, Briefe über jedes nur denkbare Thema verfertigten, an dem die Regierung Anteil nahm, und das waren nur einige ihrer Hauptaufgaben. Andere Kuchen, in denen sie zumindest einen Finger stecken hatten, waren etwa Angelegenheiten, die sich auf die Zahlungen oder die Gehälter der Beamten und anderer Personen bezogen, Berichte über amtliche Projekte, etwa die Anzahl der von den Steinbrüchen angelieferten Steine für die Verwendung in staatlichen Bauvorhaben, Klagen von Staatsbeamten und Privatbürgern, Tadel von Vorgesetzten bezüglich vernachlässigter Pflichten, Testamente, Besitzübertragungen, Titelanrechte und zahlreiches andere.

Die Tragödie dabei ist, daß relativ wenige schriftliche Dokumente aus den Federn dieser allgegenwärtigen Beamten die Stürme der Zeit überlebt haben. Papyrus ist ein empfindlicher Beschreibstoff, anfällig für Feuchtigkeit und den Appetit weißer Ameisen und andere Bedrohungen. Im Idealfall würde man eine genaue Untersuchung der Verwaltung anhand eines solchen schriftlichen Materials entwickeln. Hinsichtlich des Neuen Reichs stehen wir besser da als für die davorliegenden Zeiten der ägyptischen Geschichte. Erwähnen wir nur zwei besonders wertvolle Berichte, die zwei umfangreichsten Verwaltungsdokumente, die uns überliefert sind: den großen Papyrus Harris im British Museum, der die königlichen Schenkungen an die Kulttempel auflistet und aus der Zeit Ramses' III. stammt, und den Wilbour Papyrus im Brooklyn Museum. Letzterer entstand während der eher unbedeutenden Regierungszeit Ramses' V., gibt uns aber wertvolle Belege für Landbesitz und Besitzaufteilung in diversen Örtlichkeiten Ägyptens.

Aus Mangel an eigentlichen Dokumenten muß sich der Forscher für die Untersuchung der Verwaltung anderen Quellen zuwenden.

DIE AUSSAGEKRAFT DER PROSOPOGRAPHIE

Da Verwaltungspapyri so rar sind, waren die Gelehrten gezwungen, einen großen Teil ihrer Informationen über die Art, wie in Ägypten im Neuen Reich und zu anderen Zeiten regiert wurde, von den Titeln und Beinamen der unzähligen Beamter herzuleiten. In dieser Hinsicht sind ihre Gräber, und nicht zum wenigsten die von Saqqara, von großem Wert, besonders wenn die Administratoren zu ihren Titeln und Rechtsansprüchen noch Informationen über ihr Leben im Dienst der Regierung beifügen und in Form skulptierter Reliefs bestimmte Höhepunkte ihrer Karrieren im Dienste der Verwaltung und des Militärs oder im Tempeldienst sogar illustrieren. Wir haben gesehen, wie wertvoll Haremhebs Grab in dieser Hinsicht ist.

In Ägypten gab es kaum ein Amt, kaum einen Erwerb, die nicht in ein abgestuftes Rangsystem, sei es am königlichen Hof, der zentralen oder lokalen Regierung oder der Tempelverwaltung, eingeordnet gewesen wären. Kein Beamter, ob hoch oder niedrig, schrieb seinen Namen ohne Titelangabe, und das war, da Familiennamen fehlten, ein wertvolles Mittel zur Identifikation und Unterscheidung, besonders bei gewöhnlichen und häufigen Namen wie Amenhotep, Ramose und Ptahmose. Manchmal und besonders gern in ihren Grabbiographien haben Beamte buchstäblich jeden Titel aufgelistet, der ihnen jemals verliehen worden war. (Das Grab des Mereruka in Saqqara aus dem Alten Reich ist ein hervorragendes Beispiel.) Zu den Titeln, seien sie funktional oder auch nur Ehrentitel, kommen noch auf den Monumenten und Stelen der hohen Beamten Beschreibungen oder zumindest Andeutungen von besonderen Aufträgen und Missionen, mit denen sie von ihren Pharaonen betraut worden waren. Oder es werden die umfangreichen Vollmachten erwähnt, mit denen sie für die Ausführung bestimmter Aufgaben ausgestattet worden waren. Wir haben ein Beispiel davon im Zusammenhang mit Haremheb gesehen, und ganz sicher würden andere Gräber der Nekropole von Saqqara, besonders solche von Militärpersonen, vergleichbare Beispiele bieten.

Der Pharao, der seinen ersten Minister oder Wesir in sein Amt einsetzte, ermahnte ihn, »das Amt zu übernehmen ... alles zu beachten, was damit zu tun hat, denn die Existenz des ganzen Landes hängt davon ab«. Seit der Zeit Thutmosis' III. wurde Ägypten unter seinem König von zwei Wesiren regiert. Einer von ihnen hatte seinen Sitz in Theben, der andere schaltete von Memphis aus. Ihm oblag die Verwaltung des Gebietes um Memphis herum und von Unterägypten. Ich hege den Verdacht, daß der Wesir von Unterägypten, der täglichen Zugang zu seinem Herrscher hatte, über den größeren Einfluß verfügte. Aber wir wissen nicht viel über die ersten Minister Unterägyptens im Neuen Reich. Ägyptische Kollegen haben kürzlich das Grab eines der Wesire Ramses' II. namens Neferrenpet gefunden. Aber es muß viele Monumente von Premierministern des Neuen Reichs geben, die auf ihre Entdeckung im Sande der Wüste von Saqqara warten. Es sind auch nicht allein die Grabreliefs, die neue Fakten beisteuern. In den Museumssammlungen gibt es eine Menge teilweise vor sich hindämmernder Informationen zu holen in Form beschrifteter Gegenstände, wozu auch Stelen und Papyri gehören. Insgesamt hat die Forschung sich eher auf die Masse des thebanischen Materials konzentriert, und man hat des öfteren angenommen, daß deren Ergebnisse für ganz Ägypten Gültigkeit haben. Derzeit wird Belegmaterial zu den memphitischen Beamten des Neuen Reichs gesammelt – einige von ihnen hatten zweifelsohne Verbindungen zu den südlichen Landesteilen –, und die großen Mengen neuer Dokumente, die aus den Friedhöfen Saqqaras hervorquellen, müssen zwangsläufig die Position der Allgemeingültigkeit ins Wanken bringen, vielleicht sogar radikal. Es scheint in der Tat unser Belegmaterial selbst im jetzigen frühen Stadium eher darauf hinzudeuten, daß die hohen Staatsbeamten, ebenso wie die hohen Ränge im Militär, im Neuen Reich ihre Wirkungsstätte in Memphis hatten und folglich in dieser großen und weitläufigen Stadt ihr Leben verbrachten und die meisten von ihnen auch dort gestorben sind.

Die verlorenen Gräber von Memphis

Wir haben die Ergebnisse unserer Entdeckungen aus etwas mehr als einem Jahrzehnt Arbeit und die Information, die uns dadurch über das Neue Reich und das Gebiet rund um Memphis und darüber hinaus zuwächst, skizziert. Was erwartet uns in der Zukunft?

SCHÄTZE UNTER DEM WÜSTENSAND

Schon vor Beginn unserer eigenen Arbeit im Jahr 1975 war den Forschern bewußt, daß es eine ungeheure Menge von Fakten über den nördlichen Teil Ägyptens zur Zeit des Neuen Reichs gibt, der in unseren Museumssammlungen sozusagen weggepackt und verschlossen ruht. Dieses Material besteht aus Stelen (Grabsteinen), Statuen, beschrifteten und skulptierten Blöcken (alles aus Gräbern und Tempeln stammend), Papyri und unzähligen Objekten, überwiegend Grabbeigaben. Solche Dinge waren über hundertfünfzig Jahre lang bis in die siebziger Jahre unseres Jahrhunderts als Ergebnis offizieller und nicht erlaubter Ausgrabungen wie auch durch Zufallsfunde in Saqqara ans Licht gekommen und bis zu einem gewissen Grad auch in Memphis. Dies gesamte Material würde nach einer umfassenden und erschöpfenden Analyse Aufschluß geben können über die Persönlichkeiten der Zeit – ihre Karrieren, Familienverbindungen, religiösen Überzeugungen, um nur einige Faktoren zu nennen. Aus unserer Sicht ist jedoch eine der nützlichsten vorhandenen Quellen die große Anzahl beschrifteter und dekorierter Blöcke der Grabwände, wie wir sie weiter oben im Zusammenhang mit den kürzlich ausgegrabenen Monumenten der memphitischen Nekropole behandelt haben. Es muß mindestens 500 solcher Reliefs verstreut in den Museumssammlungen der ganzen Welt geben, die bis vor kurzem noch nicht in ihren Einzelheiten untersucht worden sind. Da die meisten aus Saqqara stammen, versorgen sie uns mit äußerst wertvollen Hinweisen und Anhaltspunkten für die gesellschaftliche Stellung der Grabbesitzer, deren Grabkapellen noch unter dem Wüstensand verborgen liegen.

Abb. 120, 125–128

Abgesehen von jenen Gräbern, die in Saqqara liegen *müssen*, was sich aus den versprengten Blöcken, die von dort stammen, erschließen läßt, gibt es ganz sicher noch viele andere, deren Besitzer uns bisher namentlich nicht bekannt sind. Wir wissen natürlich nicht präzise, wo jeweils die individuellen Grabkapellen liegen, aber die Anzeichen auf der Wüstenoberfläche, die uns tief im Sand verborgene Höfe in groben Umrissen andeuten, sind verheißungsvoll. Wir dürfen uns tatsächlich geistig ein Bild einer veritablen Gräberstadt aufbauen, wo die Grabmonumente an einem Verbindungssystem von Straßen und Alleen ausgerichtet sind. Eine moderne Parallele, die vielen Besuchern Ägyptens vertraut sein wird, ist der weitläufige muslimische Friedhof von Alt-Kairo, der als Totenstadt bekannt ist.

Aus der Analyse der Namen und Titel, die sich auf den Blöcken der Museumssammlungen befinden, können wir einigermaßen und in manchen Fällen absolut sicher sein, daß die Gräber jener Beamter, die in der beigefügten Liste angeführt sind (ich beschränke mich auf eine Auswahl), auf ihre Entdeckung warten. Die mit Sternchen (*) versehenen sind sogar 1843 von Lepsius gesichtet worden, sie sind

Abb. 120 Szene aus einer Waffenwerkstatt, sicher von Memphis. Ein Handwerker prüft die Geradheit eines Pfeils. Zwei weitere Arbeiter und andere Bestandteile militärischer Gerätschaften werden auf diesem Relief ebenfalls gezeigt. Es stammt von einem jetzt unter dem Sand von Saqqara verschollenen Grab.

aber im Verlauf der letzten eineinhalb Jahrhunderte wieder vollständig unter den Sandmassen verschwunden. Sie sind sowieso niemals vollständig ausgegraben worden, nur kleine Teile von ihnen lagen zu der Zeit frei, als Lepsius und seine Helfer dort tätig waren. Aus ihren Titeln und Funktionen, die ich nicht alle aufführe, kann der Leser ersehen, daß reichlich Informationen über Verwaltung, Alltag und Familienleben, Religion und Kunst uns zufließen würden, wenn man diese wichtigen Monumente lokalisieren, freiräumen und vollständig veröffentlichen könnte. Wie die Dinge stehen, haben wir nur lose Teile, ganz herausgelöst aus ihrem Kontext, zu unserer Verfügung, die allerdings darauf warten, ihren ihnen gebührenden Platz in der Geschichte von Memphis und seiner Bevölkerung einzunehmen.

Abb. 121 Ein pensionierter General und seine Frau. Auf diesem Reliefblock wird er als ›Der königliche Schreiber, Generalissimus, erster königlicher Herold, oberster der Bogenschützen, Domänenverwalter des Tempels Thutmosis' III. Ameneminet‹ bezeichnet. Der letztgenannte Titel war ohne Zweifel jener, den er nach dem Ausscheiden aus dem aktiven Militärdienst verliehen bekommen hat.

Verschwundene Gräber (in Auswahl)

Amenhotep, genannt Hui, Ober-Domänenverwalter in Memphis, usw., unter Amenophis III.

Merimeri, Verwalter des Schatzhauses von Memphis, vermutlich unter Amenophis III.

Merire, Vorsteher der Ammen des ›Vollkommenen Gottes‹ [des Pharaos], usw., vermutlich aus der Zeit Amenophis' III.

Ptahmose, Hoherpriester des Ptah, usw., Zeit Amenophis' III.

Wesi, Standartenträger im Schiff ›Spitze der Herrlichkeit des Amon‹, Oberst der Bogenschützen des Herrn der Beiden Länder, Zeit Amenophis' III.

Meritineith (verändert in Meritiaton), Domänenverwalter des Atons-Tempels unter Echnaton.

Ini, Vorsteher der Goldschmiede des Herrn der Beiden Länder, der die Geheimnisse des Goldhauses kennt, usw., späte Achtzehnte Dynastie.

Ameneminet, Erster Fürst von Memphis, General des Herrn der Beiden Länder, Domänenverwalter im Tempel Thutmosis' III., usw., späte Achtzehnte Dynastie. *Abb. 121*

Ipi, Oberdomänenverwalter, Wedelträger zur Rechten des Königs, usw., späte Achtzehnte Dynastie.

Meriptah, Hoherpriester des Ptah, späte Achtzehnte Dynastie.

Nia, Oberdomänenverwalter, Vorsteher der Rinderherden des Amun, usw., späte Achtzehnte Dynastie.

Ptahemhat, genannt Ti, Hoherpriester des Ptah, späte Achtzehnte Dynastie.

Rai, Oberst der Bogenschützen, Vorsteher der Pferde, usw., späte Achtzehnte Dynastie. *Abb. 122*

Hormin (*), Königlicher Haremsvorsteher des Harems in Memphis, wahrer Königlicher Schreiber, usw., frühe Neunzehnte Dynastie.

Parahotep (oder Rahotep), Bürgermeister (der Residenzstadt) und Wesir unter Ramses II.

Tunrai, Vorsteher der Arbeiten an allen Denkmälern des Königs, Königlicher Schreiber, usw. unter Ramses II.

Haremheb, Königlicher Schreiber, Wedelträger zur Rechten des Königs, Domänenverwalter, Zeit Ramses' II.

Iiri, Hoherpriester des Ptah, Zeit Ramses' II.

Chaemwese, Sohn Ramses' II., Hoherpriester des Ptah, Zeit Ramses' II. *Abb. 124*

Pahemnetjer, Hoherpriester des Ptah, Zeit Ramses' II.

Raja (*), königlicher Haremsvorsteher des Harems in Memphis, usw., Neunzehnte Dynastie.

Pai, Königlicher Haremsvorsteher der Königsgemahlin, Neunzehnte Dynastie.

Ptahmose, Königlicher Schreiber des Schatzhauses, Vorsteher der Rinderherden des Amun, usw., Neunzehnte Dynastie.

Abb. 122 Ein Armeeoffizier und seine Frau empfangen Weihrauch, eine Wasserspende und Totenopfer. Dieser hochrangige Beamte hat den Namen ›Oberster der Bogenschützen und Vorsteher der Pferde Rai‹, und seine Ehefrau ›Sängerin des Amun-Re Maia‹. Einige der Opferträger werden namentlich genannt, so daß man ein Bild des Gefolges eines hohen Beamten entwerfen kann.

Seti, Träger des Sichelschwertes [vor] dem Herrn der Beiden Länder, Waffenträger der Abteilung ›Herrscher in den Beiden Ländern‹, Neunzehnte Dynastie.

Kiiri, Leiter der Streitwagenmacher, Vorsteher einer Werkstatt für Waffen, usw., Neunzehnte Dynastie.

Harmose, Domänenverwalter des Herrn der Beiden Länder, Neunzehnte Dynastie.

Ptahemheb und Amenemheb, Leiter der Goldschmiede, Neunzehnte Dynastie.

Ramose, Rekrutenschreiber des Herrn der Beiden Länder, Vertreter des Tempels, Neunzehnte Dynastie.

Niia, Königlicher Schreiber, Priester der Sechmet im Tempel der Sechmet, Neunzehnte Dynastie.

Pagargar, oberster Graveur, Neunzehnte Dynastie.

Iurchi (*), wirklicher Königlicher Schreiber, General, Ramessidenzeit.
Iri, Schreiber des Tempels Wesermaatre-setepenre [Ramses II.] in der Domäne des Amun, Ramessidenzeit.
Penrennut, Polizeichef, Ramessidenzeit.
Hori, Hoherpriester des Ptah, Ramessidenzeit.
Ptahmose, Oberdomänenverwalter des Tempels Ramses' II. in der Domäne des Ptah, usw., Ramessidenzeit.
Ramsesemperre, Wedelträger zur Rechten des Königs, Mundschenk des Königs, usw., Ramessidenzeit. *Abb. 123*
Saiempeteref, Leiter der Goldschmiede im Tempel Sethos' I., Ramessidenzeit.
Sarabichina, Priester des Amun, der Astarte und des Baal, usw., Ramessidenzeit.

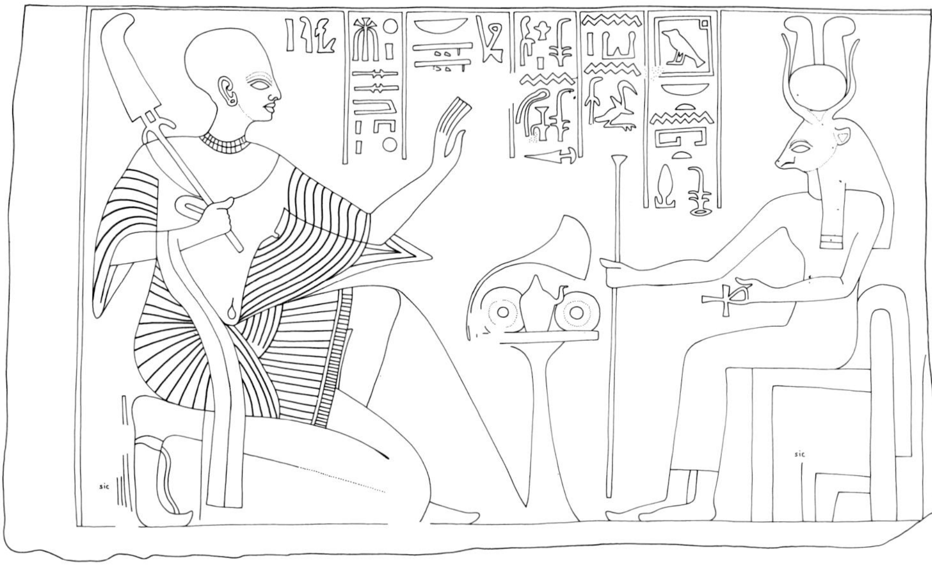

Abb. 123 Ein Block des verlorengegangenen Grabes von Ramsesemperre, ›Wedelträger zur Rechten des Königs, oberster königlicher Mundschenk des Herrn der Beiden Länder‹ (des Pharaos). Der Grabherr begrüßt die kuhköpfige Göttin ›Hathor, Herrin der südlichen Sykomore‹ (Name eines Tempels in der Stadt Memphis). Vor ihr steht ein einfacher Opfertisch mit einem Wasserkrug, zwei Brotlaiben und einer Lotusblüte.

Abb. 124 Fleischer beim Zerlegen von Rindern für das Totenopfer. Der Arbeiter links hat einen auffallend turmförmigen Spitzschädel. Chaemwese, Hoherpriester des Ptah in Memphis, ließ sein Grab, von dem dieser Block herrührt, in Saqqara errichten. Der Grabherr war einer der vielen Söhne Ramses' II.

Abb. 125 Ein Gefangener wird an Land gebracht, und Güter werden, vermutlich im Hafen von Memphis, entladen. Block eines bisher nicht lokalisierten Grabes der memphitischen Nekropole.

Abb. 126 Inneres einer memphitischen Grabkapelle mit den Augen eines Bildhauers betrachtet, der am Ende der Achtzehnten Dynastie arbeitete. Im Hintergrund befinden sich eine Stele und vielleicht reliefierte Blöcke. In der Mitte steht ein mit Speisen und Getränken beladener Opfertisch, flankiert von zwei Großstatuen des unbekannten Grabherrn. Letzterer löscht gemeinsam mit seiner Gattin seinen Durst aus einem Becken, das seine Flüssigkeit von Totenpriestern erhält, die sie auf den Opfertisch gießen. In Wirklichkeit war der Tisch vermutlich in der Hauptkultkammer am westlichen Ende des Grabes aufgestellt. In den Seitenräumen enthalten kegelförmige Ständer reichliche Vorräte runder Brotlaibe.

Abb. 127 Bei einem Begräbnis einer Person von Rang. Das Innere einer memphitischen Grabkapelle des Neuen Reichs ist die Vorlage für diese Szene, die auf einem aus Saqqara stammenden Block eingemeißelt ist. Der hohe Rang des anonymen Grabherrn ergibt sich aus der Tatsache, daß bei seinem Begräbnis die oben rechts abgebildeten ranghöchsten Trauergäste die zwei Vizekönige oder Wesire von Ober- und Unterägypten sind.

DIE VERLORENEN GRÄBER DES FRIEDHOFS BEI DER TETI-PYRAMIDE

Es besteht die Möglichkeit, daß eine Reihe der ›verschwundenen‹ Gräber irgendwo im Bereich jenes Friedhofs angelegt worden sind, der im nördlichen Abschnitt von Saqqara die Pyramide des Pharaos Teti aus dem Alten Reich umgibt. Das, was uns bisher an Hinweisen zur Verfügung steht, deutet eher darauf, daß die Nekropole des Neuen Reichs an dieser Stelle nicht sehr ausgedehnt gewesen ist. Sie ist, zumindest teilweise, hauptsächlich durch den französischen Archäologen Victor Loret und die englischen Ägyptologen J. E. Quibell und C. M. Firth ausgegraben worden. Wir wissen von einer ganzen Reihe von Beamten des Neuen Reichs und anderen Per-

Abb. 128 Männer bei der Arbeit in einer Zimmermannswerkstatt, vermutlich in Memphis. Im oberen Register sägen und behauen Arbeiter Bretter, während ein anderer Arbeiter einen Meißel handhabt. Darunter gibt ein Aufseher Anweisungen an einen Angestellten, während Arbeiter letzte Hand anlegen an einen Katafalk oder Totenschrein. Dieser Block war ursprünglich Bestandteil einer Grabdekoration für einen hochrangigen Beamten, der unter anderem die Titel ›Erbprinz‹ und ›Graf‹ führte.

sonen, daß sie ihre Grabmonumente im Gebiet von Teti gehabt haben. Deren Überreste wurden von den eben erwähnten Forschern ausgegraben und publiziert, bedauerlicherweise sind alle Spuren davon verschwunden. Die Blöcke sind in das Kairener Museum gewandert und die Fundamente erst kürzlich vor Ort als Steinbruch verwendet worden. Irgendwo auf dem Areal bleiben uns noch die Grabkapellen des Tai, Vorsteher der Pferde des Herrn der Beiden Länder, des Hui, Armeeschreiber des Herrn der Beiden Länder, und des Meria, eines Kaufmanns, aufzufinden. Sie alle datieren in das Ende der Achtzehnten Dynastie. Irgendwann einmal mag jemand soviel Glück haben, auch im Bereich der Teti-Pyramide die Ramessidischen Gräber von Merire, Oberst der Wächter, Nechetamun, Oberst der Diener, des

Königlichen Mundschenks Hori und des Wenefdjedsen, des ersten Königlichen Mundschenks Seiner Majestät, zu finden.

Einzelblöcke von vielen der oben angeführten Gräber finden sich in den Museumssammlungen. Einige wenige wurden ausgegraben, und man kennt daher ihre Herkunft. Andere kamen vom Jeremias-Kloster und befinden sich jetzt im Museum von Kairo. Die meisten wurden am Beginn des letzten Jahrhunderts von den Friedhöfen Saqqaras verschleppt, wanderten zu den Antiquitätenhändlern und fanden schließlich ihren Weg nach Übersee, zumeist nach Europa und Amerika. Eine ganze Reihe von ihnen sind als Photo-Illustrationen in Büchern über ägyptische Kunst veröffentlicht worden, weil viele als vorzügliche Beispiele dieser Kunst dienen können.

Der Schreiber dieses Buches interessiert sich für sie hauptsächlich wegen der Hinweise, die sie ihm über die Existenz von Grabmonumenten unter den Sanddünen der Wüste geben. Die Namen und Titel auf den Blöcken, die wir bereits haben – manche haben wir oben aufgezählt –, haben uns geholfen, unsere Prosopographie zusammenzustellen, ein Verzeichnis der Beamten und anderer Personen, die in Memphis und Umgebung während und nach der Regierungszeit Tutanchamuns bis zum Ende der Neunzehnten Dynastie gelebt und gearbeitet haben. Im Augenblick wissen wir fast nichts über die Einwohner von Memphis während der späten Ramessidenzeit. Es grenzt an pures Raten, wie viele Beamte letztlich unsere Liste ausmachen werden. Es geht aber auch gar nicht nur um *Listen*. Wir sind zuversichtlich, daß wir dadurch in der Lage sein werden, Familienverbindungen, verschiedene Funktionen im Staat – davon auch manche für Memphis eigentümliche –, religiöse Querverbindungen und viele weitere Fakten aufzeigen zu können, die ein Licht auf das Leben, die Arbeit und den Glauben des Volkes werfen werden.

Da die reliefierten Blöcke der memphitischen Gräber in der Gesamtausrichtung unserer Arbeit in Saqqara eine größere Rolle spielen werden, war es meine Pflicht – oder sollte ich eher sagen: meine angenehme Aufgabe –, diese zu untersuchen und in einem Corpus von Zeichnungen mit entsprechender Kommentierung zusammenzustellen. Davon ist der erste Band bereits erschienen. Die Illustrationen des gegenwärtigen Kapitels rühren von dieser Arbeit her.

Die Friedhöfe von Saqqara werden nicht all ihre Geheimnisse noch zu meiner Lebenszeit preisgeben. Da die Ausgrabungs- und Dokumentationsmethoden sich kontinuierlich verbessern, ist es in jedem Fall wünschenswert, daß wir einen vernünftigen Anteil des Materials für spätere Generationen von Archäologen ungestört belassen. Wir haben riesige Mengen faszinierender neuer Erkenntnisse von den memphitischen Friedhöfen, die wir publizieren und abstimmen müssen, und noch weit mehr gibt es in der Zukunft zu finden und bekanntzumachen.

Ein Besuch in Memphis und Saqqara

Jene, die die Gelegenheit haben, Ägypten zu besuchen, werden feststellen, daß Memphis und Saqqara, beide nur wenige Meilen südlich von Kairo gelegen, leicht zu erreichen sind, auch wenn es weder an die eine noch die andere Örtlichkeit eine direkte öffentliche Verkehrsanbindung gibt. Einzelreisende können Taxis oder gemeinsame Mietwagentouren buchen. Taxis sind nicht teuer, besonders wenn sie von einer kleinen Gruppe gemeinsam angemietet werden; es empfiehlt sich aber entschieden, den Preis vor Beginn der Tour auszuhandeln. Man kann auch über die Hotels oder Touristenbüros Arrangements für Besuche treffen, sollte aber mindestens einen halben Tag dafür ansetzen; ein ganzer Tag gibt dem Besucher die Gelegenheit, alle dem Publikum offenen wichtigeren Monumente zu besichtigen.

Memphis war während der längsten Zeit seiner Geschichte die Verwaltungshauptstadt des Alten Ägypten. Heute befindet sich der überwiegende Teil seiner Fläche unter der modernen Siedlung oder wirtschaftlich genutzten Arealen. Der Rest ist ein weitläufiges Ruinenfeld, das derzeit archäologisch erschlossen wird. Eine Anzahl von Funden aus diesem Gebiet ist an einem Ort zusammengebracht worden, dessen Besuch entschieden lohnt. Unter den vielen schönen Objekten, die zu sehen sind, befinden sich:

Eine kolossale Kalksteinstatue Ramses' II., die in einem eigenen Gebäude untergebracht ist. Diese Statue ist eine der größten von Ramses in ganz Ägypten; obgleich der größte Teil der Beine fehlt, mißt der Rest noch über 10 Meter.

Das *open air*-Museum im angrenzenden Garten. Hier sind ein Sphinx, möglicherweise derjenige der Hatschepsut, und weitere Statuen und Monumente aus den Tempelanlagen des antiken Memphis aufgestellt.

Der Einbalsamierungsplatz für die Apis-Stiere. Dazu gehören die gigantischen Alabastertische, auf die die Tiere während des Einbalsamierungsvorgangs gelegt wurden.

Saqqara, die Nekropole der antiken Stadt, ist ein sich weit über die Sanddünen hinwegziehendes Gelände. Nicht alle Teile von Saqqara stehen dem Besucher offen, aber eine Anzahl antiker Gräber kann besichtigt werden. Dazu gehören:

Die Gesamtanlage der Stufen-Pyramide des Djoser einschließlich der Eingangskolonnade, des großen Hofes, des Totentempels und des *heb-sed*-Hofes. Die unterirdischen Bauteile und das ›Süd-Grab‹ des Djoser sind nicht zugänglich.

Die Pyramide des Unas (einschließlich der unterirdischen Anlagen), sein Totentempel und der Aufweg. Ein kleiner Teil der Überdachung des Aufwegs, dessen Wände noch reliefiert sind, existiert noch heute.

Das Serapeum, die Grabstätte der Apis-Stiere. (Ein großes Gäste-Zelt befindet sich bei dieser Anlage, wo dem Besucher willkommene Erfrischungen in Form von Tee, kalten Getränken und kleinen Snacks geboten werden.)

Die Mastaba-Gräber von Achethotep und Ptahhotep. Dieses Doppelgrab von Vater und Sohn aus der späten Fünften Dynastie besitzt viele schöne Reliefs aus dem antiken Leben, einschließlich von Jagdszenen und Kinderspielen.

All diese Monumente befinden sich im südlichen und westlichen Teil von Saqqara. Wenn der Besucher nach Norden weiterwandert, kann er die Pyramiden von Userkaf und Teti sehen (von der Pyramide des letzteren sind die unterirdischen Anlagen meistens geöffnet), ferner die wichtigen Mastaba-Gräber der Sechsten Dynastie von Mereruka, Kagemni und Anchmahor.

Bitte beachten Sie, daß die in diesem Band besprochenen Gräber von der ägyptischen Altertumsverwaltung noch nicht für Besucher zugänglich gemacht worden sind, weil das ganze Gebiete noch Grabungsgelände ist.

Zeittafel

ARCHAISCHE FRÜHZEIT (*ca.* 3150–2686 v. Chr.)

ALTES REICH (*ca.* 2686–2181 v. Chr.)

ERSTE ZWISCHENZEIT (*ca.* 2181–2040 v. Chr.)

MITTLERES REICH (*ca.* 2040–1782 v. Chr.)

ZWEITE ZWISCHENZEIT (*ca.* 1782–1570 v. Chr.)

NEUES REICH (*ca.* 1570–1070 v. Chr.)

XVIII. DYNASTIE
Ahmose I. (ca. 1570–1546 v. Chr.)
Amenophis I. (ca. 1551–1524 v. Chr.)
Thutmosis I. (ca.1524–1518 v. Chr.)
Thutmosis II. (ca. 1518–1504 v. Chr.)
Thutmosis III (ca. 1504–1450 v. Chr.)
Hatschepsut (ca. 1498–1483 v. Chr.)
Amenophis II. (ca. 1453–1419 v. Chr.)
Thutmosis IV. (ca. 1419–1336 v. Chr.)
Amenophis III. (ca. 1386–1349 v. Chr.)
Amenophis IV.–Echnaton (ca. 1350–1334 v. Chr.)
Semenechkare (ca. 1336–1334 v. Chr.)
Tutanchaton–Tutanchamun (ca. 1334–1325 v. Chr.)
Eje (ca. 1325–1321 v. Chr.)
Haremheb (ca. 1321–1293 v. Chr.)

XIX. DYNASTIE
Ramses I. (vorher Paramessu) (ca. 1293–1291 v. Chr.)
Sethos I. (ca. 1293–1278 v. Chr.)
Ramses II. (ca. 1279–1212 v. Chr.)

Merenptah (ca. 1212–1202 v. Chr.)
Amenmesse (ca. 1202–1199 v. Chr.)
Sethos II. (ca. 1199–1193 v. Chr.)
Siptah (ca. 1193–1187 v. Chr.)
Tausret (ca. 1187–1185 v. Chr.)

XX. DYNASTIE
Sethnacht (ca. 1185–1182 v. Chr.)
Ramses III. (ca. 1182–1151 v. Chr.)
Ramses IV. (ca. 1151–1145 v. Chr.)
Ramses V. (ca. 1145–1141 v. Chr.)
Ramses VI. (ca. 1141–1133 v. Chr.)
(Ramses VII.)
(Ramses VIII.)
Ramses IX. (ca. 1126–1108 v. Chr.)
(Ramses X.)
Ramses XI. (ca. 1098–1070 v. Chr.)
Herihor (ca. 1080–1072 v. Chr.)

DRITTE ZWISCHENZEIT (ca. 1069–525 v. Chr.)

SPÄTZEIT (ca. 525–332 v. Chr.)

GRIECHISCH-RÖMISCHE ZEIT (ca. 332 v. Chr.–323 n. Chr.)

Auswahl-Bibliographie

ALLGEMEIN

Für die Geschichte Ägyptens und seiner Nachbarn zur Zeit des Neuen Reichs sind die am leichtesten zugänglichen Quellen:

ALDRED, C., *Echnaton, Gott und Pharao Ägyptens*. Bergisch Gladbach, 1975 (Englische Neubearbeitung: *Akhenaten, King of Egypt*, London 1988).

Cambridge Ancient History 3. Aufl. Bd. II in 2 Teilen (Cambridge 1973, 1975) mit einer hervorragenden Bibliographie;

GARDINER, Sir A. H., *Geschichte des Alten Ägypten* (Kröners Taschenausgabe Bd. 354), Stuttgart, 1965.

HELCK, W. – OTTO, E. – WESTENDORF, W., (Hg.) *Lexikon der Ägyptologie*, Bd. I–VII, Wiesbaden, 1975–1992.

KITCHEN, K. A., *Pharaoh triumphant: the life and times of Ramesses II* (Warminster, 1982).

MARTIN, G. T., *A bibliography of the Amarna Period and its aftermath*, London, 1991.

MEMPHIS, SAQQARA UND DEREN UMGEBUNGEN

Die Gräber von Haremheb, Iurudef, Paser und Raja sowie der beiden Tias sind publiziert, und die Bände können von Lesern herangezogen werden, die genauere Information über jene faszinierenden Gräber wünschen. Die anderen oben beschriebenen Grabkapellen sind vollständig aufgenommen worden, ihre Publikation durch Mitglieder der Expedition steht unmittelbar bevor.

ANTHES, R., *Mit Rahineh* 1955, Philadelphia, 1959.

ANTHES, R., *Mit Rahineh* 1956. Philadelphia, 1965.

ASSMANN, Jan, *Re und Amun, Die Krise des polytheistischen Weltbilds im Ägypten der 18.–20. Dynastie* (=orbis biblicus et orientalis 51), Freiburg/Schw. 1983

BADAWI, A., *Memphis als zweite Landeshauptstadt im Neuen Reich*, Kairo, 1948.

BAINES, J. – MÁLEK, J., *Weltatlas der Alten Kulturen, Ägypten*, München, 1980, S. 134–165.

BERLANDINI, J., ›Les tombes amarniennes et d'époque Toutânkhamon à Sakkara: critères stylistiques‹. In *L'Egyptologie en 1979: axes prioritaires de recherches*, II, Paris, 1982, S. 195–212.

CAPART, J. – Werbrouck, M., *Memphis à l'ombre des pyramides*, Brüssel, 1930.

DIJK, J. van, ›The symbolism of the Memphite djed-pillar‹. *Oudheidkundige Mededelingen uit het Rijksmuseum van Oudheden te Leiden*, 66, 1986, S. 7–17.

DIJK, J. van, ›Zerbrechen der roten Töpfe‹. In Helck, W., und Westendorf, W. (Hg.), *Lexikon der Ägyptologie*, VI, Wiesbaden, 1986, Sp. 1389–96.

DIMICK, M. T., *Memphis, the city of the White Wall*, Philadelphia, 1956.

JEFFREYS, D. G., *The Survey of Memphis*, I, London, 1985.

KAMIL, J., *Sakkara, a guide to the necropolis and the site of Memphis*, London und New York, 1978.

KEES, H., *Das Alte Ägypten. Eine kleine Landeskunde*, 2. erw. Auflage, Berlin 1958

KITCHEN, K. A., ›Memphite tomb-chapels in the New Kingdom and later‹. In *Festschrift für E. Edel*, Hamburg, 1979, S. 272–84.

LAUER, J.-P., *Saqqara. Die Königsgräber von Memphis. Ausgrabungen und Entdeckungen seit 1850*, Bergisch Gladbach, 1977.

MÁLEK, J., ›Saqqara, Nekropolen, NR‹. In Helck, W., und Westendorf, W. (Hg.) *Lexikon der Ägyptologie*, V, Wiesbaden, 1984, Sp. 410–412.

MÁLEK, J., ›Two problems connected with New Kingdom tombs in the Memphite area‹. *Journal of Egyptian Archaeology*, 67, 1981, S. 156–65.

MARTIN, G. T., *Corpus of reliefs of the New Kingdom from the Memphite Necropolis and Lower Egypt*, I, London, 1987.

MARTIN, G. T., ›The New Kingdom necropolis at Saqqâra‹. In Reinecke, W. F. (Hg.) *Acts of the first International Congress of Egyptology*, Cairo, 1976, Berlin, 1979, S. 457–63.

MORGAN, J. DE., *Carte de la nécropole memphite*, Kairo, 1897.

MURNANE, W. J., *The Penguin guide to Ancient Egypt*, London 1983, S. 145–79.

PORTER, B. and Moss, R. L. B., *Topographical bibliography of ancient Egyptian hieroglyphic texts reliefs, and paintings*, 2nd ed. revised and augmented by J. Málek, III, part I, Abû Rawâsh to Abûsîr, Oxford, 1974; part 2, Saqqâra to Dahshûr Oxford, 1978–81.

SCHLÖGL, Hermann A., *Ramses II.*, rowohlts monographie 425, Reinbek.

SCHLÖGL, Hermann A., *Echnaton – Tutanchamun, Fakten und Texte*, Wiesbaden, ⁴1994.

ZIVIE, A.-P., (Hg.) *Memphis et ses nécropoles au Nouvel Empire: nouvelles données, nouvelles questions*, Paris, 1988.

ZIVIE, C. M., *Giza au deuxième millénaire*, Cairo, 1976.

ZIVIE, C. M., ›Memphis‹. In Helck, W., und Westendorf, W. (Hg.), *Lexikon der Ägyptologie*, IV, Wiesbaden, 1982, Sp. 24–41.

Preliminary Reports on the survey and excavation of Memphis, by H. S. Smith, D. G. Jeffreys, J. Málek and L. L. Giddy, können herangezogen werden im *Journal of Egyptian Archaeology*, 69, 1983, S. 30–42; 70, 1984, S. 23–32; 71, 1985, S. 5–11; 72, 1986, S. 1–14; 73, 1987, S. 11–20; 74, 1988, S. 15–29; 75, 1989, S. 1–12; 76, 1990, S. 1–15; 77, 1991, S. 1–6; 78, 1992, S. 1–11. Dazu auch Smith, H. S. – Jeffreys, D. G., ›A survey of Memphis, Egypt‹. *Antiquity*, 60, 1986, S. 88–95.

Preliminary Reports on the excavations of the Egypt Exploration Society – Leiden Museum mission in the New Kingdom necropolis, Saqqara, by G. T. Martin, H. D. Schneider, M. J. Raven, D. A. Aston, B. G. Aston, J. van Dijk, and others, sind veröffentlicht im *Journal of Egyptian Archaeology*, 62, 1976, S. 5–13; 63, 1977, S. 13–19; 64, 1978, S. 5–10; 65, 1979, S. 13–16; 69, 1983, S. 25–29; 70, 1984, S. 5–12; 72, 1986, S. 15–22; 73, 1987, S. 1–9; 74, 1988, S. 1–14; 77, 1991, S. 7–21; 79, 1993, S. 1–9.

MEMPHITISCHE PERSÖNLICHKEITEN DES NEUEN REICHS UND IHRE GRÄBER IN SAQQARA

BERLANDINI, J., ›Découverte à Sakkara‹. *Connaissance des Arts*, 413–414, 1986, S. 62–69.

BERLANDINI, J., ›Varia Memphitica, I-V‹. *Bulletin de l'Institut français d'Archéologie orientale*, 76, 1976, S. 301–316; 77, 1977, S. 29–44; 81, 1981, S. 9–20; 82, 1982, S. 85–103.

BERLANDINI-GRENIER, J., ›Le dignitaire ramesside Ramsès-em-per-Rê‹. *Bulletin de l'Institut français d'Archéologie orientale*, 74, 1974, S. 1–19.

DIJK, J. van, ›The overseer of the treasury Maya: a biographical sketch‹. *Oudheidkundige Mededelingen uit het Rijksmuseum van Oudheden te Leiden*, 70, 1990, S. 23–28.

DIJK, J. van, ›A Ramesside naophorous statue from the Teti pyramid cemetery‹. *Oudheidkundige Mededelingen uit het Rijksmuseum van Oudheden te Leiden*, 64, 1983, S. 49–58.

DIJK, J. van, ›Two blocks from the tomb of Ptaḥmose, mayor of Memphis and high steward in the domain of Ptah‹. *Göttinger Miszellen*, 113, 1989, S. 47–54.

GABALLA, G. A., *The Memphite tomb-chapel of Mose*, Warminster, 1977.

GAMER-WALLERT, I., ›Das Grab des Hohenpriesters des Ptah, Mrj-Ptaḥ in Saqqara‹. *Die Welt des Orients*, 14, 1983, S. 99–129.

GOMÀA, F., *Chaemwese, Sohn Ramses' II. und Hoherpriester von Memphis*. Ägyptologische Abhandlungen 27, Wiesbaden, 1973.

GRAEFE, E., ›Das Grab des Schatzhausvorstehers und Bauleiters Maya in Saqqara‹. *Mitteilungen des Deutschen Archäologischen Instituts, Abteilung Kairo*, 31, 1975, 187–220.

HANDOUSSA, T., ›A newly found tomb-stela from the Ramesside Period in Saqqara‹. In *Hommages à François Daumas*, Montpellier, 1986, S. 409–419.

HAYES, W. C., ›A writing-palette of the chief steward Amenḥotep and some notes on its owner‹. *Journal of Egyptian Archaeology*, 24, 1938, S. 9–24.

LÖHR, B., ›Ein memphitisches Grab vom Ende der 18. Dynastie (um 1320 v. Chr.)‹. *Pantheon*, 28, 1970, S. 467–474.

MÁLEK, J., ›An early eighteenth dynasty monument of Sipair from Saqqâra‹. *Journal of Egyptian Archaeology*, 75, 1989, S. 61–76.

MÁLEK, J., ›The royal butler Hori at Northern Saqqara‹. *Journal of Egyptian Archaeology*, 74, 1988, S. 125–36.

MÁLEK, J., ›The Saqqara statue of Ptahmose, mayor of the Memphite suburbs‹. *Revue d'Égyptologie*, 38, 1987, S. 117–137.

MÁLEK, J., The tomb-chapel of Hekamaetre-neheh at Northern Saqqara‹. *Studien zur Altägyptischen Kultur*, 12, 1985, 43–60.

MÁLEK, J., Two monuments of the Tias'. *Journal of Egyptian Archaeology*, 60, 1974, S. 161–167.

MARTIN, G. T., *The tomb of Tia and Tia: a royal monument of the Ramesside Period in the Memphite necropolis*, London, 1994 (im Druck).

MARTIN, G. T., *The Memphite tomb of Ḥoremḥeb, commander-in-chief of Tutᶜankhamun,* I, London, 1989.

MARTIN, G. T., and others, *The tomb-chapels of Paser and Raᶜia at Saqqâra*‹, London 1985.

PETERSON, B. J., ›Some reliefs from the Memphite necropolis‹. *Medelhavsmuseet Bulletin*, 5, 1969, S. 3–15.

RAVEN, M. J., and others, *The tomb of Iurudef, a Memphite official in the reign of Ramesses II.*, Leiden und London, 1991.

SCHNEIDER, H. D., ›Maya l'amateur de statues‹. *Bulletin de la Societé française d'Égyptologie*, 69, 1974. S. 20–48.

TAWFIK, S., ›Recently Excavated Ramesside Tombs at Saqqara. 1. Architecture‹. *Mitteilungen des Deutschen Archäologischen Instituts Abteilung Kairo*, 47, 1991, S. 56–60.

ZIVIE, A.-P., *Découverte à Saqqarah: le vizier oublié*. Paris, 1990.

ZIVIE, A.-P., ›La tombe d'un officier de la XVIIIe dynastie à Saqqara‹. *Revue d'Égyptologie*, 31, 1979, S. 135–51.

ZIVIE, A.-P., ›Tombes rupestres de la falaise du Bubasteion à Saqqarah campagne 1980–1981‹. *Annales du Service des Antiquités de l'Égypte*, 68, 1982, S. 63–69.

ZIVIE, A.-P., ›Tombes rupestres de la falaise du Bubasteion à Saqqarah – IIe et IIIe campagnes 1982–1983‹. *Annales du Service des Antiquités de l'Égypte*, 70, 1984–5. S. 219–32.

ZIVIE, C. M., ›À propos de quelques reliefs du Nouvel Empire au Musée du Caire, I-II‹. *Bulletin de l'Institut français d'Archéologie orientale*, 75, 1975, 285–310; 76, 1976, S. 17–36.

Für die der Königin Mut-Nedjemet zugewiesenen Skelettfunde siehe:
STROUHAL, E. ›Queen Mutnodjmet at Memphis: anthropological and paleopathological evidence‹. *L'Égyptologie en 1979: axes prioritaires de recherches*, II, Paris, 1982, S. 317–22.
Zu der Möglichkeit der Existenz von Gräbern der XX. Dynastie in der memphitischen Nekropole siehe:
POSENER-KRIÉGER, P., ›Construire une tombe à l'ouest de Mn-nfr (P. Caire 52002)‹. *Revue d'Égyptologie*, 33, 1981, 47–58 .

Danksagung

Meine erste und zugleich sehr angenehme Pflicht ist es, für die Hilfe und das Entgegenkommen zu danken, das ich von Freunden und Kollegen erhalten habe, die mit mir zusammen seit 1975 in Saqqara gearbeitet haben. Keine Expedition ist ein Ein-Mann-Team, auch wenn der Grabungsleiter manchmal allen oder den überwiegenden Teil der Verdienste für etwas zugeschrieben bekommt, das eigentlich eine Gemeinschaftsarbeit ist. Meine Kollegen der Ägyptischen Altertumsverwaltung, sowohl die Archäologen als auch die Angestellten der Verwaltung, haben mich immer ermutigt und sich außerordentlich bemüht, mir in jeder Hinsicht behilflich zu sein. Nach mehr als einem Vierteljahrhundert in *Ta-meri* [›das Geliebte Land‹] bin ich Ihnen und Ägypten sehr nahegekommen.

Das Komitee der Egypt Exploration Society und die Behörden des Rijksmuseum van Oudheden in Leiden haben mir liebenswürdigerweise die Erlaubnis erteilt, Photographien und anderes Material von den Ausgrabungen unserer gemeinschaftlichen Unternehmung zur Wiedergabe heranzuziehen. Meine eigene Alma Mater, das University College, London, hat mich, seit ich dem Lehrkörper angehöre, Jahr um Jahr freigestellt, damit ich mich in der Feldarchäologie und -epigraphik betätigen kann, wie es der Tradition entspricht, die von dem verehrten Gründer des Department of Egyptology dieses College, Sir Flinders Petrie, und seiner weit vorausschauenden, großzügigen Sponsorin Amelia B. Edwards begonnen worden ist. Ein Teil dieses Buch nahm 1987 in Saronis, dem zauberhaften Zufluchtsort in Attika, Gestalt an, als ich dort die Gastfreundschaft im Haus von Liana und Manos Souvaltjis genoß. Ihrer Freundschaft möchte ich bei dieser Gelegenheit dankbar gedenken. Ich möchte ebenfalls Dr. Yvonne Harpur für ihre Hilfe bei der Herstellung der Karten danken.

Die deutsche Übersetzung dieses Buches besorgte Frau Dr. Ute Winter. Dafür danke ich ihr sehr herzlich: mit Gewandtheit und Feingefühl hat sie die Übertragung vorgenommen. Mein Dank gilt gleichermaßen Herrn Prof. Dr. Erich Winter für seine Mitwirkung und Hilfe dabei.

Ich verdanke auch sehr viel der Anregung und Ermutigung einiger meiner ersten Lehrer und Mentoren aus lange vergangener Zeit: Winifred M. Collins, Wilhelmina K. Saunders, dem Reverend E. C. L. Ovenden, dem Rev. D. P. McNeice (Aveley), dem Rev. Frank Hughes, John R. Hayston (Palmer's School, Grays Thurrock). Sie entzündeten den ersten Funken, der letztendlich mein Interesse am Altertum, dem Mittelalter und der Frühen Neuzeit und anderen wissenschaftlichen Fragestellungen entflammte. Ich erinnere mich ihrer und einer Reihe anderer mit Dankbarkeit und Anhänglichkeit. Der Verlag Thames and Hudson war geradezu musterhaft geduldig und zurückhaltend, obgleich der ›Schlußtermin‹ mehrfach überschritten wurde, der bei Aufnahme der Arbeit für dieses Buch gesetzt worden war. Die Aufgabe entsprach meinem Bedürfnis allein schon deshalb, weil ich fest davon überzeugt bin, daß die Früchte dieser Art von Feldarbeit nicht den Seiten gewichtiger und teurer Monographien vorbehalten bleiben sollten, noch weniger den ›Mikroficheblättern‹ oder anderen modernen Methoden der Archivierung wissenschaftlicher Information, sondern einer großen interessierten Öffentlichkeit zugänglich gemacht werden sollten, deren Wissensdurst über die antiken Völker des Niltals unstillbar zu sein scheint. Der Archäologe kann sich glücklich schätzen, der im Land der Ägypter ausgraben und die Grenzen unserer Kenntnis über diese wunderbare Kultur weiter hinausschieben darf.

Geoffrey T. Martin

Abbildungsverzeichnis

Grabungsphotos der EES/Leidener Expedition verdanke ich dem Entgegenkommen und der Erlaubnis der Egypt Exploration Society und des Rijksmuseum van Oudheden, Leiden:

Photographen: C. J. Eyre, M. Vinkesteijn, P. J. Bomhof. Umrißzeichnungen stammen vom Verfasser, Pläne und Schnittzeichnungen von K. J. Frazer, vom Verfasser für diese Publikation angepaßt. Alle Reliefs sind aus Kalkstein.

Für die erweiterte deutsche Ausgabe hat Erich Winter freundlicherweise die Aufnahmen zu den Farbtafeln 4, 5 a, 5 b zur Verfügung gestellt.

Farbtafeln

Taf. 1 Szene mit vorderasiatischen Gefangenen vor Tutanchamun, Grab des Haremheb, Südwand des inneren Hofes. Höhe d. unteren u. mittleren Registers 96,5 cm.

Taf. 2 a Ein vorderasiatischer Gefangener. Südwand des inneren Hofes.

Taf. 2 b Ein ägyptischer Soldat führt zwei Hethiter vor Tutanchamun. Von der Südwand des inneren Hofes. Heute im Museum Leiden, Inv. H.III.OOOO.

Taf. 3 a Ägyptische Armeeoffiziere oder Würdenträger bei einer Vorführung ausländischer Gefangener. Südhälfte der Ostwand des inneren Hofes.

Taf. 3 b Porträt Haremhebs mit der Uräus-Schlange als Emblem seiner Königswürde. Isoliert im Schutt aufgefundener Reliefblock.

Taf. 4 Türpfosten an der Passage zwischen äußerem und innerem Hof mit der Darstellung Haremhebs vor einem Opfertisch; über ihm eine Auflistung seiner Amts- und Ehrentitel.

Taf. 5 a Die laufenden Restaurierungsarbeiten im äußeren Hof des Haremheb-Grabes.

Taf. 5 b Die Rekonstruktion der Säulenreihen im inneren Hof derselben Anlage.

Taf. 6 a Fayence-Einlegearbeit eines Kopfes (von einem *Uschebti*?) aus Schacht A, nahe der Grabkapelle des Raja. Späte XVIII. bis frühe XIX. Dynastie. Gelb, Details in schwarz. Höhe 3,8 cm.

Taf. 6 b *Uschebti* der Prinzessin Bint-Anat, aus Schacht I, Grab des Haremheb. Höhe 18,5 cm.

Taf. 6 c Gold-Ohrring aus Schacht I, Grab des Haremheb, Museum Kairo JdE 97869. Durchmesser 4,5 cm.

Schwarzweißabbildungen

Index

KULTURGESCHICHTE DER ANTIKEN WELT

Band 1:
John Boardman
Schwarzfigurige Vasen aus Athen
Einführung und Handbuch
278 Seiten; 321 Abbildungen

Band 2: *vergriffen*
Maria Alföldi
Antike Numismatik
Teil 1: Theorie und Praxis

Band 3: *vergriffen*
Maria Alföldi
Antike Numismatik
Teil 2: Bibliographie

Band 4:
John Boardman
Rotfigurige Vasen aus Athen
Die archaische Zeit
285 Seiten; 528 Abbildungen

Band 5:
John Boardman
Griechische Plastik
Die archaische Zeit
297 Seiten; 481 Abbildungen

Band 6:
Karl-Theodor Zauzich
Hieroglyphen ohne Geheimnis
Eine Einführung in die altägyptische Schrift
125 Seiten; 8 Farb- und 6 Schwarzweißabbildungen

Band 7:
Friedrich Karl Dörner
Vom Bosporus zum Ararat
Reise- und Fundberichte aus Kleinasien
XII, 362 Seiten mit 27 Textillustrationen; 5 doppelseitige Farbtafeln mit 8 Abbildungen; 64 Schwarzweißabbildungen;
2. Auflage, erweitert um 8 doppelseitige Farbtafeln

Band 8: *vergriffen*
Friedrich Richter / Wilhelm Hornbostel
Unser tägliches Griechisch

Band 9: *vergriffen*
Sybille Haynes
Die Tochter des Augurs

Band 10: *vergriffen*
Volkert Haas
Hethitische Berggötter und hurritische Steindämonen
Riten, Kulte und Mythen

Band 11: *vergriffen*
Labib Habachi
Die unsterblichen Obelisken Ägyptens

Band 12: *vergriffen*
Gerd Hagenow
Aus dem Weingarten der Antike

Band 13: *vergriffen*
Denys Haynes
Griechische Kunst und die Entdeckung der Freiheit

Band 14: *vergriffen*
W. K. Lacey
Die Familie im antiken Griechenland

Band 15: *vergriffen*
Jost Perfahl
Wiedersehen mit Argos und andere Nachrichten über Hunde in der Antike

Band 16: *vergriffen*
Karl Schefold
Die Bedeutung der griechischen Kunst für das Verständnis des Evangeliums

Band 17: *vergriffen*
J. M. C. Toynbee
Tierwelt der Antike

Band 18: *vergriffen*
Hilde Rühfel
Das Kind in der griechischen Kunst

Band 19: *vergriffen*
Hilde Rühfel
Kinderleben im klassischen Athen

VERLAG PHILIPP VON ZABERN · MAINZ

KULTURGESCHICHTE DER ANTIKEN WELT

Band 55:
Heidemarie Koch
Es kündet Dareios der König . . .
Vom Leben im persischen Großreich
V, 309 Seiten; 199 Textabbildungen; 36 Farbtafeln

Band 56:
Stephanos Geroulanos
Trauma · Wund-Entstehung und Wund-Pflege im antiken Griechenland
172 Seiten, davon 87 Seiten mit 16 Farb- und 115 Schwarzweißabbildungen

Band 57:
M. Carroll-Spillecke u. a.
Der Garten von der Antike bis zum Mittelalter
293 Seiten; 95 Textabbildungen; 39 Farbtafeln

Band 58:
Werner Ekschmitt
Ugarít – Qumrán – Nag Hámmadi
Die großen Schriftfunde zur Bibel
324 Seiten mit 15 Textabbildungen; 13 Farb- und 26 Schwarzweißtafeln

Band 59
Ralf-Bernhard Wartke
Urartu
Das Reich am Ararat
189 Seiten mit 90 Textabbildungen, 64 Farb- und 26 Schwarzweißtafeln, 2 Karten

Band 60
Geoffrey T. Martin
Auf der Suche nach dem verlorenen Grab
Neue Ausgrabungen verschollener und unbekannter Grabanlagen aus der Zeit des Tutanchamun und Ramses II. in Memphis
283 Seiten; 128 Schwarzweißabbildungen, 16 Tafeln mit 27 Farbabbildungen

Band 61
Paul Zanker
Pompeji · Stadtbild und Wohngeschmack
237 Seiten; 113 Schwarzweißabbildungen, 16 Farbtafeln

Band 62
Alfred Stückelberger
Bild und Wort
Das illustrierte Fachbuch in der antiken Naturwissenschaft, Medizin und Technik
139 Seiten; 61 Abbildungen, 39 Tafeln mit 45 Farb- und 5 Schwarzweißabbildungen

Sonderband:
Werner Ekschmitt
Die Kykladen
Bronzezeit, Geometrische und Archaische Zeit
304 Seiten; 4 Karten, 1 Farb-, 55 Schwarzweiß- und 92 Strichabbildungen; 59 Farbtafeln mit 75 Abbildungen; 59 Schwarzweißtafeln mit 78 Abbildungen

Sonderband: *vergriffen*
Ausgrabungen — Funde — Forschungen des Deutschen Archäologischen Instituts

Sonderband: *vergriffen*
Edmund Buchner
Die Sonnenuhr des Augustus

Sonderband: *vergriffen*
Wiktor A. Daszewski
Dionysos der Erlöser
Griechische Mythen im spätantiken Zypern

Sonderband: *vergriffen*
Gianfilippo Carettoni
Das Haus des Augustus auf dem Palatin

Sonderband:
Werner Ekschmitt
Die Sieben Weltwunder
Ihre Erbauung, Zerstörung und Wiederentdeckung
293 Seiten; 100 Abbildungen; 28 Farb- und 50 Schwarzweißtafeln
8., überarbeitete und erweiterte Auflage

Sonderband: *vergriffen*
Roland Hampe / Erika Simon
Griechisches Leben im Spiegel der Kunst

Sonderband: *vergriffen*
Homer
Die Odyssee
In gekürzter Form nacherzählt von Eva Jantzen und bibliophil illustriert von Brinna Otto

Sonderband: *vergriffen*
Nikolas Yalouris
Pegasus. Ein Mythos in der Kunst

Sonderband: *vergriffen*
Oleg V. Volkoff
1000 Jahre Kairo
Die Geschichte einer verzaubernden Stadt

Sonderband: *vergriffen*
Gloria London
Töpferei auf Zypern · damals — heute
Traditional Pottery in Cyprus
deutsch/englisch